JAVA OK
프로그래밍 기초

배종민 저

진샘미디어

머리말

자바 언어가 발표된 지 얼마 되지 않은 1990년대 후반, 자바 언어를 처음 접하고, 곧바로 정규 교과목으로 편성해서 강의를 하였는데 첫 해에는 강의를 거의 망쳤다. 그 이유 중의 하나는 교재로 사용할 만한 책이 부족했기 때문이라고 생각했다. 사실, 지금도 좋은 강의가 되기 위한 첫 번째 조건은 교수자 스스로의 스타일에 맞는 좋은 교재를 선정해서 그대로 따라가는 것이라고 생각한다. 그래서 스스로 이런 저런 책으로부터의 예제를 참고해서 직접 수정 편집하고 설명을 붙이면서 강의 노트를 만들었다. 그것이 약 300페이지 가량 되었다. 이 강의 노트 파일을 학생들에게 나누어 주어서 각자 알아서 복사하고 제본하게 해서 교재 아닌 교재로 사용했다. 처음 강의 노트를 만든 후 그리 오래 지나지 않아서 본인 스타일에 맞는 교재로 사용할 만한 자바 책들이 시중에 나오기 시작했다. 그래서 그때까지 만든 강의노트를 버리려고 하였으나, 이런 저런 이유로 무심코 지금까지 사용해 왔다. 그런데 몇 년 전 우연한 기회에 이 강의 노트에 대한 강의 슬라이드를 비교적 성실히 만들었고, 이 슬라이드를 가지고 강의 동영상을 촬영하였는데, 이를 계기로 책으로 출판하라는 주위의 권유가 있던 차에 우연히 진샘미디어에서 나에게 용기를 내도록 격려해 주셔서 이 책을 출판하게 되었다.

책 내용상에서 주안점을 둔 부분은 다음과 같다.

첫째, 다룰 내용에 대한 범위이다. 이 책은 자바 언어의 모든 기능을 다루는 참고 서적이 아니라, 대학교 1, 2학년 학생들이 학교에서 한 학기용 교과목으로 배울 때 교재로써 사용하는 것을 염두에 둔 책이다. 다년간 언어를 가르치면서 느낀 점은 그 언어가 가지고 있는 모든 기능을 모두 가르치는 것보다는 기본이 되는 내용으로 강의 범위를 좁히고, 한 주제를 자세히 학습시키는 것이 더 좋다고 생각한다. 자바 언어는 대개 저학년 때 배우는데, 저 학년에서 언어의 모든 기능을 자세히 학습하다 보면 자칫 프로그래밍에 흥미를 잃을 수 있다. 언어의 기본적인 내용을 이론적으로 확실히 알아서 그것을 잘 활용하여 문제해결능력을 키우는 것이 더 좋은 방법이라 생각하고, 이를 염두에 두어서 책 내용의 범위를 정하였다.

둘째, 아직 소개되지 않은 내용이나 용어를 미리 사용하지 않도록 노력하였다. 이를 피할 수 없는 경우는 당분간 그냥 그대로 따라서 사용하도록 유도하였다.

다음으로, C언어와 유사한 면이 많은 부분은 2장에서 6장까지 모아두어서, 여기까지는 가능하면 객체를 모르고도 학습할 수 있도록 하였다. 그러나 C언어에 친숙한 학생이라도 4장 제어문을 제외하고 모두 학습하는 것이 좋다. 마지막으로, 7장 클래스 이후부터는 언어 이론적인 측면과 원리 중심의 설명을 하였다. 특히, 객체지향언어의 핵심 개념인 클래스, 상속, 동적바인딩에 대해서는 실무적인 접근 보다는 언어 이론적인 접근에 더 충실하게 설명하였다. 이것은 학생은 물론 교수자에게도 도움이 된다고 판단하였다. 이 과정에서 저자의 지식 부족으로 인한 오류가 있을 수 있음을 인지하고 기회가 있을 때 이를 수정할 예정이다.

경험상, 일주일에 세 시간의 이론 수업을 할 때에는 책 내용 전체를 커버하였고, 두 시간 수업일 때에는 클래스 이전의 수업을 빠르게 진행했으며, 패키지와 예외처리 그리고 입출력의 일부 내용을 생략하고, 링크를 이용한 자료구조와 스레드 전체를 생략하였다.

끝으로 이 책이 나올 수 있게 용기를 주신 진샘미디어 여러분께 깊은 감사를 표한다. 그리고 이 책이 교수자나 학습자에게 조금이나마 도움이 되면 더 없이 좋을 것이다.

저자 배종민

차례

Chapter 3

수식(Expression)

Chapter 4

제어문

Chapter 5

메소드(Method)

Chapter 6

배열

Chapter 7

클래스

Chapter 8

문자열

Chapter 9

상속

Chapter 10

인터페이스

Chapter 11

패키지

Chapter 12

링크를 이용한 자료구조

Chapter 13

예외처리

Chapter 14

입력/출력

Chapter 15

스레드(Thread)와 병행프로그래밍

Chapter 16

GUI 프로그래밍

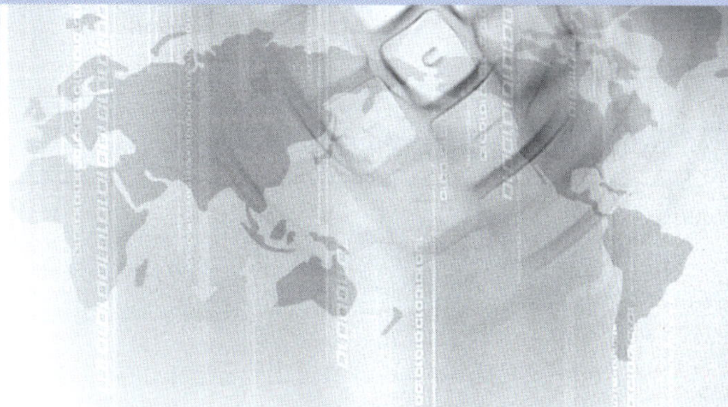

Chapter

1 자바 프로그래밍 개발환경

먼저, 프로그래머가 알아야 할 컴퓨터시스템 구성에 관한 기초적인 내용을 살펴보고, 컴퓨터 언어 중의 하나인 자바 언어의 특징을 간단히 소개한다. 다음으로 컴퓨터 소프트웨어를 개발하는 단계를 예를 들어 설명한다. 소프트웨어를 개발하기 위해서는 프로그래밍 개발도구가 필요한데, 자바 프로그래밍에 필요한 개발도구 중에서 JDK와 Eclipse를 다운 받아서 설치하는 방법을 살펴본다. 설치가 완료되면 이들 도구를 이용해서 자바프로그램을 실행시키는 방법을 살펴본다.

1.1 컴퓨터 시스템 구성

컴퓨터 시스템은 하드웨어와 소프트웨어로 구성된다. 컴퓨터 하드웨어는 크게 중앙처리장치, 주기억장치, 보조기억장치, 입력장치, 출력장치로 구성된다. 컴퓨터 소프트웨어는 시스템 소프트웨어와 응용 소프트웨어로 나누어진다.

1.1.1 컴퓨터 하드웨어

컴퓨터 하드웨어 구조는 프로그래밍 언어와 밀접한 관계가 있다. 따라서 효율적인 프로그램을 개발하기 위해서는 컴퓨터의 기본동작원리를 이해해야 한다. 컴퓨터 하드웨어는 [그림 1.1]과 같이 입력장치, 출력장치, 기억장치(주기억장치, 보조기억장치), 중앙처리장치(Central Processing Unit: CPU)로 구성된다.

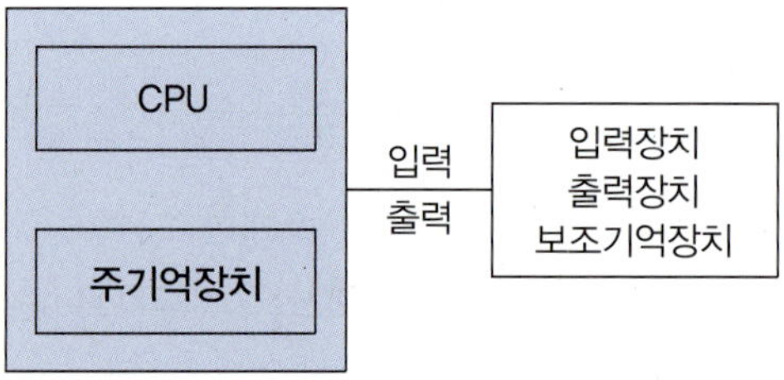

| 그림 1.1 | 컴퓨터 하드웨어의 구성요소

실행될 프로그램은 주기억장치에 적재되어 있다. 중앙처리장치(CPU)는 프로그램을 실행하기 위하여 주기억장치로부터 프로그램을 기계어 단위로 가져와서 실행하고 실행결과는 다시 주기억장치에 보관한다. CPU가 프로그램을 실행하는 과정에서 필요시 입력장치, 출력장치, 보조기억장치에 접근하여 자료를 보내거나 받을 수 있다.

CPU와 주기억장치 사이에 일어나는 데이터 이동은 입출력이라고 말하지 않는다. [그림 1.1]에서 보는 바와 같이, CPU/주기억장치와 다른 장치와의 모든 데이터 이동은 입출력으로 간주된다. 즉 입력장치, 출력장치 뿐 아니라, 보조기억장치, 네트워크 장비 등과 본체(CPU/주기억장치)사이의 데이터 이동은 모두 프로그래머 입장에서는 입출력 자료의 흐름으로 간주된다. 이는 나중에 프로그램을 작성할 때 한 번 더 확인할 필요가 있다.

주기억장치는 자료와 기계명령어를 보관하는 장소이다. 컴퓨터에서는 보든 정보는 0과 1로만 저장된다. 자료를 저장하는 단위로서 비트(bit), 바이트(byte), 그리고 워드(word)가 있다. 비트는 0 혹은 1의 값 하나만을 나타내는 단위이고, 8개의 비트가 모여서 하나의 바이트가 된다. 8비트로서 영문자를 모두 표시할 수 있기 때문에, 바이트는 하나의 영문자를 기억하는 단위이다. 워드는 몇 개의 바이트가 모여서 구성되는데, 보통 4 바이트를 1 워드로 지정한다. 컴퓨터의 처리장치 내부에서는 워드 단위로 각종 연산을 수행한다.

기억장치이 용량은 비이트 단위로 표시한다. 2^{10} 바이트를 1KB(Kilo Byte), 2^{10} KB를 1MB(Mega Byte), 2^{10} MB를 1GB(Giga Byte)라 한다. 한편, 기억장치에는 주소가 부여된다. PC의 경우, 주기억장치는 첫 번째 바이트를 0번지로 하고, 계속해서, 바이트 단위로 1번지, 2번지, 등으로 주소가 부여된다.

중앙처리장치는 제어장치(Control Unit)와 산술논리연산장치(Arithmetic and Logic Unit: ALU)로 구성된다. 중앙처리장치는 다음 두 가지 중요한 일을 한다. 첫째, 덧셈, 뺄셈과 같은 실제 연산을 수행한다. 둘째, 컴퓨터의 각 부분(예를 들어 레지스터, 산술논리연산장치, 기억장치 등)들을 순서에 맞추어 작동시키는 제어 기능을 수행한다. 첫째 역할을 담당하는 부분을 산술논리연산장치(ALU)라 하고, 두 번째 역할을 담당하는 부분을 제어장치라 부른다.

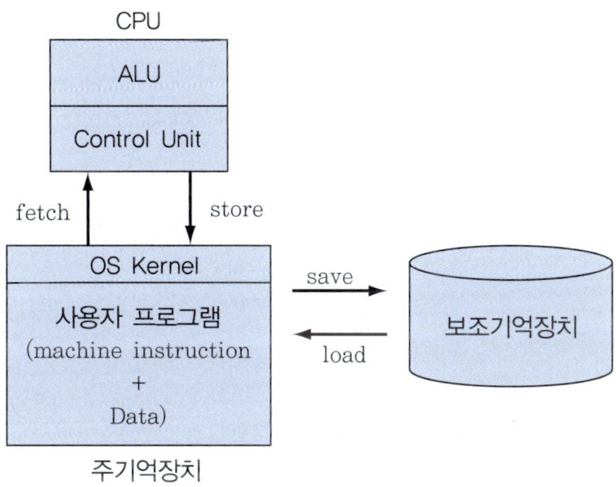

| 그림 1.2 | 기계명령어 수행 원리

[그림 1.2]는 보조기억장치에 있는 임의의 프로그램이 실행되는 과정을 도식화 한 것이다. 보조기억장치에 있는 프로그램을 실행(예 마우스를 더블 클릭)시키면 그 프로그램은 주기억장치로 읽히는데 이 과정을 프로그램을 'load'한다고 한다. 한편, 주기억장치에 있는 내용을 보조기억장치에 저장해야 하는 경우(예: 파일저장하기)가 있는데, 이때 저장하는 과정을 'save'한다고 한다. CPU는 주기억장치에 있는 기계명령어를 가져와서(이를 'fetch'라고 함) 실행하고, 실행결과를 다시 주기억장치에 저장('store'라고 함)한다.

[그림 1.3]은 주기억 장치에서 하나의 기계명령어(machine instruction)를 읽어서 CPU가 처리하는 과정을 나타낸 것이다. 다음에 실행해야 할 기계명령어가 있는 주기억장치 주소는 명령어 계수기 레지스터(instruction counter register: ICR)에 기록되어 있다. ICR에 보관된 주기억장치의 주소(그림 3의 경우 1000번지)로부터 하나의 기계명령어를 명령어

레지스터(instruction register: IR)로 읽어 들인다. 명령어 해독기(instruction decoder)는 명령어 레지스터에 기록된 기계명령어를 해독한다. 만약 기계명령어의 피연산자에 주기억장치의 주소가 포함되어 있으면, 그 주소로부터 데이터를 인출해 와서 처리장치의 범용레지스터(general purpose register: GPR)에 보관한다. 그림 3에서 범용레지스터는 R1, R2, ... 등으로 표시하였다. 필요한 데이터를 모두 가져왔으면 ALU가 그 기계명령어를 수행한다. 처리된 결과는 다시 주기억장치에 저장될 수 있다. 제어장치는 이러한 일련의 작업들을 순서에 맞추어 실행시킨다.

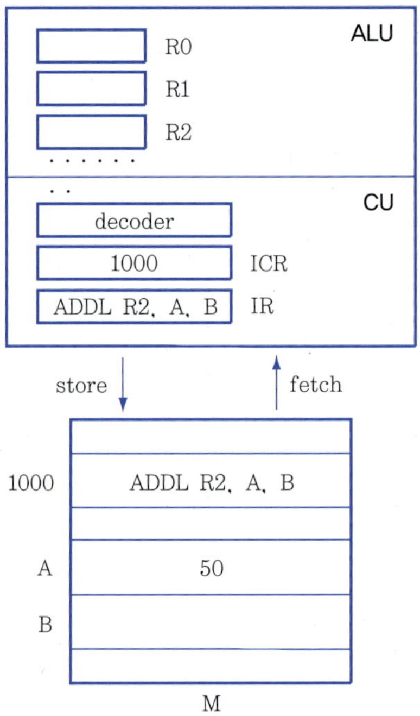

| 그림 1.3 | 기계명령어 수행 과정

하드디스크, USB등은 보조기억장치에 속한다. 보조기억장치는 주기억장치를 보조한다는 의미로 볼 수 있다. 주기억장치는 보조기억장치에 비하여 속도는 빠르지만 전원이 있어야 기억된 내용을 유지할 수 있고 기억용량이 상대적으로 작다. 보조기억장치는 주기억장치에 비하여 속도는 느리지만 전원이 없어도 내용을 기억할 수 있고 기억용량이 상대적으로 크다.

키보드는 현재 보편적으로 사용되는 입력 장치이고, CRT 모니터는 보편적인 출력 장치이다. 앞에서 언급했듯이, 주기억장치와 중앙처리장치 사이의 데이터 이동(fetch, store) 이외의 모든 데이터 이동은 입출력에 해당한다. 따라서 하드디스크와 같은 보조기억장치도 프로그래머 입장에서 볼 때는 입출력장치에 속한다.

1.1.2 컴퓨터 소프트웨어

컴퓨터 소프트웨어는 하드웨어에 적재되어 하드웨어에 의해 실행, 처리되는 프로그램과 자료들을 일컫는 말이다. 컴퓨터 소프트웨어는 시스템 소프트웨어(system software)와 응용 소프트웨어(application software)로 나눌 수 있다.

시스템 소프트웨어는 컴퓨터를 구동시키고, 사용자가 복잡한 컴퓨터 하드웨어의 동작과 구조를 모르더라도 쉽게 잘 이용히도록 도와주는 소프트웨어이다. Windows XP나 UNIX와 같은 운영체제는 대표적인 시스템 소프트웨어이다. 운영체제의 기능으로는, 키보드, 화면, 디스크 입출력을 가능하게 해주는 장치구동(device driver)기능, 파일관리기능, 주기억장치 및 프로세서 등을 관리하는 기능을 가지고 있다. 운영체제 이외에, 컴파일러나 인터프리터, 디버거 등과 같은 소프트웨어 개발 도구도 시스템 프로그램에 속한다. 응용 소프트웨어의 예로는 워드 프로세서, 스프레드시트, 그래픽 소프트웨어 등이 있다. 앱(APP)은 응용소프트웨어(APPlication software)에서 따온 용어이다.

1.2 자바 언어의 특징

자바는 1991년에 Sun Microsystems사에 의해 개발되었다. 자바를 급속하게 발전시킨 것은 플랫폼(운영체제나 CPU)에 독립적인 언어라고 볼 수 있다. 즉, 자바는 다양한 운영체제 환경 아래에서 다양한 CPU에 의해서 실행되는 코드를 생성한다. 이러한 특징은 인터넷의 확산과 함께 주요 프로그래밍 언어로서 자리 잡게 되었다. 자바는 기본적으로 C 언어의 문법을 활용하고 C++의 객체지향 기능을 반영하였다. 자바 언어의 특징은 다음과 같이 요약된다.

1.2.1 플랫폼에 대한 독립성

인터넷에 연결된 모든 컴퓨터에서 실행되는 언어가 되기 위해서는 다양한 플랫폼(운영체제와 CPU)에서 모두 실행되는 코드가 필요하다. 예를 들어 C언어의 경우, 자신의 플랫폼에서 수행되는 기계어 코드를 생성해서 실행되기 때문에, 플랫폼이 다른 컴퓨터에서는 실행될 수 없다. 반면에 자바는 컴파일러가 원시프로그램을 플랫폼에 독립적인 바이트코드라는 중간언어로 컴파일하기 때문에, 각 컴퓨터에서는 바이트코드에 대한 인터프리터만 있으면 프로그램을 실행할 수 있다.

1.2.2 객체지향성

자바는 객체지향언어의 세 가지 핵심개념인 상속, 자료추상화, 동적바인딩을 지원한다. 상속과 자료추상화는 클래스를 통해서 정의된다. 동적바인딩은 다형성(polymorphism)을 구현하는 수단이 된다. 앞으로 이에 대한 내용을 열심히 숙지해야 한다.

1.2.3 동적바인딩(dynamic binding)

프로그래밍 언어에서 '동적'이라는 용어는 프로그램을 실행할 때 일어나는 일을 말하고, '정적'이라 함은 번역할 때 일어나는 일을 말한다. 일반적으로, C언어와 같이 컴파일러를 사용하는 언어는 번역할 때 많은 것은 결정한다. 그러나 자바 프로그램은 실행 도중에 결정하는 요소가 상대적으로 많다. 실행도중에 결정하는 것을 동적바인딩이라고 한다. 예를 들어, 함수호출이 있을 때 어느 함수를 실행할 것인가를 C언어 경우에는 번역할 때 결정하지만, 자바의 경우에는 대부분 실행 중에 결정한다. 또 다른 예로서, 변수 선언문에 의해서 변수의 형이 번역시 결정되지만, 자바의 경우에는 선언문에서 선언된 형이 제한된 범위 내에서 실행도중에 변할 수 있다. 이로 인하여 자바 프로그램의 실행속도는 떨어질 수 있으나, 프로그램 작성에 큰 융통성을 부여한다.

1.2.4 멀티스레드

자바는 멀티스레드 기능을 언어 자체에서 지원한다. 멀티스레드 프로그래밍이란 한 프로그램 내에 다수의 스레드를 생성하여, 각각의 스레드가 동시에 수행되도록 하는 프로그래밍 기법을 말한다.

1.2.5 단순성

자바의 설계 목표 중의 하나는 작고 간단한 언어를 개발하는 것이었다. 자바는 C/C++ 구문과 C++의 많은 객체지향 기능을 채택하면서, 포인터, 사용자정의 연산자 중복(user-defined operator overloading) 등의 복잡한 기능을 제거했고, 힙(heap) 영역에 동적으로 할당되는 자료를 회수하는 일을 프로그래머가 신경 쓸 필요 없이 가비지컬렉터(garbage collector)라는 소프트웨어가 자동으로 힙(heap) 메모리 영역을 관리한다.

1.3 컴퓨터 소프트웨어 개발 단계

컴퓨터 프로그래밍을 통해서 임의의 문제를 해결해 가는 방법을 살펴보자. 그런데 여기서 설명하는 내용의 목적이 문제해결에 있는 것이 아니라, 프로그래밍의 개념을 이해하고 프로그래밍 언어의 기본적인 모양에 대한 감각을 가질 수 있도록 하기 위한 것이다. 즉 독자는 문제해결과정 자체에 집중하지 말고, 문제해결과정에서 프로그래밍이 하는 역할, 프로그래밍 언어가 생긴 모양 등에 집중하는 것이 좋다.

컴퓨터 프로그램을 통하여 문제를 해결해 나가는 과정은 다음의 4 단계로 나눌 수 있다.

- 단계 1: 문제분석 단계

  해결해야 할 문제를 분석한다. 이때 입력자료와 출력자료를 명확히 정의한다.

- 단계 2: 알고리즘 설계 단계

  문제를 해결하기 위한 처리 단계를 기술한다.

- 단계 3: 코딩(coding) 단계

  알고리즘을 임의의 프로그래밍 언어로써 표현한다.

- 단계 4: 테스트 및 디버깅 단계

  작성된 프로그램을 번역/실행 시켜서 결과를 확인하고(테스트), 오류가 있으면 수정한다(디버깅).

컴퓨터를 이용한 문제해결과정에 대한 예를 하나 들자. 1000원의 지폐로써 640원 짜리 물건을 샀을 때 잔돈은 360원일 것이다. 이때 동전이 100원짜리와 10원짜리 밖에 없다고 할 때, 잔돈의 동전 개수가 최소가 되기 위해서는 100원짜리 동전3개와 10원 짜리 동전 6개이다. 그러면 1000원의 지폐로써 1000원 미만의 10원 단위 이상의 물건을 샀을 때, 잔돈에 대한 최소의 100원짜리 동전 개수와 10원짜리 동전 개수를 구하는 문제를 해결해 보자.

이 문제는 단순한 문제이기 때문에, 문제가 무엇인지 분석하는 일은 쉽게 해결할 수 있다. 문제를 해결하기 위한 첫 단계에서 해야 할 일 중의 하나는, 문제 분석을 한 후에 입력자료와 출력자료를 결정하는 것이다. 물건의 가격을 입력하면 거스름돈에 대한 동전 갯수를 구하는 문제이므로, 이 문제의 입력자료는 물건의 가격일 것이다. 출력되어야 할 자료는 100원짜리와 10원짜리 동전 개수이다.

다음은 이 문제의 해결을 위한 알고리즘이다. 알고리즘이란 문제를 해결해 나가는 단계(방법)를 말한다.

- 단계 1: 물건의 '가격'을 입력한다.
- 단계 2: 1000에서 '가격'을 뺀다. 그 결과를 '잔돈'이라 한다.
- 단계 3: '잔돈'에서 100을 나눈 몫을 구한다. 그 결과를 '동전100'이라 한다.
- 단계 4: '잔돈'에서 100을 나눈 나머지를 구한다. 그 결과에 10을 나눈 값을 '동전10'이라 한다.
- 단계 5: '동전100'과 '동전10'을 각각 출력한다.
- 단계 6: 끝.

이 알고리즘을 순서도로 표현하면 다음과 같다.

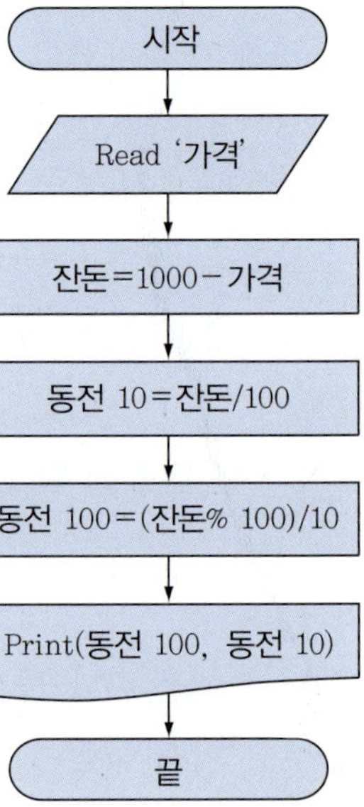

| 그림 1.4 | 순서도

이제 자바를 이용해서 위 알고리즘을 코딩(coding)을 해 보자. 코딩이라 함은 알고리즘을 임의의 프로그래밍 언어로 표현하는 작업을 말한다. 다음은 이 알고리즘을 자바 언어로 표현한 것이다. 아직 자바에 대한 자세한 내용에 대해서는 무시해도 무방하다. 작성된 프로그램이 올바른지 확인하기 위하여 프로그램을 번역해서 실행시켜야 하는데 그 방법은 다음절에서 살펴본다.

```
import java.util.Scanner;
class Change {
      public static void main(String[] args) {
            int price, change, coin100, coin10;
            Scanner s = new Scanner(System.in);
```

```
            price = s.nextInt();
            s.close();
            change = 1000 - price;
            coin100 = change / 100;
            coin10 = (change % 100) / 10;
            System.out.println("100원 동전 개수 = " + coin100);
            System.out.println("10원 동전 개수 = " + coin10);
      }
}
```

1.4 자바 프로그램 개발환경 JDK 설치

프로그램을 개발하는데 필요한 소프트웨어의 집합을 프로그램 개발환경 혹은 개발도구라고 한다. 앞의 프로그램을 번역하고 실행하기 위해서는 자바 컴파일러와 인터프리터와 같은 자바 프로그램 개발도구가 있어야 한다. 자바를 개발한 SUN사(오라클에 합병됨)에서는 자바 프로그램 개발도구를 무상으로 제공하는데 그 상품이름은 JDK(Java Development Kit)이다. JDK는 자바 컴파일러, 인터프리터, appletviewer, 디버거 등의 프로그래밍 환경을 제공한다.

1996년에 JDK 1.0을 발표한 이후, 계속해서 JDK 버전 1.1.x의 이름으로 업그레이드 버전을 발표하였다. 1998년에 버전 1.2를 발표하면서 이름을 J2SDK(Java 2 Software Development Kit)로 수정했다가 다시 J2SE(Java 2 Platform Standard Edition)라는 이름이 사용되었으며, 이때부터 자바 2라는 용어가 사용되었다. 계속해서 J2SE 1.3, 1.4를 발표하였고, 2004년에 J2SE 5.0(이전의 버전 1.5에 해당)을 발표하였다. J2SE Development Kit은 JDK 5.0라는 이름으로도 사용했다. 최신 자바 버전은 계속 바뀌기 때문에 해당 웹페이지에서 각자 확인해야 한다.

JDK를 설치하기 위해서는 http://java.sun.com을 방문하여 Java SE(Standard Edition)를 다운 받아야 한다. 그리고 JDK Documentation Kit도 반드시 설치하는 것이 좋다. JDK Documentation Kit에는 자바 API를 설명하는 문서가 HTML로 제공되는데, 향후 프로그램 개발 시에 유용하게 사용된다.

1 http://java.sun.com을 방문하여 Java SE(Standard Edition)를 클릭하면 다음의 화면이 나온다.

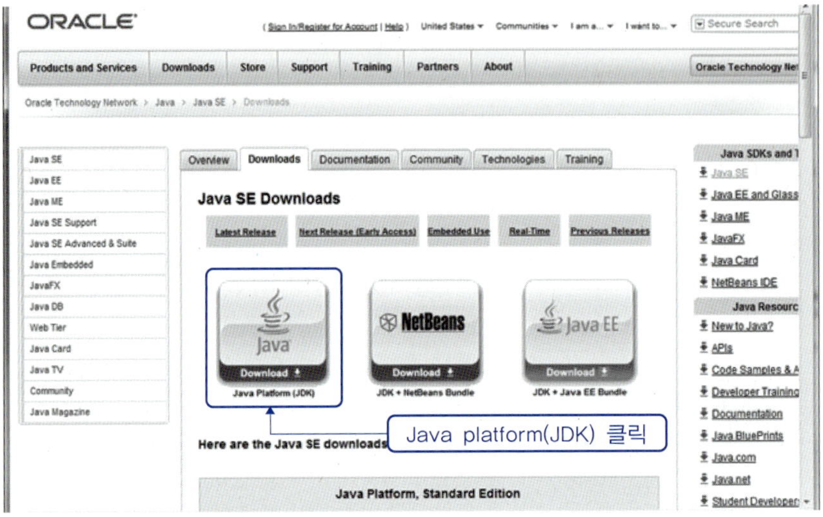

2 JDK 부분을 클릭하면 다음의 화면이 나온다.

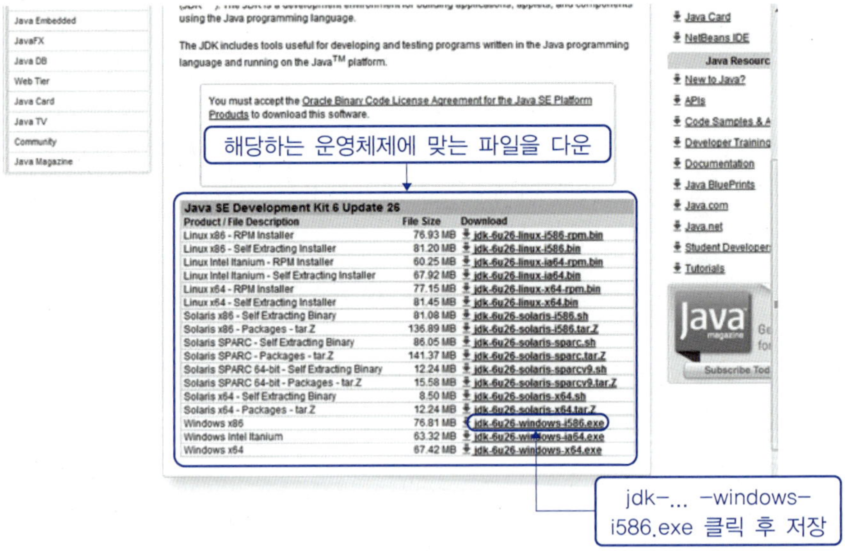

3 jdk-...-windows-i586.exe를 클릭 후 저장한다. 그리고 다운 받은 폴더로 이동한다. 기본 경로로 다운 받았을 경우, Windows 7은 C:₩Users₩사용자명₩Downloads오 이동하고, Windows XP 경우는 C:₩Documents 뮬 Settings₩사용자명₩My Documents로 이동한다. 그 결과는 다음 그림과 같다.

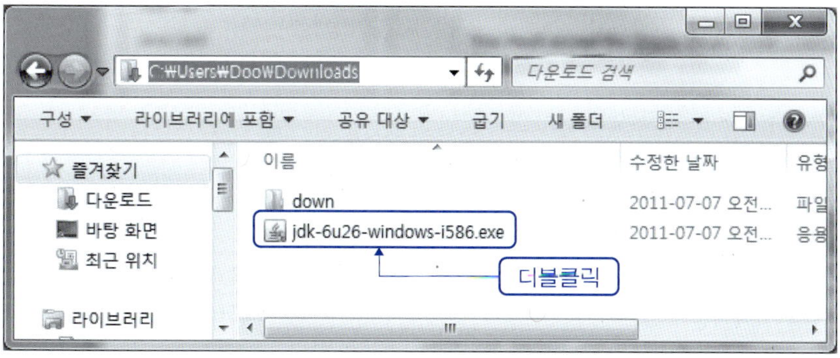

4 해당 파일을 더블클릭해서 설치를 시작한다.

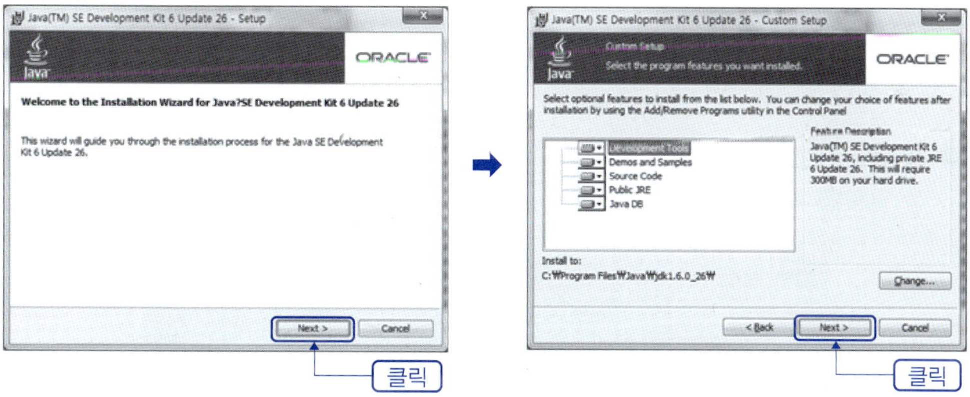

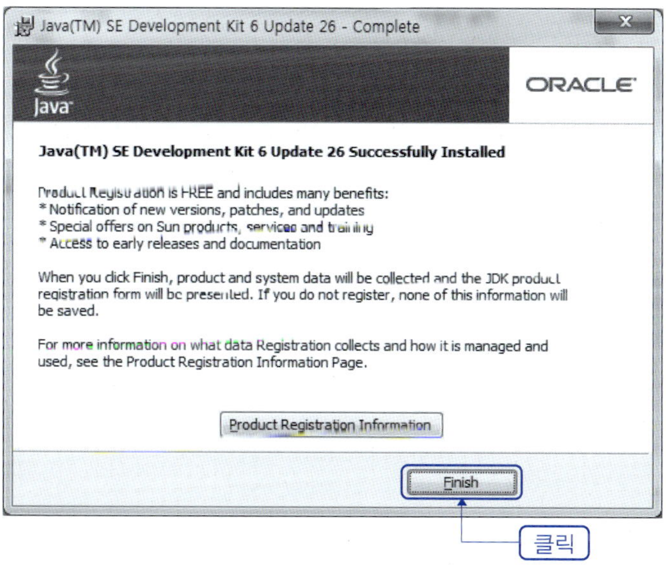

5 Java SE 설치가 완료되면 다음과 같은 파일이 생성된다.

6 계속해서 환경변수를 설정한다. Windows 7의 경우, 바탕화면 ⇨ 컴퓨터 ⇨ 마우스 오른쪽 클릭을 한다.

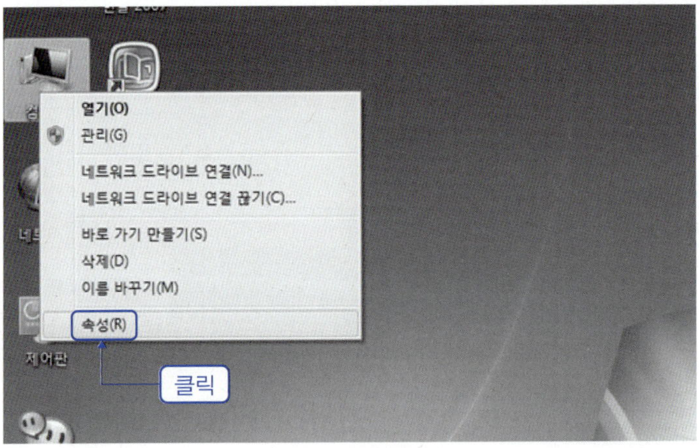

7 '속성'을 클릭한다.

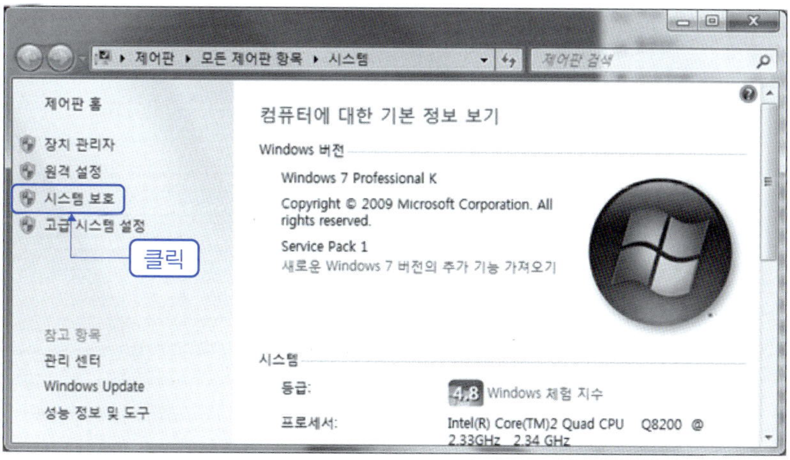

8 '시스템보호'를 클릭한다.

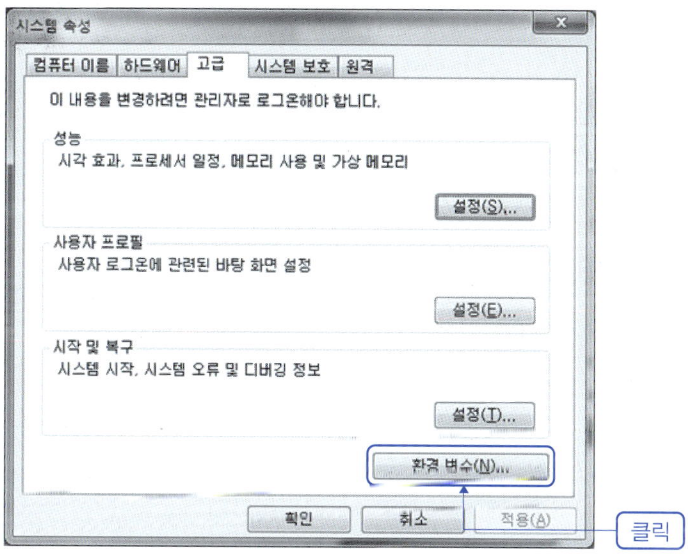

9 환경변수를 클릭한다.

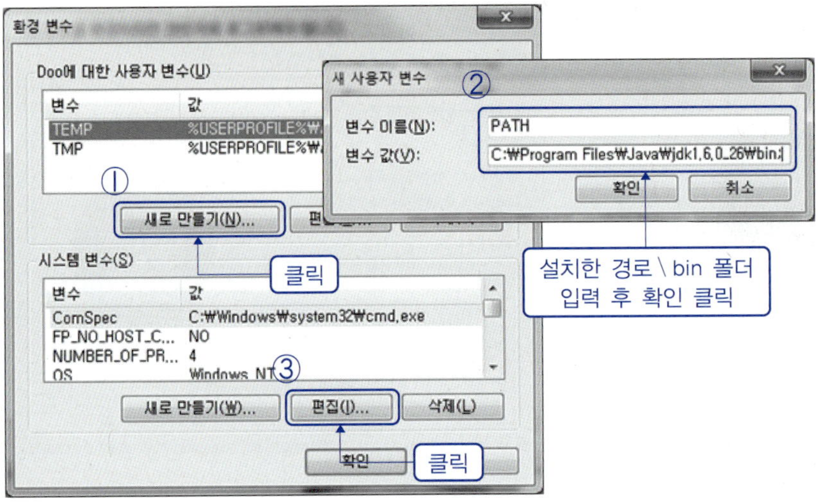

10 '새로 만들기' ⇨ 설치한 경로₩bin 폴더를 입력한 후 '확인'을 클릭한다. 그리고 설정이 잘 되었음을 확인한다.

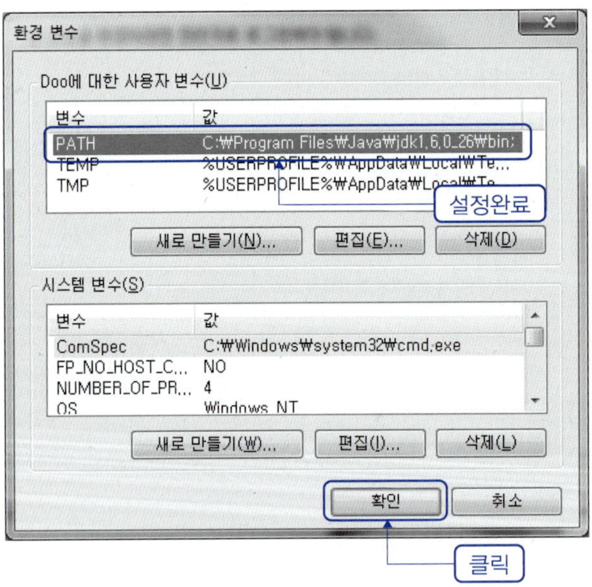

환경변수가 제대로 설정되었는지 확인하기 위해서는 다음과 같이 javac를 입력해 본다.

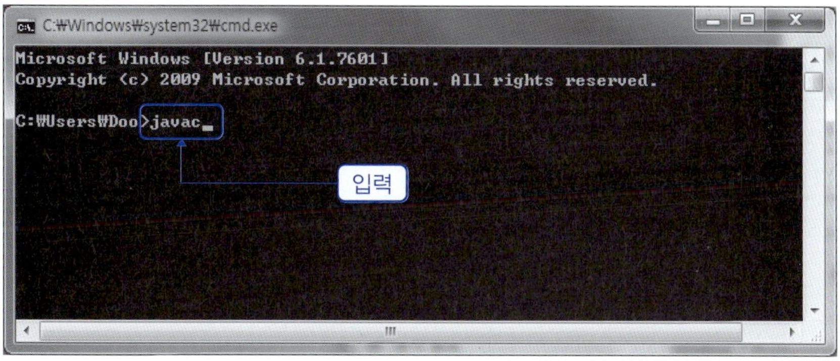

만약 다음과 같은 메시지가 많이 나오면 환경변수가 올바로 지정된 것이다.

1.5 메모장을 사용한 자바 프로그램 작성과 실행

그러면 자바 프로그램을 작성해서 컴파일하고 실행시켜보자.

```
class HelloJava{
        public static void main(String args[]){
                System.out.println("Hello, Java");
        }
}
```

1 이 프로그램 파일을 만들기 위하여 메모장을 실행시키자. (시작 ⇨ 모든 프로그램 ⇨ 보조 프로그램 ⇨ 메모장)

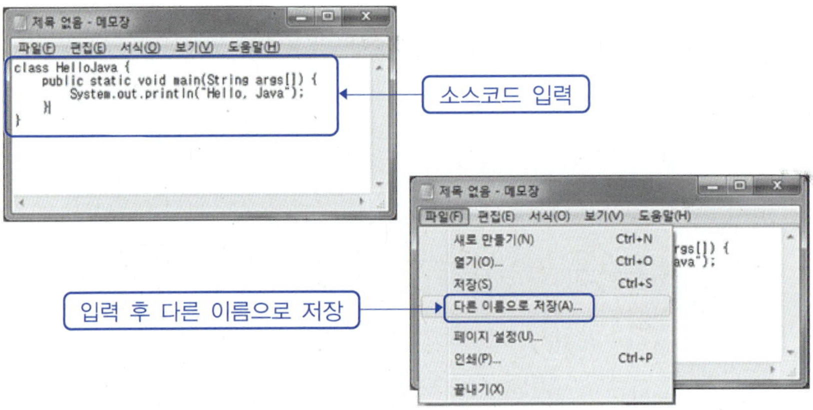

2 다른 이름으로 저장하기 위하여 다음 그림처럼 '바탕화면'을 선택해서 파일 이름을 반드시 HelloJava.java로 입력한다.

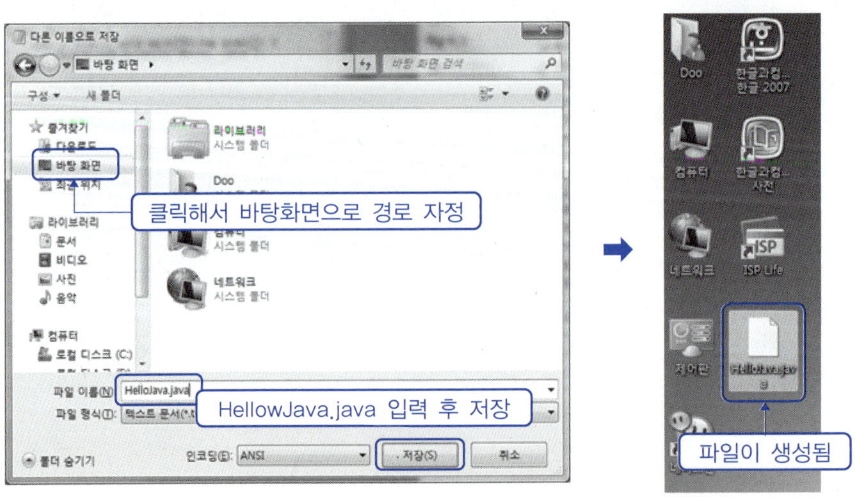

3 계속해서 “cd Desktop” 명령을 입력해서 실행시키고, “javac HelloJava”를 입력하여 실행시킨다. 그 결과 그림에서 보는 것처럼 HelloJava.class 파일이 생성된다.

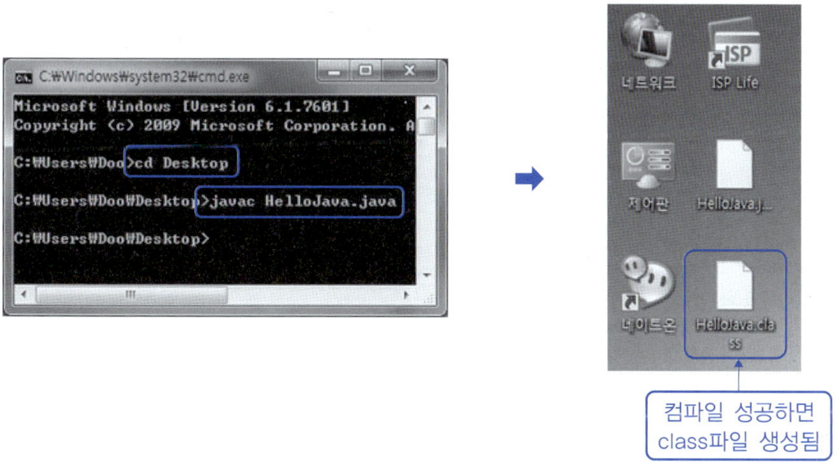

4 다음과 같이 이를 실행시켜서 실행결과를 확인한다.

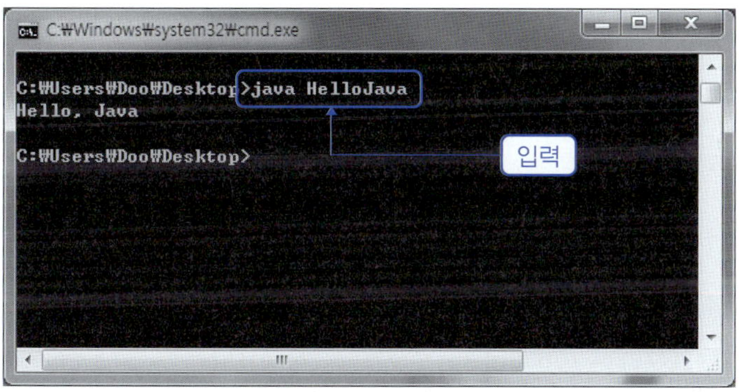

1.6 이클립스를 사용한 자바 프로그램 작성과 실행

자바를 처음 배울 때는 위와 같은 과정을 거쳐서 프로그래밍 할 것을 권한다. 이것이 완전히 익숙해지면 더 편리하게 프로그래밍 하기 위하여 Eclipse를 사용한다. 실제로 자바프로그램 개발을 위한 통합환경으로서 Eclipse가 많이 사용된다.

1.6.1 이클립스 설치

1 이클립스는 http://www.eclipse.org에서 제공된다. 여기에 연결하면 다음의 화면이 나오는데 여기서 '다운로드'를 클릭한다.

2 계속해서 다음 화면과 같이 해당 파일을 선택해서 다운 받는다.

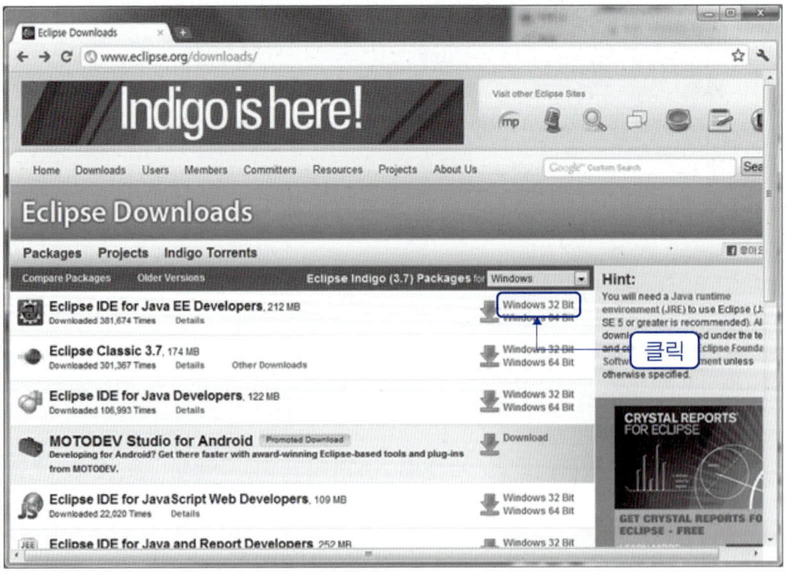

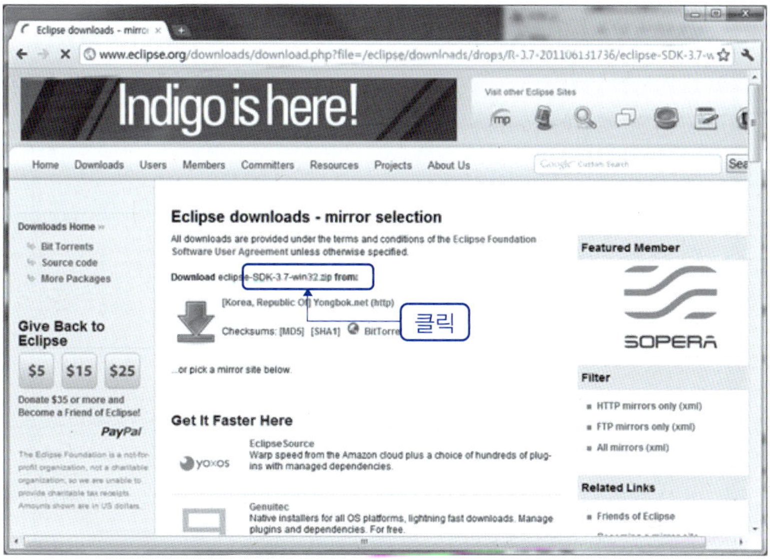

3 다운로드하면 파일이 저장되는 기본 폴더에 가면 다음과 같은 압축파일이 다운로드 되어 있을 것이다, 이 압축파일을 푼다.

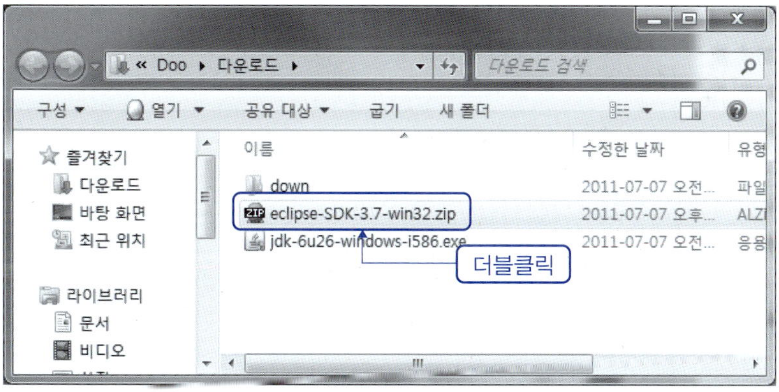

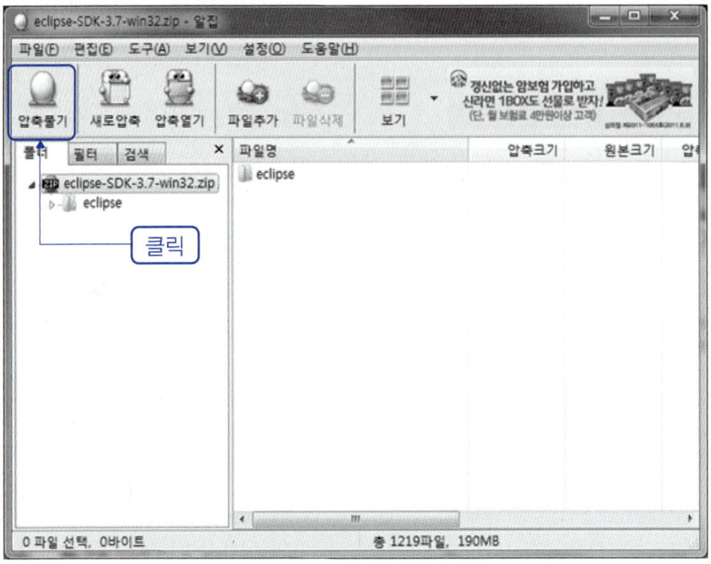
eclipse-SDK-3.7-win32.zip - 알집
압축풀기
새로압축
압축열기
파일추가
파일삭제
보기
eclipse-SDK-3.7-win32.zip
eclipse
클릭
파일명
압축크기
원본크기
0 파일 선택, 0바이트
총 1219파일, 190MB

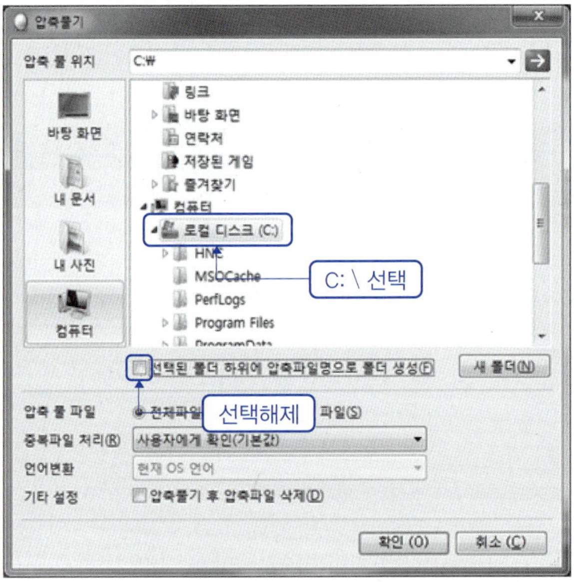
압축풀기
압축 풀 위치
바탕 화면
내 문서
내 사진
컴퓨터
로컬 디스크 (C:)
C: \ 선택
선택된 폴더 하위에 압축파일명으로 폴더 생성(F)
새 폴더(N)
선택해제
압축 풀 파일
중복파일 처리(R)
사용자에게 확인(기본값)
언어변환
기타 설정
압축풀기 후 압축파일 삭제(D)
확인 (O)
취소 (C)

4 그 결과 다음과 같이 파일이 생성된다.

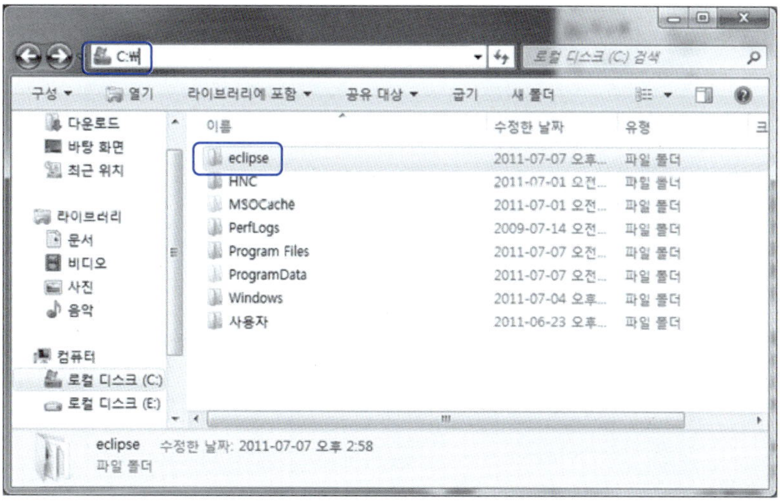

5 바탕화면에 바로가기를 만들기 위하여 아래 그림과 같이 eclipse.exe 파일에서 오른쪽마우스를 누른 상태에서 바탕화면으로 드래그 하여 바로가기를 만든다.

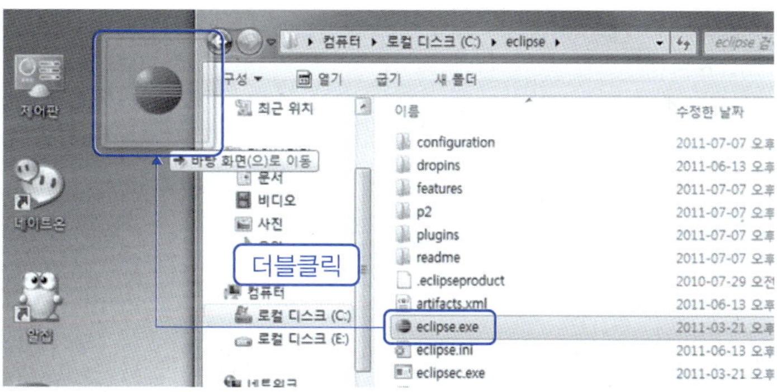

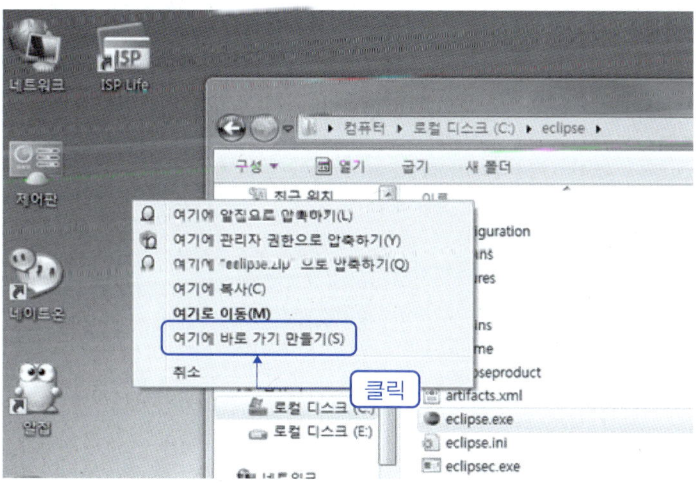

6 그러면 다음과 같이 이클립스 프로그램의 바로가기가 만들어 진 것을 볼 수 있다.

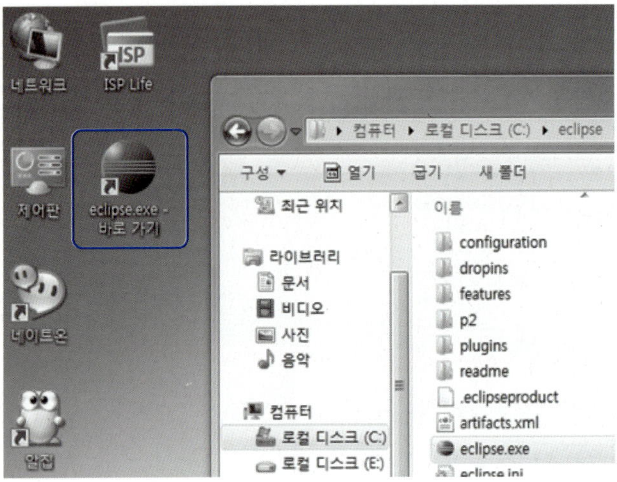

7 이 과정으로 이클립스 설치가 완료되었다.

1.6.2 이클립스를 사용한 프로그램 작성과 실행

1 그러면 이클립스를 사용한 자바프로그램을 작성해서 실행시켜 보자. 이클립스를 실행시키면 다음과 같은 대화창이 뜬다.

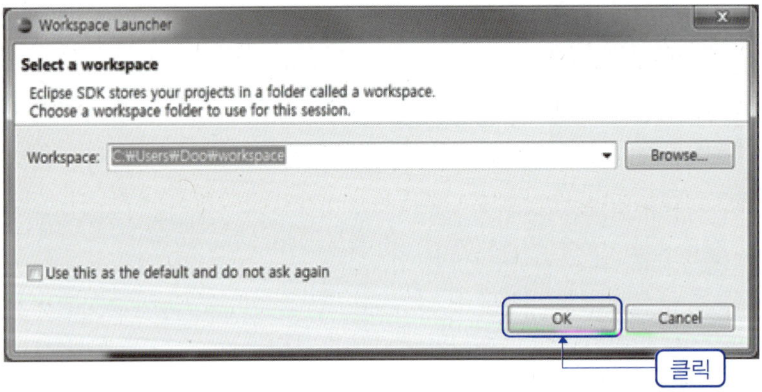

2 작업하는 파일들의 저장경로를 나타내는데, 파일을 다른 곳에 저장하기를 원하면 다른 경로를 지정한다. 주어진 경로를 사용하면서, 이 메시지가 나오지 않게 하려면 체크박스를 선택한다. 다음의 그림이 나오면 Workbench를 선택한다.

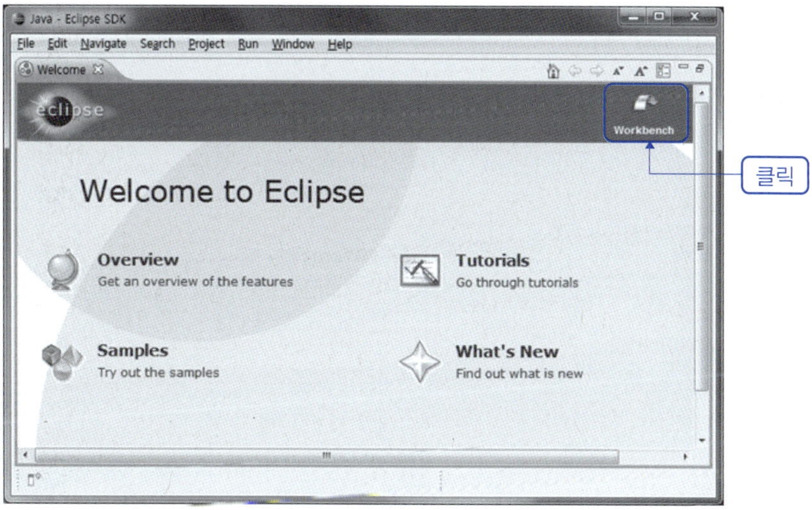

3 그러면 다음의 작업 환경이 나온다.

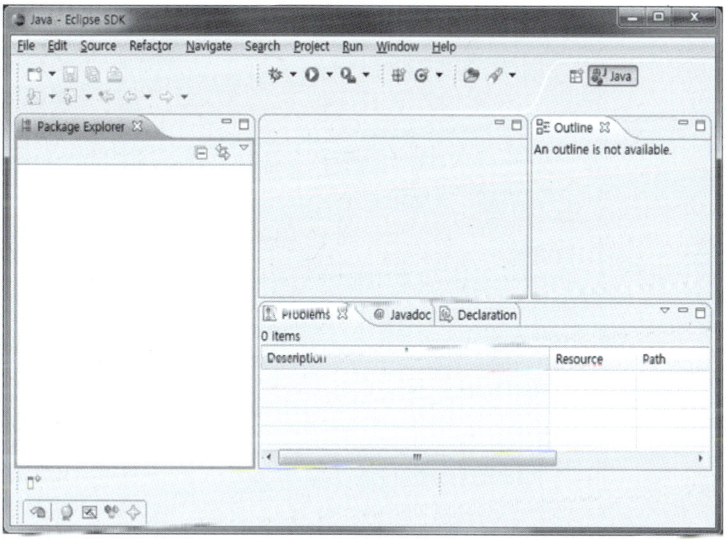

4 여기서 다음과 같이 'File' 메뉴를 선택해서 그림과 같이 선택한다.

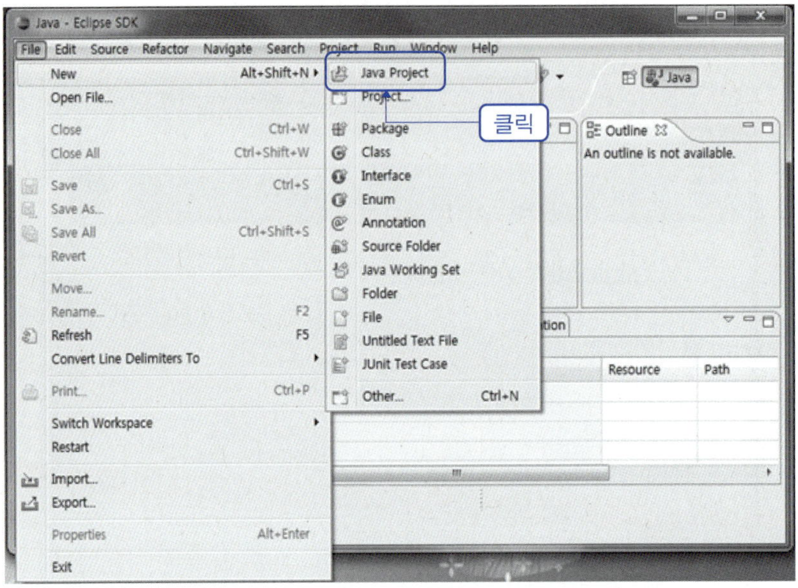

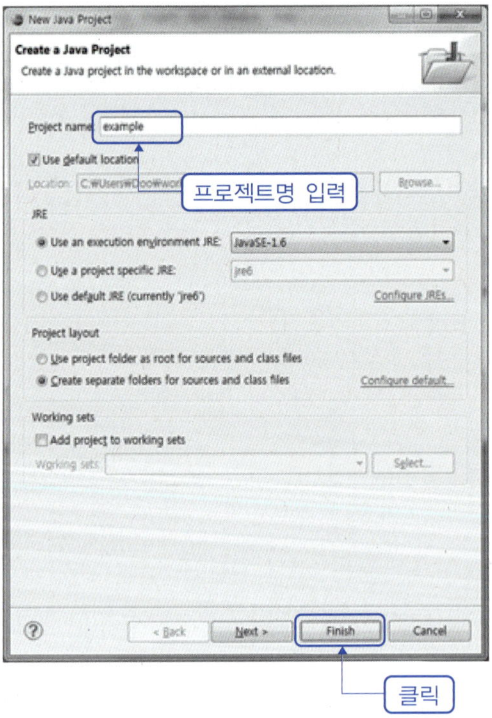

5 프로젝트 명을 example로 했을 때 다음과 같은 화면이 나온다.

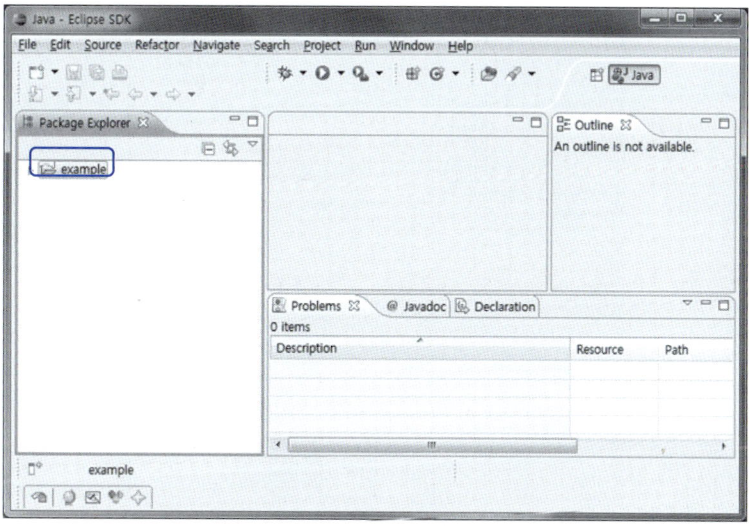

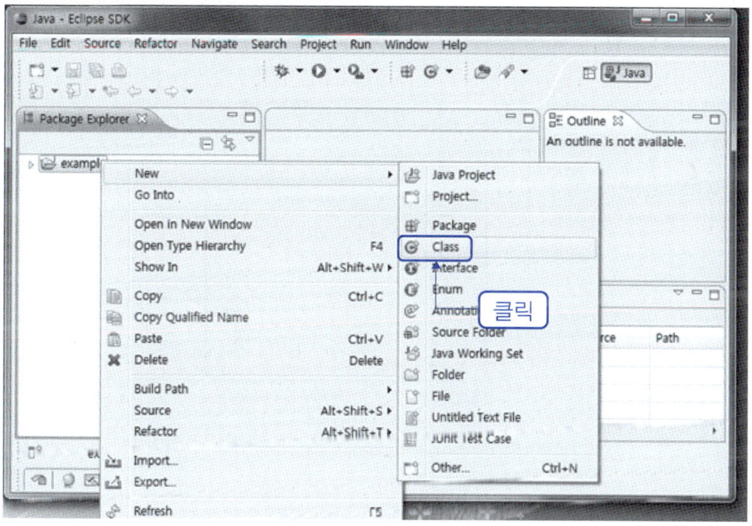

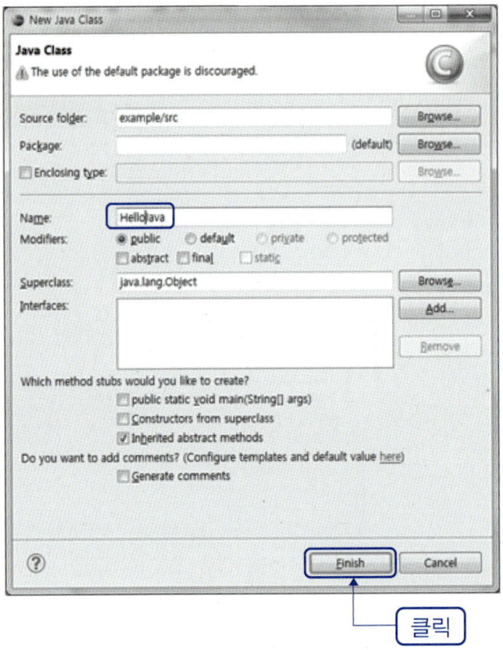

6 이제 자바 프로그램 입력창에서 원하는 프로그램을 작성하기 시작한다.

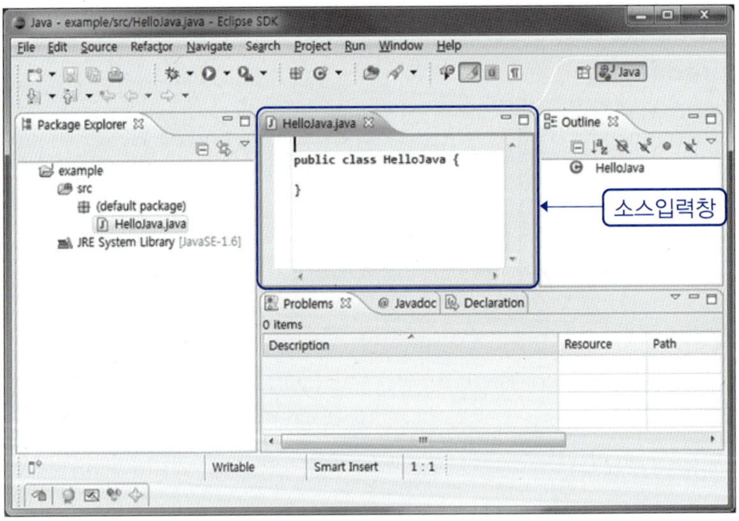

7 입력이 완료되면 그림의 부분을 클릭해서 프로그램을 실행시킨다.

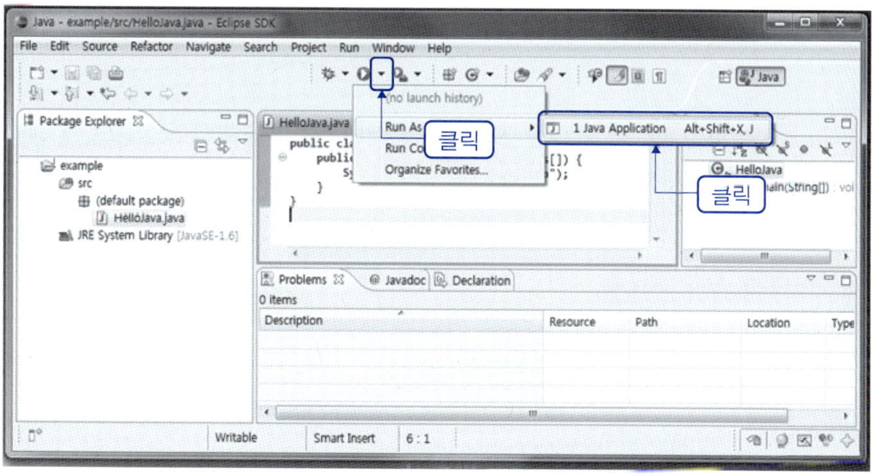

8 다음은 그 실행결과이다.

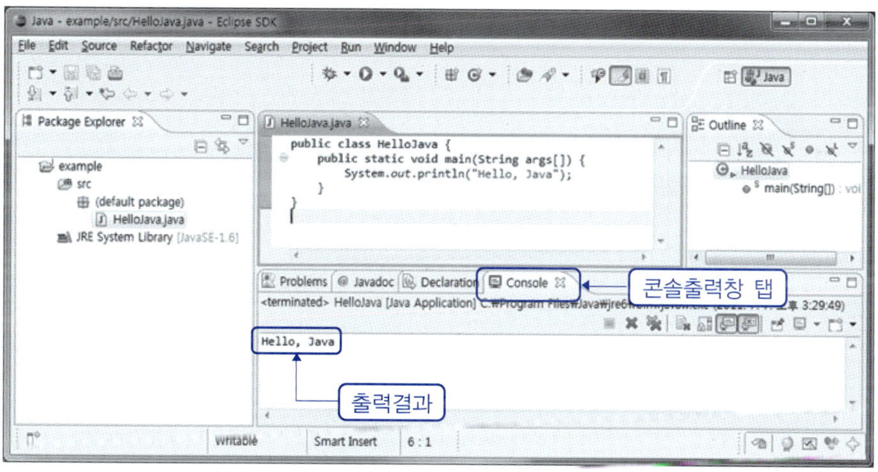

과제

1 1.3에서 보인 동전 개수를 구하는 프로그램을 메모장을 사용해서 작성하고, 명령 프롬프트를 사용하여 실행시킨 결과를 제출하라.

2 1.3에서 보인 동전 개수를 구하는 프로그램을 이클립스를 사용하여 작성하고 실행한 결과를 제출하라.

학습정리

1. 컴퓨터가 수행할 기계명령어는 주기억장치에 보관되어 있고, CPU는 주기억장치에서 기계명령어를 가져와서 프로그램을 실행한다.

2. 소프트웨어 개발단계는 문제분석단계, 알고리즘설계단계, 코딩단계, 테스트 및 디버깅 단계로 구성된다.

3. JDK는 자바프로그램을 컴파일하고 실행하는데 필요한 소프트웨어이다

4. JDK는 java.com에서 얻을 수 있다

5. 이클립스(Eclipse)는 자바프로그램을 편리하게 개발할 수 있는 통합개발환경이다.

6. 이클립스(Eclipse)를 사용하여 자바프로그램을 개발하기 위해서는 JDK가 이미 설치되어 있어야 한다.

Chapter

2 자바 프로그램 구조와 기본 자료형

자료형은 프로그래밍 기술을 익히는데 가장 중요한 개념이라 할 수 있다. 2장에서는 간단한 자바 프로그램의 구조를 먼저 살펴보고, 자바 자료형 중에서 기본자료형의 종류 및 변수와 상수에 대하여 주로 알아본다. 그 외에 표준입출력을 간단히 소개한다.

2.1 자바 프로그램 구조

다음은 간단한 자바 프로그램의 구조이다.

```
/* 이 프로그램은 간단한
자바 프로그램에 대한 구조이다. */

class 클래스명 {
      public static void main(String[] args){          //실행 시작 지점
             문장1;
             문장2;
             ...
             문장n;
      }
  }
```

처음 두 줄에서 나타나는 /* ... */는 설명문을 한 줄 혹은 여러 줄로 작성할 때 사용된다. 반면에 "//"는 설명문을 하나의 줄로 작성할 때 사용된다. 설명문은 프로그램 전체나 일부에 대한 설명이 필요할 때에 사용하는데, 대형 프로그램을 작성할 때에는 중요한 역할을 한다.

```
class 클래스명 {
      public static void main(String[] args){
         ... //임의의 자바 문장들
      }
}
```

다음으로, class라는 단어를 쓰고, 그 뒤에 사용자는 '클래스명'을 임의로 만들어야 한다. 그 뒤에 'public static void main(String[] args){'를 입력한 후에 괄호 안에 임의의 자바 문장을 쓰면 완전한 자바 프로그램이 된다. 'public static void main(String[] args)'에 대한 의미는 나중에 학습한다. 여기서는 그냥 따라서 사용할 수 있기만 하면 된다.

자바에서는 대문자와 소문자가 서로 다른 문자로 취급한다. 따라서 프로그램을 작성할 때 소문자, 대문자에 항상 유의하여야 한다. 예를 들어, main을 MAIN으로 작성하지 않도록 하고, String을 string으로 작성하지 않도록 유의해야 한다.

다음의 간단한 그리고 완전한 자바 프로그램의 예이다.

예제 1.1 간단한 자바 프로그램

```
/* A simple program */
class FirstProgram {
    public static void main(String[] args) {
            System.out.println("This is a simple program");
    }
}
```

실행결과

```
This is a simple program
```

예제에서 클래스명은 'FirstProgram'로 정하였다. 클래스 이름을 만들 때 클래스명의 첫 글자는 대문자를 사용하는 것이 관례이다. 클래스명이 두 개 이상의 단어로 구성된 경우는 'FirstProgram'처럼 각 단어의 첫 문자는 대문자를 쓰는 것이 자바에서의 관례이다.

나중에 설명될 변수나 메소드의 이름을 정할 때에는 첫 글자를 소문자로 쓰는 것이 관례이다. 변수명이나 메소드명이 두 개 이상의 단어로 구성될 때에는 클래스 이름의 경우와 마찬가지로, sumOfSquare와 같이 두 번째 이후의 단어의 첫 글자는 대문자를 쓰는 것이 자바에서의 관례이다.

클래스명이나 변수명의 첫 번째 문자가 소문자이든 대문자이든 그 자체가 문법적인 오류는 아니지만, 이 관례를 지키는 것이 편리하다. 예를 들어, a.max와 같은 경우 a는 변수명이라고 판단할 수 있고, A.max와 같은 경우는 A가 클래스명이라고 판단할 수 있다.

프로그램을 작성한 후에는 그 내용을 파일에 저장해야 한다. 이때 파일이름은 '클래스명'과 동일하게 만들 것을 권장한다. 그리고 확장자는 반드시 java이어야 한다. 그래서 [예제 1.1] 프로그램을 저장할 때 파일명은 'FirstProgram.java'이다. 파일명과 클래스명이 FirstProgram으로 똑같고 확장자는 java임에 유의하자.

이 프로그램을 실행시키기 위해서 우선 이 프로그램을 컴파일하여야 한다. JDK에서 컴파일 명령어는 javac이다. 즉 자바 컴파일러 이름은 'javac'이다.

```
C:\> javac FirstProgram.java
```

명령어를 작성할 때 대소문자 구분을 반드시 해야 하며, 확장자도 반드시 입력해야 한다. 이 명령어의 실행결과, 자바 컴파일러 'javac'는 FirstProgram.java를 컴파일해서 FirstProgram.class라는 파일을 생성한다. 이 파일은 원시 프로그램인 FirstProgram.java가 바이트코드라는 중간언어로 번역된 것이다.

컴파일된 프로그램을 실행시키는 명령어는 다음과 같다.

```
C:\> java FirstProgram
```

이 명령어 실행결과, 앞에서 주어진 바와 같은 내용이 출력된다. 여기서 'java'는 자바 바이트 코드를 해독해서 실행시키는 자바 인터프리터 프로그램 이름이고, 'FirstProgram'은 파일 'FirstProgram.class'를 의미하는 것이 아니라, 'FirstProgram'이라는 클래스를 의미한다. 따라서 "java FirstProgram.class"라고 입력하면 에러가 발생한다. 자바 인터프리터는 'FirstProgram'이라는 클래스를 포함하고 있는 파일을 찾아서, 그 속에 포함된 main() 메소드를 실행시킨다.

> **참고** 인터프리터는 프로그램을 읽어서 해독하여 곧바로 실행시키는 소프트웨어이다. 예를 들어 계산기에 수식을 입력하면 계산결과가 바로 나오는 것은 계산기에 수식에 대한 인터프리터가 있기 때문이다. 본문에서 설명한 것처럼, 명령어 'java'는 자바 바이트코드를 해독해서 실행시키는 명령어이기 때문에, 'java'는 바이트코드 인터프리터이다. 그런데 그 용어가 어려우므로 여기서는 편의상 자바 인터프리터라고 한 것이다.

모든 자바 응용 프로그램은 main() 메소드를 호출해서 실행을 시작한다. 따라서 클래스 FirstProgram 내부에 main() 메소드가 반드시 있어야 한다. main() 메소드를 포함하지 않은 클래스는 javac에 의해서 컴파일은 되지만, 인터프리터인 java에 의해서 실행되지는 못한다.

main() 메소드 내부의 문장인 System.out.println("This is a simple program");은 화면에 This is a simple program을 출력하고 커서를 다음 줄로 옮기는 메소드이다.

2.2 어휘

영어를 배울 때 a, b, c 등과 같은 알파벳을 배우고, 다음에 어휘(vocabulary, 엄격히 구분하면 다르지만 그냥 '단어'라고 생각하면 됨)를 알고, 그 다음에 문장을 만들듯이, 컴퓨터 언어를 배울 때에도 어휘부터 학습하고 그 다음에 문장을 만드는 경우가 종종 있다. 여기서도 그러한 절차에 따라서 자바 어휘부터 먼저 소개하고, 그 다음에 자바 문장을 작성하려고 한다.

어휘에는 사용자(프로그래머)가 임의로 만드는 어휘와 컴퓨터언어에서 미리 정해진 어휘가 있다. 식별자는 사용자가 임의로 만드는 어휘에 속하고, 예약어는 컴퓨터언어에서 미리 정해진 어휘에 속한다.

2.2.1 식별자

식별자란 임의의 단어를 유일하게 구분할 수 있는 단위를 말하는데, 프로그래머가 임의로 정하는 식별자로는 변수명, 클래스명 메소드명 등이 있다. 프로그래머가 변수이름, 클래스이름, 메소드이름 등과 같은 식별자를 만들 때, 자바에서 사용할 수 있는 문자는 대문자, 소문자, 숫자, _, $ 이다. 이 중에서 '숫자'는 식별자의 첫 문자로 사용될 수 없다. 다음은 올바로 만들어진 식별자의 예이다.

```
sum, s233, $max, _table, sum_of_square, sumOfSquare, Min
```

다음은 잘못된 식별자의 예이다.

2a: 숫자로 시작되었다.

sum-of-square: '-'는 식별자로 사용될 수 없는 문자이다.

프로그래머가 식별자의 이름을 정할 때에는 그 식별자의 목적에 맞는 이름을 정하는 것이 좋다. 예를 들어, 입력자료의 최대값을 기억하는 변수 이름으로는 'maximum'이 아무런 의미가 없는 'aaa'와 같은 이름보다 더 낫다. 이는 프로그램을 이해하기 쉽게 만들기 때문에 프로그램을 읽기도 쉽고 디버깅도 쉽게 하는 효과가 있다.

2.2.2 예약어

프로그래밍 언어에서 의미가 미리 정해져 있는 단어가 있는데 이를 키워드라 한다. 일반적으로는 키워드를 변수명이나 메소드명 등으로 사용할 수 있는 언어가 있고 사용할 수 없는 언어도 있는데, 대개는 변수명 등으로 사용할 수 없도록 제한한다. 키워드를 변수명 등으로 사용할 수가 없을 때, 다른 목적으로 사용하기 위하여 미리 예약해 두었다는 의미에서 예약어라고 한다. 자바 예약어는 [표 2.1]과 같다. [표 2.1]에 있는 단어를 변수명 등으로 사용하면 컴파일 할 때 문법 에러가 발생한다.

예약어가 없는 언어도 있다. 예약어가 없으면 if나 int 등의 단어도 변수명으로 사용할 수 있는 등, 변수명을 정할 때 프로그래머에게 더 많은 자유를 주지만, 다음의 가상적인 언어의 예문에서 보듯이 프로그램을 읽기 어렵게 만들 수 있는 단점이 있다.

```
if then then then = else; else else = then;
```

| 표 2.1 | 자바의 예약어

abstract	default	goto	null	synchronized
boolean	do	if	package	this
break	double	implements	private	threadsafe
byte	else	import	protected	throw
byvalue	extends	instanceof	public	transient
case	false	int	return	true
catch	final	interface	short	try
char	finally	long	static	void
class	float	native	super	while
const	for	new	switch	

2.3 자료형(data types)과 상수, 변수

나는 철수에 대한 자료를 가지고 있다. 철수에 대한 자료로는 나이, 시력, 주소가 있는데. 철수의 나이자료값은 20, 시력자료값은 1.2, 주소자료값은 서울시이다. 여기서 나이 자료값은 정수로 표현했고, 시력 자료값은 실수로 표현했으며, 주소 자료값은 문자열로 표현했다. 이와 같이 자료에는 정수, 실수, 문자열과 같은 자료의 형이 함께 따라 다닌다. 여기서는 그러한 자료형의 종류에 대해서 알아본다.

2.3.1 자료형

언어 이론적으로 보면 자료형은 자료가 가질 수 있는 값 뿐 아니라 그 값으로 할 수 있는 연산을 정의한다. 자바 자료형은 크게 기본형(primitive type)과 참조형(reference type)으로 나뉜다. 기본형이란 다른 형을 이용하지 않고 정의되는 형을 말한다. 기본형은 가질 수 있는 값과 연산이 미리 정해져 있다. 예를 들어 기본형 중의 하나인 int형은 -2^{31}에서 $2^{31}-1$ 사이의 미리 정해진 정수 값을 가질 수 있으며 +, -, *, / 등의 미리 약속된 연산을 할 수 있다.

참고로, 프로그래머는 나중에 논할 class 정의를 통해서 새로운 자료형을 정의할 수 있다. 즉, 새로운 자료형이 가지는 값(필드)과 연산(메소드)을 정의할 수 있다. 이는 자바에서 참조형으로 구현된다. 여기서는 기본형에 대해서만 논한다.
자바의 기본형 종류는 [표 2.2]와 같다.

| 표 2.2 | 자바의 기본형

형(types)		설 명
정수형	byte	소수점이 없는 정수 값을 표현하는 형
	short	
	int	
	long	
부동소수점형	float	실수 값을 표현하는 형
	double	
문자형	char	하나의 문자를 표현하는 형
논리형	boolean	참, 거짓을 나타내는 형

(1) 정수형과 정수형 상수

정수형에는 값을 표현할 수 있는 크기에 따라서 byte, short, int, long이 있다. C언어와는 달리 unsigned 형은 지원하지 않으며, 각 형마다 플랫폼에 관계없이 크기가 동일하다. 각 형의 크기는 [표 2.3]과 같다.

| 표 2.3 | 자바의 기본 자료형 크기

형	크 기	최소값	최대값
byte	8 bit	-2^7 (−128)	$2^7 - 1$ (127)
short	16 bit	-2^{16} (−32768)	$2^{16} - 1$ (32767)
int	32 bit	-2^{31} (−2147483648)	$2^{31} - 1$ (2147483647)
long	64 bit	-2^{63} (−9223372036854775808)	$2^{63} - 1$ (9223372036854775807)

자바에서 정수형 상수는 10진수, 8진수 16진수로 표현할 수 있다. 8진수는 첫 숫자가 0으로 시작하며, 0x로 시작하는 숫자는 16진수이다.

| 표 2.4 | 정수형 상수 예

유 형	예
10 진수	23, 1234
8 진수	077, 0123
16 진수	0xff, 0x123a, 0xab, 0xFF

(2) 부동 소수점형

실수는 소숫점이 있는 수를 말한다. 실수를 컴퓨터 내부에서 표현할 때 부동 소숫점 표현방법이 주로 사용된다. 부동 소수점형의 표현은 IEEE-754 표준에 따르는데, 상세한 표현법은 생략한다. 어쨌든, 부동 소수점(floating point)형은 실수 값을 나타내는 형이다. 부동 소수점 형에는 float(32비트)와 double(64비트)이 있다. 부동 소수점형 표현의 특성상, 대부분의 실수는 컴퓨터 내부에서 정확한 값으로 표현되지 않고 근사치로 표현되기 때문에 실제 값과 오차가 있다. double형은 float형에 비하여 지수부와 소수부의 크기가 크기 때문에 표현상의 오차를 줄일 수 있다. 따라서 보다 정밀한 값을 필요로 할 때 double형을 사용한다.

부동 소수점형 상수를 쓸 때 그 양식으로 표준형과 지수형이 있다. [표 2.5]는 각각에 대한 사용 예이다.

| 표 2.5 | 부동 소수형 상수 예

유 형	예
표준형 상수	2.0, 3.14, 5.0d, 3.1415f
지수형 상수	0.3e-03, 2e10, 1.2e11f (0.3e-03은 0.3 * 10^{-3}을 의미한다)

상수의 끝에 f, F를 붙이면 float형, d, D를 붙이면 double형의 실수가 된다. 아무 것도 붙이지 않으면 double형이다.

(3) 문자형

char는 자바 문자형을 의미한다. 문자형은 오직 하나의 문자를 나타내는 형이다. 이는 다수의 문자열을 나타내는 스트링(문자열)형과는 다른 형이다. C/C++ 언어에서는 8비트로써 하나의 문자를 표현하지만, 자바에서는 16비트로써 하나의 문자를 표현한다. 이는 자바 문자 집합은 유니코드(Unicode)를 사용하기 때문이다. 유니코드는 세계의 모든 언어에 대한 문자 집합을 표현할 수 있는 문자 집합을 정의한다. 그리고 C언어와 비슷하게 문자형은 정수형으로 자동 변환되기 때문에 문자형의 자료로써 정수형에 대한 연산, 예를 들어 덧셈, 뺄셈 등을 할 수 있다.

문자형 상수는 'a'와 같이 단일따옴표(single quote)를 붙여서 표시된다. "a"는 문자형 상수가 아니라 스트링(문자열)형 상수임에 유의한다. 따옴표 안에는 하나의 문자만 표시되어야 한다. 따라서 'ab'는 단일따옴표 안에 두 개의 문자로 구성되었으므로 오류이다.

입력하기 곤란한 특수한 문자들에 대해서는 '\'를 사용하여 하나의 문자를 표시한다. 여러 문자로 구성되어 있으면서 하나의 문자취급을 하기 때문에, 규칙을 벗어난 문자열이라는 의미에서 이를 escape sequence라 한다. [표 2.6]은 자바 escape sequence를 나열한 것이다. 예를 들어 프로그램에서 new line 문자를 표시하기 위하여 '\n'라 표기한다. 따옴표 속에 \와 n, 두 개의 문자로 구성되어 있지만 하나의 문자를 나타낸 것으로 취급된다. [표 2.6]에서 16진수 유니코드 문자 표시가 '\uxxxx'로서 16진수는 네 자리임에 유의하자.

| 표 2.6 | 자바 Escape Sequences

유 형	설 명
\ddd	8진 문자(ddd)
\uxxxx	16진 유니코드 문자(xxxx)
\xdd	16진수
\'	단일 인용 부호
\"	이중 인용 부호
\\	백슬래시
\r	캐리지 리턴
\n	뉴라인
\f	폼 피드
\t	탭
\b	백스페이스

다음은 문자형 상수의 올바른 예이다.

```
'a', '1', '\n', '\123', '\xAB'
```

다음은 잘못된 문자형 상수의 예이다.

```
"a", "1", '123', 'xAB', "123", "xAB"
```

큰따옴표는 문자형에 사용될 수 없다. '123'과 같이 따옴표 안에 여러 개의 문자가 있으면 오류이고 이를 하나의 문자로 취급하게 하려면 앞에 '\'를 붙여서 escape sequence를 만들어서 특수한 문자임을 표시해야 한다.

(4) 논리형

자바 논리형에는 boolean이 있다. boolean형이 가질 수 있는 상수 값은 true와 false뿐이다. true는 1과 다르며, false는 0과 다르다. true와 false 값으로 +, * 등의 산술 연산을 할 수 없고, 오로지 뒤에서 설명할 논리 연산자를 가진 수식에 대해서만 사용할 수 있다.

2.4 변수

프로그램을 작성하는 과정에서 변수를 사용해야 하는 경우는 거의 필수적이다. 초보자는 변수를 왜 사용하는지, 어떤 경우에 변수를 만들어야 하는지에 대하여 잘 알지 못하는 경우가 종종 있는데, 이는 앞으로 다양한 프로그램에 자주 접하다보면 저절로 습득될 사안으로 보인다. 변수란, 수학에서 말하는 변수를 생각할 수도 있겠지만, 프로그래머 입장에서는 변수란 주기억장치에 자료를 임시로 보관하는 기억장소라고 생각하자.

(1) 선언문

모든 변수는 사용되기 전에 반드시 선언문에 의해서 선언되어야 한다. 변수 선언문을 쓰는 대략적인 양식은 다음과 같다.

```
자료형 변수명;
자료형 변수명, 변수명, 변수명, ...;
```

자료형의 종류에 관해서는 앞 절에서 이미 보았다. 변수명을 정하는 규칙 역시 앞에서 설명된 식별자 이름을 정하는 규칙에서 보았다. 자바 각 문장의 마지막에는 항상 세미콜론 ';'을 붙여야 한다.

선언문을 쓰는 예는 다음과 같다.

```
int i, j; // 정수형 변수 i와 j 선언
int sum = 1, max = 0; //선언문에서 초기 값 부여
float k; // 실수형 변수 k 선언
```

(2) 정수형 변수

정수 값을 기억하는 변수를 정수형 변수라 한다. 다음은 4가지 종류의 정수형 변수에 대한 선언문이다.

```
byte k1;
short k2;
int k3;
long k4;
```

변수 k1은 자료형이 byte형이기 때문에 k1이 가질 수 있는 값은 -2^7 (−128)에서 2^7-1 (+127) 사이의 정수이다. 다음은 정수형 변수 k1에 정수형 상수 100을 부여하는 문장이다.

```
k1 = 100;
```

그러면 다음 문장은 에러일까 아닐까?

```
k1 = 3.9;
```

변수 k1은 정수형 변수이므로 정수값만 기억할 수 있다. 그런데 3.9는 실수값(실수형 상수)이다. 이 경우 변수 k1에는 어떤 값이 기억되겠는가? 이와 같이 양쪽 형이 서로 다르면 컴파일할 때 에러처리를 하든지, 아니면 스스로 형을 변환시켜서 형을 서로 맞춘 다음에 필요한 연산을 수행한다. 어떤 경우에 에러처리를 하고, 어떤 경우에 형을 변환시키는가에 대한 규칙은 언어마다 미리 정해져 있다. 이 규칙에 대한 내용은 뒤에 나온다. C 언어의 경우에는 실수값 3.9에서 소숫점 이하 값을 버려서 정수값 3으로 변환하여, 변수 k1에 기억시키기 때문에 k1값은 3이 된다. 반면에 자바의 경우는 컴파일 오류가 발생한다.

예제 2.1 정수형 변수 사용 예

```
class IntegerValues {
    public static void main(String args[]) {
            byte i; int j; long k;
            i = 63; j = 077; k = 0x3f;
            System.out.println("i = " + i + " j = " + j);
            System.out.println("k = " + k);
    }
}
```

실행결과

```
i = 63 j = 63
k = 63
```

해설

byte, int, long 세 가지 종류의 정수형 변수에 10진수, 8진수 16진수의 값(상수)을 각각 기억시켜서 10진수로 출력하는 프로그램이다. 세 개의 변수 i, j, k를 선언하는 문장, 각 변수에 정수값을 부여하는 문장, 변수값을 출력하는 문장에 대한 예도 함께 보이는 프로그램이다.

참고로, System.out.println("i =" + i + "j = " + j) 문장을 조금 더 자세히 살펴보자. System.out.println("i = " + i + "j =" + j)에서 "..." 안의 문자열은 그대로 출력되고, 변수 i, j, k에 대해서는 변수에 기억된 값이 출력된다. 그 과정을 간략히 살펴보자. '+'는 정수덧셈, 실수덧셈, 문자열 연결 등 여러 기능을 가진 연산자이다. 그리고 다수의 +가 있을 때는 왼쪽에서 오른쪽으로 계산한다. 따라서 먼저 문자열 "i ="와 정수형 변수 i에 기억된 정수값 63을 +하는데, 문자열과 정수값을 +하면 정수값이 문자열로 변환되어서 문자열 연결연산이 된다. 즉 "i =" + "63"이 수행되어서 그 결과는 문자열 "i = 63"이다. 계속해서 문자열 "i = 63"과 문자열 "j =" 를 +하면 문자열 "i = 63 j ="가 되고, 계속해서 문자열 "i = 63 j = "와 j에 기억된 정수값 63을 +하면 63이 문자열 "63"으로 변환되어서 문자열 연결 연산이 이루어진다. 그 결과는 문자열 "i = 63 j = 63"이다. System.out.println은 출력 후 커서를 다음 줄로 이동시키기 때문에 두 줄로 출력된다.

(3) 부동 소수점형 변수

부동 소수점형 변수는 소수점이 있는 실수 값을 기억시키는 변수이다. 다음은 실수형 변수의 선언문 예이다.

```
float x, y = 5.0f;
double k = 3.0, sum = 3.2e10d;
x = 4.0; //오류: 4.0은 double형 상수이고, x는 float형 변수이다.
x = (float)4.0 //OK
```

자바에서 double형은 float형으로 자동으로 형 변환이 되지 않는다. 따라서 위와 같이 float형의 변수에 double형의 값을 배정하는 연산은 오류이다. 이에 관해서는 뒤에서 다시 논한다.

예제 2.2 실수형 변수 사용 예(1)

```
class RealValues {
    public static void main(String args[]) {
        float f1, f2;
        double d1;

        d1 = 63.0;
        f1 = 3.0f; f2 = 3.0e2F;
        System.out.println("d1 = " + d1 + ",  f1 = " + f1 + ", f2 = " + f2);
        System.out.println(63.0);
        System.out.println(3.0f);
        System.out.println(3.0e2F);
    }
}
```

실행결과

```
d1 = 63.0,  f1 = 3.0,  f2 = 300.0
63.0
3.0
300.0
```

해설

float와 double 두 종류의 실수형 변수에 값(상수)을 각각 기억시켜서 그 변수값을 출력하는 프로그램이다. 그리고 상수값도 출력하는 프로그램이다. 세 개의 변수 f1, f2, d1을 선언하는 문장, 각 변수에 실수값을 부여하는 문장, 변수값과 실수형 상수값을 출력하는 문장에 대한 예도 함께 보이는 프로그램이다.

예제 2.3 실수형 변수 사용 예(2)

```
class RealValues2 {
  public static void main(String args[]) {
    float f1 = 1.0f, f2 = 1.0e01f;
    System.out.print(f1 + f2 + " ");
    System.out.println(10.0 + 20.0);
  }
}
```

출력결과

```
11.0 30.0
```

해설

f1 + f2 + " "에서 '+'는 왼쪽에서 오른쪽으로 계산되기 때문에 f1 + f2가 먼저 계산된다. 따라서 그 계산 결과는 float형 11.0이 된다. 계속해서 float형인 11.0과 문자열 " "를 '+'하면 문자열 연결연산이 되어서 11.0이 문자열 "11.0"으로 변환되어서 그 결과는 "11.0"이 된다. System.out.print는 커서를 다음 줄로 이동시키지 않기 때문에 한 줄로 출력된다.

(4) 문자형 변수

문자형 변수는 하나의 문자를 기억시키는 변수이다. 다음은 선언문에서 문자형 변수에 초기 값을 주는 문장이다. 값은 항상 단일문자로 주어야 하는데, 48과 같이 문자('0')에 대한 코드값을 정수로 부여할 수도 있다.

```
char c1 = 'a', c2 = 48, c3 = '\n';
```

다음은 문자형 변수를 선언하고, 문자형 변수에 상수값을 부여하여 출력하는 예이다.

예제 2.4 문자형 변수 사용 예

```
class CharValues {
    public static void main(String args[]) {
            char ch1, ch2, ch3, ch4;
            ch1 = 'A';
            ch2 = 66; // 'B'에 대한 코드
            ch3 = '\103'; // 'C'에 대한 8진수 코드
            ch4 = (char)(ch3 + 1);
            System.out.print(ch1);
            System.out.print(ch2);
            System.out.print(ch3);
            System.out.print(ch4);
    }
}
```

출력결과

```
A B C D
```

해설

문자형 변수 ch2에 기억된 66은 문자 'B'에 대한 유니코드 값이다. (유니코드의 첫 부분은 아스키코드와 동일하기 때문에 66은 문자 'B'에 대한 아스키코드 값이다) 따라서 출력결과는 B이다. 자바에서 문자형 값에 대하여 C언어와 마찬가지로 더하기와 같은 산술 연산이 가능하다. ch4에 값을 부여할 때 (char)를 붙인 것은 뒤에서 논할 형 변환 규칙과 관련이 있다.

(5) 논리형 변수

논리형(boolean형) 변수는 true나 false 값을 가지는 변수이다. 다음 논리형 변수 사용 예에서 boolean형의 변수 a, b를 선언하는 문장, 변수 a, b에 boolean형의 상수값을 부여하는 문장, boolean형의 변수나 상수값을 출력하는 문장에 유의하자.

예제 2.5 논리형 변수 사용 예

```
class LogicalValues {
    public static void main(String[] args) {
            boolean a, b;

            a = true; b = false;
            System.out.println("a = " + a + "\n" + "b = " + b);
            System.out.println(" 1 > 2 = " + (1 > 2));
    }
}
```

실행결과

```
a = true
b = false
1 > 2 = false
```

2.5 표준입출력문

키보드에서 값을 읽는 문장(입력문)과 모니터로 출력하는 문장(출력문)은 앞으로 프로그램 예제에서 빈번히 나오기 때문에, 여기서 표준입출력문(키보드 입력, 모니터 출력)을 간단히 소개하고 넘어가기로 하자.

자바 J2SE 5.0이후 버전에서는 입력문의 기능을 강화한 클래스 Scanner를 추가하였다. (자바 API 문서 참고) 다음은 이 클래스를 사용하여 키보드에서 자료를 입력하는 방법을 설명한 것이다. 여기서, 아직 클래스를 배우지 않았으므로, 클래스 Scanner에 대한 상세한 내용은 피하고, 여기서는 기계적으로 사용하는 방법만 익히도록 하자.

먼저, 프로그램의 머리 부분에 다음 문장을 넣는다.

```
import java.util.Scanner;
```

다음으로 Scanner 객체 s를 생성한다. System.in은 표준입력, 즉, 키보드에서 읽겠다는 의미이다.

```
Scanner s = new Scanner(System.in);
```

이후부터 객체 s를 이용하여 다양한 형의 자료를 키보드로부터 읽을 수 있는데, 예를 들어 정수를 읽는 문장은 다음과 같이 작성할 수 있다.

```
int k1 = s.nextInt();
int k2 = s.nextInt();
...
s.close();
```

자료 입력이 끝나면 close()를 한다.

위 문장의 경우, 키보드로부터 입력자료를 100 200과 같이 주면 k1과 k2 값은 각각 100, 200이 된다. 즉 공백문자로 정수 하나씩을 인식한다.

예제 2.6 입력문 사용 예

```
import java.util.Scanner;
class InputEx {
    public static void main(String[] args) {
      Scanner s = new Scanner(System.in);
      int k1, k2;
      k1 = s.nextInt();
      k2 = s.nextInt();
      s.close();
      System.out.println("변수 k1에 " + k1 + "을 저장하였습니다");
      System.out.println("변수 k2에 " + k2 + "을 저장하였습니다");
      System.out.printfln("k1 = " + k1);
      System.out.printfln("k2 = " + k2);
    }
}
```

입력자료

```
100 200
```

실행결과

```
변수 k1에 100을 저장하였습니다
변수 k2에 200을 저장하였습니다
k1 = 100
k2 = 200
```

int형의 값을 읽는 nextInt() 이외에도, double값을 읽는 nextDouble(), 다음 문자열 하나를 읽는 next(), 다음 한 줄을 읽는 nextLine() 등이 있다. 이에 관한 내용은 필요할 때에만 간단히 언급할 것이다.

출력문으로는, 한 줄 출력하고 커서를 다음 줄로 옮기는 System.out.println()과 다음 줄로 이동하지 않는 System.out.print()가 있다. 그리고 J2SE 5.0이후 버전에서는 C 언어 printf() 함수와 유사한 System.out.printf()가 있다.

예제 2.7 출력문 사용 예

```
class PrintEx {
    public static void main(String[] args) {
      int k = 100;
      System.out.print("This is a simple ");
      System.out.println("Java program.");
      System.out.printf("변수 k 값은 %d%s", k, "입니다");
    }
}
```

실행결과

```
This is a simple Java program.
변수 k 값은 100입니다.
```

과제

1 double형 변수와 float형 변수를 여러 개 선언하고, 각 변수에 임의의 상수 값을 배정(assign)하여 출력하는 프로그램을 작성하라. 이때 double형 변수와 float형 변수 각각에 배정될 값으로는 'A'와 같은 문자형 값, 15와 같은 정수형 값, 1.5, 1.5f, 1.5d와 같은 실수형 값을 모두 사용하라.

2 교재의 문자형/논리형 변수 예제를 실행시키고 그 수행결과를 설명하라.

3 키보드로부터 자료를 입력하여 입력된 내용을 그대로 출력하는 프로그램을 작성하라. 이때, nextInt(), nextDouble(), next(), nextLine(), System.out.printf, System.out.println를 반드시 사용하라. nextDouble(), next(), nextLine()에 관한 내용은 아직 배우지 않았지만 double형과 뒤에서 나오는 String형을 참고하여 작성해 보라.

학습정리

1 자바 프로그램 파일명은 클래스명과 같아야 한다.

2 클래스명의 첫 글자는 대문자로 작성한다.

3 자바 프로그램을 컴파일하는 명령어

```
C:\> javac 파일이름.java
```

4 컴파일된 프로그램을 실행하는 명령어

```
C:\> java 클래스이름
```

5 자바 데이터의 기본형에는 byte, short, int, long, float, double, char, boolean 등이 있다.

6 모든 변수는 사용하기 전에 반드시 선언되어야 한다.

7 Scanner 클래스를 활용하여 표준 입력을 할 수 있다.

Chapter

3 수식(Expression)

먼저 수식이 무엇인지 정의해보자. 변수와 상수는 그 자체가 수식에 해당한다. 예를 들어 변수 sum은 수식이고, 상수 100도 수식이다. 다음으로, 수식과 수식 사이에 +와 같은 연산자를 사용한 결과도 수식이다. 예를 들어, 수식 sum과 수식 100을 합한 표현인 sum + 100 또한 수식이다. 수식에 괄호 ( )를 한 것도 수식이다. 예를 들어, (sum + 100) 또한 수식이다. 비슷한 이유로, (sum + 100) / 2도 수식이다. 그래서 수식을 학습할 때 주요 학습대상은 연산자이다. 여기서는 수식에서 사용되는 연산자를 주로 알아본다. 아울러 수식 계산과정에서 형 변환이 발생할 수 있는데, 형 변환의 원리에 대하여 살펴본다.

3.1 연산자

먼저 자바에서 사용되는 연산자를 살펴보자. 수식 a + b가 있을 때, +를 연산자(operator)라고 하고, a와 b를 피연산자(operand)라고 한다.

3.1.1 산술 연산자와 배정 연산자

[표 3.1]은 자바에서 사용되는 산술 연산자와 배정 연산자이다.

| 표 3.1 | 산술 연산자와 배정 연산자

구분	연산자	사용 예
산술연산자	+ − * / %	j % 3 (j를 3으로 나눈 나머지)
배정연산자	=	j = 100
증감연산자	++	j++ 혹은 ++j
	--	j-- 혹은 --j
산술연산과 배정연산을 결합한 연산자	+=	j += 3; (j = j + 3;과 동일)
	-=	j -= 3; (j = j - 3;과 동일)
	*=	j *= 3; (j = j * 3;과 동일)
	/=	j /= 3; (j = j / 3;과 동일)
	%=	j %= 3; (j = j % 3;과 동일)

다음은 이들 연산자를 사용한 간단한 예제들이다. 연산자를 살펴보면서, 동시에 간단한 자바 프로그램의 구조에 관하여 익숙해지도록 하자.

[예제 3.1]은 사용자가 3개의 정수 값을 입력하면, 그 값을 가지고 임의의 산술연산을 한 결과를 보인 것이다.

예제 3.1 간단한 산술연산

```
import java.util.Scanner;
public class SimpleArithmetic {
   public static void main(String[] args) {
      int x, y, z;
      int sum;

      Scanner s = new Scanner(System.in);
      int x = s.nextInt(); // 3 입력
```

```
        int y = s.nextInt(); // 26 입력
        int z = s.nextInt(); // 7 입력
        s.close();

        sum = x + y + z;
        System.out.println("x + y + z = " + sum);
        sum = x - y - z;
        System.out.println("x - y - z = " + sum);
        sum = x * y * z;
        System.out.println("x * y * z = " + sum);
        sum = y / z / x;
        System.out.println("y / z / x = " + sum);
    }
}
```

실행결과

```
x + y + z = 36
x - y - z = -30
x * y * z = 546
y / z / x = 1
```

해설

27 / 7 / 3 = ((27 / 7) / 3) = (3 / 3) = 1

변수에 값을 배정하는 방법은, x = s.nextInt()와 같은 입력문을 통해서 사용자가 입력한 값을 배정할 수도 있고, sum = 100과 같은 수식배정문을 통해서 프로그래머가 값을 배정할 수도 있다. 다음 예제부터는 편의상 [예제 3.1]과 같은 입력문을 사용하지 않고, 수식배정문을 통해서 변수에 임의의 값을 부여할 것이다.

다음으로 증감연산자에 대하여 간단히 살펴보자. (증감연산자 ++와 --의 의미는 C언어와 동일하다) k++나 ++k은 변수 k 값을 1 증가시키는 문장이다. 이는 'k = k + 1'과 동일하다. 비슷하게, k--나 --k는 변수 k 값을 1 감소시키는 문장이다. 이는 'k = k - 1'과 동일하다. 그런데, k++와 ++k는 하나의 독립된 문장으로 있을 때는 그 의미가 동일하지만, 다른 수식에 끼워 쓸 때에는 의미가 달라진다. 예를 들어, 다음 예에서 k1 값은 항상 1 증가하여 2가 되지만, k2의 값에 차이가 있음에 유의하자.

k1 = 1;
k2 = **++k1** + 2;
(k1값이 **먼저** 1 증가된 후에 더함)
k1, k2 값 출력
 	
출력결과: 2, 4
	k1 = 1;
	k2 = **k1++** + 2;
	(원래의 k1값인 1을 더한 후에 **뒤에** k1값이 1 증가 됨)
	k1, k2 값 출력
	
	출력결과: 2, 3

위의 각각의 문장은 다음과 같다고 생각하면 된다.

k1 = 1; k1 = k1 + 1; (k1을 1 증가) k3 = k1 + 2; (k1을 더함) k1, k2 값 출력	k1 = 1; k3 = k1 + 2; (증가되기 전의 k1을 더함) k1 = k1 + 1;(k1 값을 1 증가) k1, k2 값 출력

[예제 3.2]는 변수 i에 임의로 값 5를 부여한 후, 증감연산자를 사용했을 때 값의 변화를 살펴보는 예이다.

예제 3.2 ++와 -- 사용 예

```
public class PrePostOperator {
  public static void main(String[] args) {
      int i = 5;
      int j;

      j = i++;
      System.out.println(" j = " + j + " i = " + i);
      j = i--;
      System.out.println(" j = " + j + " i = " + i);
      j = ++i;
      System.out.println(" j = " + j + " i = " + i);
      j = --i;
      System.out.println(" j = " + j + " i = " + i);
  }
}
```

실행결과

```
j = 5 i = 6
j = 6 i = 5
j = 6 i = 6
j = 5 i = 5
```

[예제 3.3]은 변수 a, b, c, d에 임의의 값을 부여한 후에, 연산자 +=, −+, *=, %=를 사용하여 그 값을 변경시키는 예이다.

예제 3.3 배정 연산자 사용 예

```
public class AssignOperator {
    public static void main(String[] args) {
     int a, b, c, d;
     a = b = c = d = 10;
     a += 10; // a 값을 10 증가시킴
     b -= 5; // b 값을 5 감소시킴
     c *= 10; // c 값에 10을 곱하여 그 결과를 c에 저장
     d %= 3; // d 값을 3으로 나눈 나머지를 d에 저장
     System.out.println("a = " + a);
     System.out.println("b = " + b);
     System.out.println("c = " + c);
     System.out.println("d = " + d);
    }
}
```

실행결과

```
a = 20
b = 5
c = 100
d = 1
```

해설

a = a + 10과 a += 10은 모두 a값을 10 증가시키는 문장으로서 그 의미가 동일하다.

3.1.2 관계 연산자

관계연산자는 값을 크기를 비교하는 연산자이다. 관계 연산자의 수행 결과는 true 또는 false 중의 하나이다. 자바 관계연산자는 [표 3.2]와 같다.

| 표 3.2 | 관계 연산자

구 분	연산자	기 능	x = 10 일 경우
관 계	==	값이 같은가 비교	x == 3 (거짓)
	!=	값이 다른가 비교	x != 3 (참)
	〉, 〉=, 〈, 〈=	대소 관계를 비교	x 〉 11 (거짓), x 〉= 9(참)

[예제 3.4]는 변수 j와 j에 임의의 값 10과 20이 있다고 가정하고, 관계 연산자 〉=와 〈=를 적용한 결과를 보이는 예이다. 계산 결과는 boolean형임에 유의하자.

예제 3.4 관계연산자 사용 예

```
public class Booloper {
      public static void main(String[] args) {
             int i = 10; int j = 20;
             boolean a, b;

             a = (i >= j);
             b = (i <= j);

             System.out.println("a= (10 >= 20), b =(10 <= 20)");
             System.out.println("a= " + a);
             System.out.println("b= " + b);
      }
}
```

실행결과

```
a = (10 >= 20), b =(10 <= 20)
a = false
b = true
```

3.1.3 논리 연산자

자바 논리 연산자로는 &, &&, |, ||, ^, ! 등이 있다. 각 연산자의 의미는 [표 3.3]과 같다. 논리 연산자의 수행 결과는 항상 true 또는 false이다. 논리 연산자의 피연산자는 반드시 boolean형의 변수이거나 상수이어야 한다. 예를 들어, 피 연산자가 정수형일 수 없다.

| 표 3.3 | 논리 연산자의 종류와 의미

<table>
<tr><th>A</th><th>B</th><th>A&B
A&&B</th><th>A|B
A||B</th><th>A^B</th><th>!A</th></tr>
<tr><td>F</td><td>F</td><td>F</td><td>F</td><td>F</td><td>T</td></tr>
<tr><td>F</td><td>T</td><td>F</td><td>T</td><td>T</td><td>T</td></tr>
<tr><td>T</td><td>F</td><td>F</td><td>T</td><td>T</td><td>F</td></tr>
<tr><td>T</td><td>T</td><td>T</td><td>T</td><td>F</td><td>F</td></tr>
</table>

[표 3.3]에 의하면 연산자 &와 &&는 같은 것으로 보인다. 또한 |와 ||도 같은 것으로 보인다. 그러나 이들은 서로 다른 의미를 가진다. 논리 연산자에서 &&와 &, ||와 |에 대한 차이점은 다음과 같다.

- A && B의 경우, 만약 A가 false이면 더 이상 B를 계산하지 않고 계산 결과 값이 false로 결정된다. A가 true일 때만 B를 계산한다.
- A & B의 경우, A가 false라 하더라도 계속해서 B를 계산해서 A와 B로써 논리형 AND연산을 수행한 후에 계산 결과 값 false를 결정한다.
- A || B의 경우, 만약 A가 true이면 더 이상 B를 계산하지 않고 계산 결과 값을 true로 결정한다. A가 false인 경우에만 B를 계산한다.
- A | B의 경우, A가 true라 하더라도 계속해서 B를 계산해서 A와 B로써 논리형 OR 연산을 수행한 후에 계산 결과 값 true를 결정한다.

예를 들어, if((a != 0) & (b / a < 1)와 같은 문장의 경우, 만약 a가 0 이라면, 곧바로 if문이 거짓으로 판명되어 다음 문장을 수행할 것으로 기대되지만, & 연산자는 a가 0 이어서 (a != 0)가 거짓이라 하더라도 계속해서 (b / a < 1)를 계산하기 때문에, 0으로 나누는 연산에 의해서 에러가 발생한다. 따라서 이 경우는 if((a != 0) && (b / a < 1)으로 작성되어야 한다.

한편, if((a == 1) && ((b = c) < 1)와 같은 문장의 경우, a 값이 1일 때만 (b = c) < 1을 계산하고, a 값이 1이 아니면 (b = c) < 1을 계산하지 않기 때문에, a 값이 1일 때와 아닐 때 b 값이 달라진다. 프로그래머는 보통 a 값에 관계없이 b에는 c 값이 항상 기억될 것으로 착각하기 쉽다. 따라서 프로그래머는 자기의 의도에 따라서 구분해서 사용할 줄 알아야 한다.

[예제 3.5]는 두 개의 변수 i와 j에 임의의 값을 부여한 후, 논리 연산자를 사용한 결과를 보이는 예이다. 변수 a, b, c의 형이 모두 boolean형임에 유의하자.

예제 3.5 논리 연산자 사용 예

```
public class Logic {
        public static void main(String[] args) {
                int i = 10;
                int j = 20;
                boolean a, b, c;

                a = (i >= 5 && j <= 25);
                b = (i < 10 || j == 20);
                c = (i != 10);
                System.out.println("a = (10 >= 5 && 20 <= 25)");
                System.out.println("b = ("+ i +" < 10 || " + j + " == 20)");
                System.out.println("c = ("+ i + "!= 10)");
                System.out.print("a = " + a);
                System.out.print(" b = " + b);
                System.out.print(" c = " + c);
        }
}
```

실행결과

```
a = (10 >= 5 && 20 <= 25)
b = (10 < 10 || 20 == 20)
c = (10 != 10)
a = true b = true c = false
```

3.1.4 비트 연산자

자바의 비트 연산자 종류는 [표 3.4]와 [표 3.5]와 같이 &, |, ^, !, <<, >>, >>> 등이 있다. 비트 연산자의 계산 결과는 true, false가 아니라 정수 값이다. 또한, C언어와는 달리, 0이 false를 의미하는 것이 아니고, 1이 true를 의미하는 것도 아니다.

| 표 3.4 | 비트 AND/OR/NOT 연산자

A	B	A&B	A|B	A^B	!A
0	0	0	0	0	1
0	1	0	1	1	1
1	0	0	1	1	0
1	1	1	1	0	0

예를 들어, (10 & 7)은 1010과 0111을 비트 단위 AND를 하면 0010이 되므로 그 결과는 2이다. (10 | 7)은 1010와 0111을 비트 단위 OR를 하면 1111이 되므로 그 결과는 15이다. (10 ^ 7)은 1010와 0111을 비트 단위 XOR를 하면 1101이 되므로 그 결과는 13이다.

한편, <<는 왼쪽 쉬프트(shift) 연산자, >>는 오른쪽 쉬프트(shift) 연산자이다. 예를 들어, 10 << 2는 1010을 2비트 왼쪽으로 쉬프트시키면 101000이다. 이 값은 40이다. 왼쪽 쉬프트는 2씩 곱한 결과이기 때문에 10에 (2 * 2)를 하면 40이 된다. 1010 >> 2는 뒤 두 자리 10이 없어지고 10만 남아서 그 값이 2이다. 이는 10을 (2 * 2)만큼 나누었을 때의 몫을 의미한다.

참고로, 오른쪽 쉬프트에서 부호비트는 항상 원래 부호값(0 혹은 1)으로 채워진다. 그래야만 2만큼씩 나누었을 때 음수인 경우에도 올바른 몫이 생성된다. 이는 음의 정수를 컴퓨터 내부에서 표현하는 방법을 이해해야 하는데 여기서는 생략한다. >>>는 오른쪽 쉬프트할 때 부호비트를 항상 0으로 채우는 쉬프트 연산자이다.

예제 3.6 비트 연산자 사용 예

```
public class Bitoper {
        public static void main(String[] args) {
              int i = 25; // 25에 대한 2진수는 11001
              int j = 22; // 22에 대한 2진수는 10110
              int a;

              a = i & j;
              i = i >> 3;
              j = i << 3;
              System.out.println("a = " + a);
              System.out.println("i = " + i);
              System.out.println("j = " + j);
        }
}
```

실행결과

```
a = 16
i = 3
j = 24
```

비트 연산자 &, |, ^는 논리 연산자로도 사용되었다. 이를 구분하는 방법은 피연산자가 boolean형이면 논리 연산자이고, 피연산자가 정수형이면 비트 연산자이다. 이와 같이 피

연산자의 형에 따라서 연산자의 의미가 달라지는 것을 연산자가 오버로딩(overloading) 되었다고 말한다.

3.1.5 조건 연산자

조건 연산자는 "? 값1 : 값2"의 모양을 가진다. 조건이 참이면 값1을, 거짓이면 값2를 가진다. 간단한 if-then-else의 경우에 사용된다.

| 표 3.5 | 조건 연산자 예

구 분	연산자	기 능	사용 예
조건	? 값1 : 값2	조건이 참이면 값1을, 거짓이면 값2를 결정	x > 20 ? 30 : 5

예제 3.7 조건 연산자 사용 예

```
public class Logic2 {
        public static void main(String args[]) {
                int i = 10;
                int j = 20;
                int a, b;
                a = (i >= 5 ? 10 : 20);
                b = (j < 10 ? 10 : 20);
                System.out.println("a =" + a);
                System.out.println("b =" + b);
        }
}
```

실행결과

```
a = 10
b = 20
```

3.2 형 변환

연산자를 사용할 때 피연산자들의 자료형이 동일해야 한다. 그렇지 않으면 언어에 따라서 예상치 못하는 결과가 나오므로 유의해야 한다. 만약 프로그래머가 "정수형 + 실수형" 처럼 피 연산자들의 형을 혼합해서 사용하면, 언어에 따라서 에러 처리가 되든지 아니면 자동으로 형 변환을 시켜서 피연산자들의 형을 일치시켜 준다. 예를 들어,

```
int k1 = 30; double k2 = 10.0;
k2 = k1 + k2;
```

와 같은 문장이 있으면, k1(int형)에 기억된 값 30이 내부적으로 double형 30.0으로 자동으로 형 변환이 되어서, 30.0 + 10.0으로 계산되어, 변수 k2에 기억되는 값은 double형 40.0이 된다. 그러나 다음 프로그램은 자바의 경우는 잘못된 프로그램이다. (C 언어 경우는 올바름)

```
int k1 = 30; double k2 = 10.0;
k1 = k1 + k2;
```

그 이유는, int형 변수 k1과 float형 변수 k2의 합은 위 과정과 동일하게 double형 40.0이지만, 자바에서는 double형의 값을 int형 변수에 기억시킬 수 없기 때문이다.

이와 같이 혼합형 연산일 경우에 자바의 경우는 에러가 나는 경우도 있고, 자동으로 형 변환을 시켜주는 경우도 있다. 그것을 결정하는 기본규칙을 이해하자. 자바에서의 혼합형 연산에 대한 형 변환 규칙은 광역화(widening) 형 변환과 협소화(narrowing) 형 변환으로 나누어서 정해진다.

광역화 형 변환이란, 형 변환을 했을 때 최소한 원래 값의 근사치라도 보장이 되는 변환을 말한다. 보통, 자리수가 작은 자료형에서 큰 자료형으로 변환하는 것인데, 예를 들어, byte형(1바이트 정수)을 int형(4바이트 정수)으로 변환하는 것이 여기에 속한다.

협소화 형 변환이란, 형 변환을 했을 때 원래 값의 근사치조차도 보장이 안 되는 변환을 말한다. 보통, 자리수가 큰 자료형에서 작은 자료형으로 변환하는 것인데, 예를 들어, int형을 byte형으로 변환하는 것이 여기에 속한다. int형에 기억된 값이 1바이트로 저장이 될 수 없는 큰 값인 경우는 변환 후에 원래 값의 근사치조차 얻을 수 없다.

[그림 3.1] 광역화 형 변환을 도식화 한 것이다.

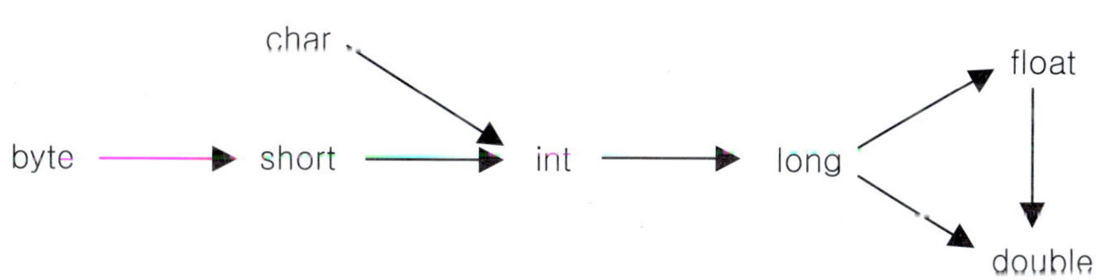

| 그림 3.1 | 광역화 형 변환

[그림 3.1]에서 화살표 방향이 있는 변환은 광역화 형 변환에 속하고, 화살표 방향이 없는 변환은 협소화 형 변환에 속한다.

참고로, short(2바이트) 형과 char(2바이트)형 사이의 상호 변환은 자료형의 크기가 같음에도 불구하고 협소화 형 변환에 속한다. 그 이유는 short형에는 음수가 있으나, C언어와는 달리, 자바 char형에는 부호가 없기 때문이다. 다음으로, float형(4바이트)을 int형이나 long형(8바이트)으로 변환시키는 것은, float형으로 표현할 수 있는 수의 범위가 int나 long보다 크므로, 최소한 근사치조차 보장이 안 될 수 있기 때문에 협소화 형 변환에 속한다. 따라서 float형에서 int나 long으로 화살표가 없다.

자바에서는 혼합형 연산인 경우에, 광역화 형 변환이 필요한 경우에 대해서는 자동으로 형 변환을 시켜준다. 자동으로 형 변환이 일어나는 것을 coercion이라 한다. 그러나 협소화 형 변환에 대해서는 자동으로 형 변환을 시켜주지 않기 때문에 캐스트(cast) 연산자를 사용하여 프로그래머가 명시적으로 형 변환을 시켜주어야만 에러가 발생하지 않는다. 프로그래머가 명시적으로 형 변환을 지시하는 것을 캐스트(cast)라 한다. 한편, boolean형은 위의 어느 자료형과도 명시적이든 암시적이든 형 변환이 불가능하다.
명시적 형 변환(캐스트)을 시키는 형태는 다음과 같다.

```
(자료형) 식
```

자바의 광역화/협소화에 따르는 형 변환 규칙 때문에 조심할 사항이 있다. 다음의 문장은 번역시 오류가 발생한다.

```
float x;
x = 3.5; // 번역시 에러
```

위 문장에서 x는 float형 변수이고 3.5는 double형 상수이다. 따라서 협소화 형 변환이 일어나야 한다. 협소화 형 변환은 자동으로 이루어지지 않기 때문에 이 문장은 번역시 오류가 발생한다. 이를 올바로 수정하기 위해서는 다음과 같이 명시적으로 형 변환을 시켜야 한다.

```
float x;
x = (float) 3.5;
```

혼합형 연산이 아니라 하더라도 형 변환이 일어나는 경우가 있다. 다음의 문장을 살펴보자.

```
byte a = 50, b = 60, c = 100;
int d;
d = a * b / c; //OK
```

a와 b는 byte형이므로 a * b 연산에 의해서 계산 결과는 300으로서 byte형으로는 기억될 수 없는 숫자이다. 이러한 문제를 해결하기 위하여 short형과 byte형이 피연산자일 때, 혼합형 연산이 아님에도 불구하고, 이들은 자동으로 광역화 형 변환인 int형으로 변환된다. 이를 승격(promotion)이라 한다. 그래서 위의 a * b / c 계산은 int형으로 계산된다. 따라서 위 프로그램은 d가 int형이기 때문에 올바른 문장이다.

그러나 다음의 문장은 오류이다.

```
byte a = 1, b = 2 , c;
c = a + b; // 오류
```

a + b 계산을 할 때, promotion 규칙에 의해서 int형 계산을 하기 때문에, int형의 계산 결과 값 3을 byte형 변수 c에 기억시키려 하고 있으므로, 이는 협소화 형 변환에 속하므로 오류이다. 따라서 위 문장은 다음과 같이 cast 연산자를 사용해서 명시적으로 형 변환을 지시해야만 오류가 발생하지 않는다.

```
byte a = 1, b = 2, c;
c = (byte)(a + b); // OK
```

과제

1 임의의 섭씨온도를 입력자료로 받아서 화씨온도로 변환하는 프로그램을 작성하라. (화씨 = 1.8 × 섭씨 + 32)

2 두 개의 byte형 변수에 작은 정수가 주어졌을 때, 그 값의 합을 int형 변수에 기억 시켜 출력하는 프로그램을 작성하라. 또한 float형 변수에 기억시켜 출력하라. (단, 캐스트 연산자는 꼭 필요한 경우에만 사용할 것)

3 논리 연산자 &와 &&의 차이를 알 수 있는 프로그램을 작성하라.

4 비트 연산자 &와 논리 연산자 &를 구별할 수 있는 예제 프로그램을 작성하라.

5 다음 프로그램의 수행 결과를 보라. (특히, j값에 유의할 것)

```
public class A {
   public static void main(String[] args) {
       int j=20; a;
       a = j<<2;
       System.out.println("a=" + a + "  j=" + j);
   }
}
```

학습정리

1 논리 연산자 &, |와 비트 연산자 &, |의 구분하는 방법

피연산자가 boolean형이면 논리연산자
피연산자가 정수형이면 비트 연산자

2 논리연산자의 피연산자의 형과 계산결과 값의 형은 모두 boolean형이다.

3 비트 연산자는 피연산자의 형과 계산결과 값의 형은 모두 정수형이다.

4 형이 일치하지 않으면 오류처리를 하든지 아니면 자동으로 형 변환을 시킨다.

5 광역화 형 변환은 형 변환을 했을 때 최소한 원래 값의 근사치라도 보장이 되는 변환을 말한다.

6 협소화 형 변환은 형 변환을 했을 때 원래 값의 근사치조차도 보장이 안 되는 변환을 말한다.

7 자바는 광역화 형 변환은 자동으로 이루어진다.

8 자바는 협소화 형 변환은 반드시 캐스트를 시켜야 한다.

9 캐스트란 프로그래머가 캐스트연산자를 사용하여 명시적으로 형 변환을 시키는 것을 말한다.

Chapter

4 제어문

제어문이란 다음에 수행할 문장을 제어하는 문장을 말한다. 문장 수준에서의 제어문으로는 조건문, 반복문, 분기문 등이 있다. 조건문에는 if문과 switch문 등이 있고 반복문에는 for, while문 등이 있다. 분기문의 예로는 goto, break 등이 있다.

4.1 if문

다음은 if문의 형태이다. 조건이 참인 경우에 수행해야 할 문장이 오직 하나의 문장이면 괄호를 생략해도 되지만, 한 문장 이상 있으면 각 양식에서 보이는 것처럼 반드시 중괄호를 해야 한다.

[양식 1]
```
if(condition) {
        statements;
}
```

[양식 2]
```
if(condition) {
        statements;
}
else {
        statements;
}
```

[양식 3]
```
if(condition) {
        statements;
}
else if(condition) {
        statements;
}
...
else if(condition) {
        statements;
}
} else {
        statements;
}
```

다음 예제는 사용자가 입력한 값이 100보다 큰지 작은지 판단하는 프로그램이다. 이는 if-else 문장을 활용한 예를 보인 것이다.

예제 4.1 if문의 사용 예(1)

```
import java.util.Scanner;
public class If1 {
   public static void main(String[] args) {
      Scanner s = new Scanner(System.in);
      int num = s.nextInt(); // 90 입력
      s.close();

      if (num > 100) {
         System.out.println("100보다 큰 수입니다.");
      } else {
         System.out.println("100보다 작은 수입니다.");
      }
   }
}
```

실행결과

```
100보다 작은 수입니다.
```

다음 [예제 4.2]는 "if-else if" 구조를 사용하는 예를 보인 것이다. 사용자가 점수를 입력하면, 학점을 출력하는 프로그램이다.

예제 4.2 if문의 사용 예(2)

```
import java.util.Scanner;
public class If2 {
   public static void main(String[] args) {
      Scanner s = new Scanner(System.in);
      int day;
      day = s.nextInt(); // 1에서 7 사이의 숫자를 입력
      s.close();

      if (day == 1) {
         System.out.println("일요일입니다.");
      } else if (day == 2) {
         System.out.println("월요일입니다.");
      } else if (day == 3) {
         System.out.println("화요일입니다.");
      } else if (day == 4) {
         System.out.println("수요일입니다.");
```

```
        } else if (day == 5) {
            System.out.println("목요일입니다.");
        } else if (day == 6) {
            System.out.println("금요일입니다.");
        } else if (day == 7) {
            System.out.println("토요일입니다.");
        } else {
            System.out.println("1에서 7 사이의 숫자가 아닙니다.");
        }
    }
}
```

4.2 switch문

[예제 4.2]와 같은 중첩된 if-else문 대신 switch문을 사용하면 프로그램이 더 간결해지는 경우가 많다. switch문의 각 case의 마지막에는 반드시 break를 써 주어야만 예상치 못한 결과가 나오는 것을 막을 수 있다.

[양식]

```
switch(수식) {
        case value-1 :
                statements
                break;
        case value-2 :
                statements
                break;
        case value-N :
                statements
                break;
        default:
                statements
}
```

다음 [예제 4.3-1]에서는 각 요일에 정수를 대응시켜서, 일요일은 1, 월요일은 2, ... 토요일은 7로 표현된다고 가정하여, 사용자가 정수를 입력하면 대응되는 요일을 출력하는 프로그램이다.

예제 4.3-1 switch문 사용 예(1)

```
import java.util.Scanner;
public class SwitchStat {
  public static void main(String[] args) {
      Scanner s = new Scanner(System.in);
      int day;
      day = s.nextInt(); //1에서 7 사이의 정수를 입력
      s.close();

      switch (day) {
         case 1:
            System.out.println("일요일입니다.");
            break;
         case 2:
            System.out.println("월요일입니다.");
            break;
         case 3:
            System.out.println("화요일입니다.");
            break;
         case 4:
            System.out.println("수요일입니다.");
            break;
         case 5:
            System.out.println("목요일입니다.");
            break;
         case 6:
            System.out.println("금요일입니다.");
            break;
         case 7:
            System.out.println("토요일입니다.");
            break;
         default:
            System.out.println("1에서 7 사이의 숫자가 아닙니다.");
            break;
   }
}
```

다음 [예제 4.3-2]는 case문 뒤에 break을 쓰지 않는 경우를 활용한 예이다. [예제 4.3-1]과 연관되어서 각 요일에 숫자를 부여 했다고 가정하고, 토요일과 일요일은 '쉬는 날', 월요일부터 금요일까지는 '일하는 날'로 출력하는 프로그램이다.

예제 4.3-2 switch문 사용 예(2)

```
import java.util.Scanner;
public class SwitchStat {
  public static void main(String[] args) {
      Scanner s = new Scanner(System.in);
      int day;
      day = s.nextInt(); //1에서 7 사이의 정수를 입력
      s.close();

      switch (day) {
         case 1:
         case 7:
             System.out.println("쉬는 날입니다.");
             break;
         case 2:
         case 3:
         case 4:
         case 5:
         case 6:
             System.out.println("일하는 날입니다.");
             break;
         default:
             System.out.println("1에서 7 사이의 숫자가 아닙니다.");
             break;
   }
}
```

4.3 반복문

반복문에는 for, while, do-while문 등이 있다.

(1) for문

[양식]

```
for(초기값; 조건식; 증감값) {
     statements;
}
```

초기값 부분에서는, 주로 반복에 사용될 반복 카운터 변수를 초기화하는 역할을 한다. 조건식을 만족하면 statements를 실행한다. statements를 한번 실행할 때마다 증감값이 계산되고 조건식을 조사한다. 조건식이 거짓이 될 때까지 이 과정을 반복한다.

예제 4.4 1에서 100까지의 합

```
public class For {
        public static void main(String[] args) {
              int sum = 0;
              for(int i = 1; i <= 100; i++)
                    sum = sum + i;
              System.out.println("1부터100까지의 합 = " + sum);
        }
}
```

실행결과

```
1부터 100까지의 합 = 5050
```

문장 sum = sum + i;은 변수 sum값을 i만큼 증가시키는 문장이다. i값이 1부터 100까지인 경우는 그 값을 더하므로 1부터 100까지 합을 구한다. 즉 (...(((1 + 2) + 3) + 4) + ...+ 99) + 100)의 순서로 계산된다. i값이 101이 되면 조건식이 거짓이 되므로 for문 수행이 끝나고 그 다음 문장인 출력문이 수행된다.

[예제 4.5]는 for문 안에 for문이 있는, 즉 for문이 중첩되는 경우에 수행되는 방법을 보여주는 예이다. 실행결과에서 보는 것처럼, 바깥쪽 for문의 변수 i값이 고정된 상태에서 안쪽 for문의 변수 j값이 차례대로 변하는 것에 유의하자.

예제 4.5 다중 for문 사용 예

```
public class For {
        public static void main(String[] args) {
              for(int i = 1; i < 4; i++)
                 for(int j = 1; j < 5; j++)
                    System.out.println("i = " + i + ", j = " + j);
        }
}
```

실행결과

```
i =1, j = 1
i =1, j = 2
```

```
i =1, j = 3
i =1, j = 4
i =2, j = 1
i =2, j = 2
i =2, j = 3
i =2, j = 4
i =3, j = 1
i =3, j = 2
i =3, j = 3
i =3, j = 4
i =4, j = 1
i =4, j = 2
i =4, j = 3
i =4, j = 4
```

(2) while문과 do while문

while문의 형식은 다음과 같다. 조건이 참일 동안 문장을 반복 실행한다.

[양식]

```
while (조건)
{
  statements;
}
```

do while문도 while문과 같이 반복문이지만, while문은 조건을 먼저 검사한 후에 statements;을 실행할 것인지 아닌지 결정하는 반면에, do while문은 일단 한 번 statements; 부분을 실행한 이후에 조건을 검사한다. 그 형식은 다음과 같다.

[양식]

```
do {
    statements;
} while (조건);
```

예제 4.6 while과 do-while의 비교

```
public class WhileCompare {
        public static void main(String[] args) {
            int start;

            start=0;
```

```
            System.out.println("while문 실행결과");
            while(++start < 10) {
                System.out.print(start + " ");
            }
            System.out.println();
            start=0;
            System.out.println("do-while문 실행결과");
            do {
                System.out.print(start + " ");
            } while(++start < 10);
            System.out.println();
        }
    }
```

실행결과

```
while문 실행 결과
 1 2 3 4 5 6 7 8 9
do-while문 실행 결과
 0 1 2 3 4 5 6 7 8 9
```

4.4 break문

반복문 내의 임의의 지점에서 반복루프를 빠져나갈 때 break문을 사용한다. 다음 예제는 n값이 5가 아니면 n값을 출력하고, 5이면 for 루프를 빠져나가서 수행이 종료되는 프로그램이다.

예제 4.7 break문 사용 예

```
public class BreakTest {
        public static void main(String[] args) {
            for(int n = 0; n < 10; n++) {
                if(n == 5) {
                    break;  //for문을 빠져 나간다.
                }
                System.out.print(n + " ");
            }
        }
}
```

실행결과

```
0 1 2 3 4
```

4.5 continue문

continue문은 프로그램의 제어를 for 루프의 맨 처음으로 되돌려 보낸다.

예제 4.8 continue문 사용 예: 홀수 출력

```
public class ContinueTest {
        public static void main(String[] args) {
            for(int n=0; n < 10; n++) {
              if (n%2 == 0) { // n/2의 나머지가 0이면, 즉 n이 짝수이면
                continue;   // for문 처음으로 이동 (n값을 출력하지 않음)
              }
              System.out.print(n + " "); // 홀수 값 출력
            }
            System.out.println();
        }
}
```

실행결과

```
1 3 5 7 9
```

과제

1 while문을 사용해서 1에서 100까지 합을 구하는 프로그램을 작성하라.

2 $1^2 + 2^2 + \ldots + 100^2$을 구하는 프로그램을 작성하라.

3 1에서 100까지 합을 구하는 과정에서, 합이 100을 넘을 때의 최소의 정수값과 그때까지의 합을 구하는 프로그램을 작성하라.

4 1 + (1 + 2) + (1 + 2 + 3) + ... + (1 + 2 + ... + 100)을 구하는 프로그램을 작성하라.

5 [예제 14.1-1]을 참고로 하여 keyboard로부터 한 문자씩 읽어서 대문자이면 소문자로 변환하여 출력하고, 그렇지 않으면 그대로 출력하는 프로그램을 작성하라.

6 입력문으로 실수형 변수 a, b, c에 임의의 값을 부여해서(nextDouble() 사용) 이차방정식 $ax^2+bx+c=0$의 근을 구하는 프로그램을 작성하라. 단, 허근의 경우에는 그냥 '허근임'으로 출력하라. sqrt 함수 사용법은 [예제 11.8]을 참고하라.

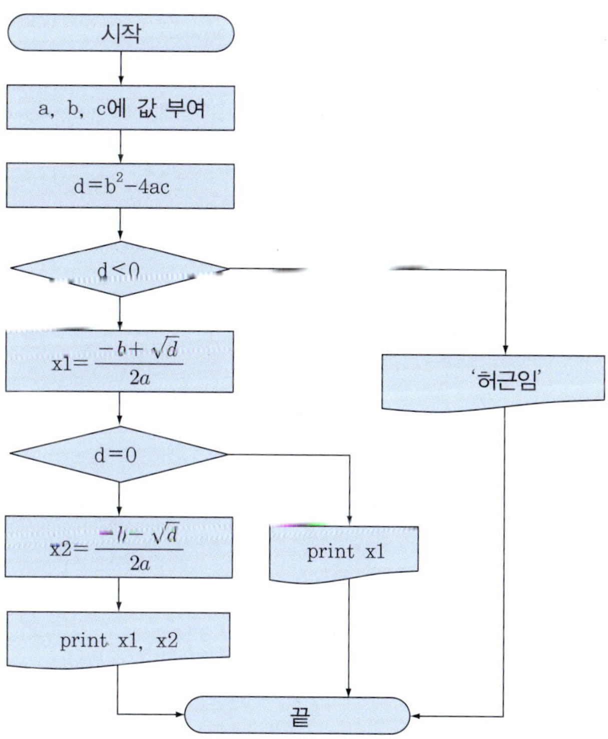

학습정리

1. switch문의 각 case에 대하여 마지막 문장으로 반드시 break를 써 주어야 한다.

2. 반복문 내의 임의의 지점에서 반복루프를 빠져나갈 때 break를 사용한다.

3. continue문은 프로그램의 제어를 루프의 맨 처음으로 되돌려 보낸다.

Chapter

5 메소드(Method)

어떤 큰 문제를 쉽게 해결하기 위해서는 그 문제를 작은 문제로 분해한 후, 각각의 작은 문제 단위로 문제를 해결해 나가는 것이 큰 문제를 푸는 쉬운 방법이다. 분해된 각각의 작은 문제를 프로그래밍 언어로 표현할 때, C 언어에서는 함수, PASCAL에서는 함수와 프로시져, FORTRAN에서는 함수와 서브루틴과 같은 언어 구조를 사용한다. 이와 같은 기능을 자바에서는 메소드로 표현한다. 메소드에는 println() 메소드처럼 미리 정의되어 있는 메소드가 있고, 미리 정의되어 있지 않은 메소드에 대해서는 사용자가 그 메소드를 정의해야 한다. 여기서는 아직 객체를 배우지 않았으므로 C언어 함수와 유사한 스타일로 자바 메소드 정의와 호출 문법을 사용하는 예제를 보일 것이다. (이를 위해서 메소드 이름 앞에 static 키워드를 사용할 것이다)

5.1 메소드 정의와 호출

자바 프로그램은 클래스로 구성되어 있고, 클래스 내에서 메소드가 정의된다. 그 메소드 중의 하나가 main() 메소드이다. 메소드를 정의하는 부분은 헤더(header)와 몸체(body)로 구성된다. 메소드를 정의하는 양식은 다음과 같다.

```
[<modifiers>] <returnType> methodName ([<parameters>])  {
        몸체부
}
```

여기서 대괄호 [ ]는 생략 가능함을 의미한다. 위에서 〈returnType〉에는 대괄호 표시가 없기 때문에 생략할 수 없음에 유의해야 한다. 〈modifiers〉는 수정자인데, 상세한 것은 클래스에서 논한다. 〈returnType〉은 메소드가 몸체부를 수행한 후, 돌려주는 값의 형을 말한다. 이는 생략될 수 없다. 〈parameters〉는 이 메소드의 형식매개변수이다. 형식매개변수를 작성하는 방법은 변수에 대한 선언문을 쓰는 것과 동일하다. 형식매개변수가 필요 없는 경우에는 생략 가능하다.

다음은 1에서 5까지의 정수 값을 출력하는 메소드를 정의한 예이다.

```
void printInt() {
    int i;
    for (i=1; i<=5; i++)
        System.out.println(i);
}
```

메소드 printInt에는 형식매개변수가 없다. 그리고 반환할 데이터가 없기 때문에 void라 선언하였다. 다음은 이 메소드 정의를 사용한 완전한 프로그램의 예이다.

예제 5.1 매개변수가 없는 메소드 정의와 호출

```
class IntPrint {
  public static void main(String[ ] args) {
    System.out.println("printInt 수행 이전");// 미리 정의된 메소드 println 호출
    printInt(); // 사용자 정의 메소드 호출
    System.out.println("printInt 수행 이후");// 미리 정의된 메소드 println 호출
  }
  static void printInt() { // 사용자가 새로 정의한 메소드
      int i;
      for (i=1; i<=5; i++)
            System.out.println(i);
  }
}
```

실행결과

```
printInt 수행 이전
1
2
3
4
5
printInt 수행 이후
```

위 프로그램의 동작 과정을 살펴보자. main() 메소드 몸체부에 있는 첫 번째 println이 수행된 후에 메소드 printInt()을 호출하는 문장이 있다. 이 문장에 의해서 제어는 printInt()의 정의 부분으로 넘어 간다. printInt()가 수행되면 1부터 5까지 출력된다. printInt()의 수행이 완료되면, 제어는 다시 이를 호출한 문장 다음으로 넘어간다. 따라서 main() 메소드 내의 두 번째 println() 문이 실행된다. 위 예에서 println()도 메소드 호출이다. 이는 미리 정의되어 있는 메소드이다. 메소드 printInt()의 정의 앞에 static이라는 키워드에 대해서는 뒤에서 논한다.

[예제 5.1]에서는 printInt()의 매개변수가 없고, 결과형이 void로 정의되어 있다. 이번에는 매개변수가 있는 메소드 정의의 예를 살펴보자.

예제 5.2 매개변수가 있는 메소드 정의와 호출

```
class PrintParm {
   public static void main(String[] args) {
      int i;
      i = 3;
      printInt(i); // 메소드 호출
      System.out.println("printInt 수행 이후");
   }
   static void printInt(int k) { // 메소드 정의
      int j;
      j = k + 1;
      System.out.println(j);
   }
}
```

실행결과

```
4
printInt 수행 이후
```

메소드 호출부에 있는 i를 실매개변수라 하고, 메소드 정의부에 있는 k를 형식매개변수라 한다. 메소드가 호출되면 실매개변수 값 i는 형식매개변수 k에 전달이 된다. 따라서 j값은 4가 되어서 출력결과 값은 4이다. 그리고 제어는 다시 printInt()을 호출한 다음 문장으로 이동되어서 main()에 있는 println()문이 실행된다. 위에서 주의할 사항은 실매개변수 i의 형과 형식매개변수 k의 형이 int로서, 서로 일치한다는 것이다. 프로그래머는 실매개변수의 형과 형식매개변수의 형을 항상 일치시켜야 한다는 것을 주지하고 있어야 한다.

5.2 return문

메소드 내에서 return문이 실행되면, 그 메소드를 호출한 문장의 바로 다음 지점으로 제어가 이동된다. 만약 키워드 return 뒤에 수식이 나오면, 그 수식의 값은 그 메소드를 호출한 문장으로 전달된다. return문의 사용 예는 다음과 같다.

```
return; // caller로 제어 이동
return a; // 제어 이동과 변수 a의 값 전달
return (a + b + c); // 괄호 사용 가능
```

몸체부에 return문이 없으면, 몸체부의 마지막 문장까지 실행된 후에 제어가 넘어간다. 다음은 두 수 중에서 작은 값을 출력하는 프로그램이다.

예제 5.3 return문이 있는 메소드 정의와 호출

```
import java.util.Scanner;
    class Return {
        public static void main(String[] args) {
            Scanner s = new Scanner(System.in);
            int a = s.nextInt(); // 10 입력
            int b = s.nextInt(); // 15 입력
            s.close();

             int c;
             c = min(a, b); // a, b 중 같거나 작은 값을 구하는 메소드 호출
             System.out.println(c);
        }
        static int min(int aa, int bb){ // 메소드 정의
             if (aa < bb) return aa;
             else return bb;
        }
    }
```

실행결과

```
10
```

[예제 5.3]에는 유의할 사항이 많이 있다. 먼저 메소드 min()의 정의 부분을 보자. 메소드 min()의 역할은 두 개의 형식매개변수 aa, bb 중에서 작은 값을 결과 값으로 돌려주는 역할을 한다. 따라서 결과 값을 돌려주는 문장인 return aa 혹은 return bb와 같은 return 문이 있다. 이때 return될 값인 aa혹은 bb의 자료형은 int인데, 그 형을 min()의 머리부에서 메소드 이름 앞에 반드시 써 주어야 한다. 이는 생략될 수 없다. (**참고** C 언어 경우 int형인 경우는 생략 가능함) 그래서 메소드 min()의 머리부에는 int min(...)이라고 int가 명시되어 있다.

다음으로, 메소드 min()을 호출하는 문장을 살펴보자.

```
c = min(a, b);
```

메소드 min()의 정의에는 return문에 의해서 값을 넘겨주는 문장이 있기 때문에, 이를 호출할 때는 그 값을 받는 것이 일반적이다. (그러나 자바도 C 언어처럼 받지 않을 수도 있지만 이는 특수한 경우이다) 따라서 메소드를 호출하는 문장에서 "c = min(...)"와 같이 값을 받고 있다. 이를 [예제 5.2]의 경우와 비교해보면, [예제 5.2]에서의 메소드 printInt() 정의에는 return문이 없기 때문에 메소드 printInt() 정의의 머리부에 void라 선언되어 있다. 이 경우에는 이 메소드를 호출하는 문장을, "c = printInt();"와 같이 작성하지 않고, "printInt();"와 같이 작성한다. 즉 값을 받는 부분이 없다.

메소드 정의	메소드 호출	비 고

void m(){
...
}
	m();	반환 값이 없는 경우

int m(){
int k;
....
return **k**;
}
	int x;
	x = m();
		메소드 수행결과 반환하는 값의 형이 정수형인 경우

void m(int i, float j){
....
}
	int x;
	float y;
	....
	m(x, y);
		매개변수가 있는 경우
		(**참고** m(x, 1.0)으로 호출하면 오류임. 1.0은 double로서 이는 float형으로 자동변환이 안되기 때문임)

c = min(a, b)와 같이 값을 받을 때는, 변수 c의 형이 return문에서 넘기는 자료 즉, aa 혹은 bb와 그 형이 일치해야 한다. 형이 일치하지 않는 경우에는 형 변환 규칙에 의해서 자동으로 어떤 조치를 취하든지, 아니면 오류가 된다. 다음 표는 이에 관한 내용을 요약한 것이다.

5.3 실매개변수와 형식매개변수 사이의 관계

메소드를 사용할 때 실매개변수와 형식매개변수 사이의 관계를 잘 이해해야 한다. 이 관계는 언어에 따라서 여러 가지로 설정될 수 있는데, 자바에서는 "값 전달"(pass-by-value) 방법과 "참조 전달"(pass-by-reference) 두 가지가 있다. 여기서는 "값 전달" 방법에 대해서만 설명하고, 참조전달에 대해서는 클래스 부분에서 논한다. "값 전달" 방법인 경우에는 실매개변수의 값을 미리 계산해서 그 값을 형식매개변수로 복사해 준다. 이때, 형식매개변수의 값이 변하더라도 실매개변수에는 영향을 미치지 않는다.

[예제 5.4]는 값 전달 방식의 예이다. 실매개변수 a와 b의 값이 형식매개변수 aa와 bb에 각각 복사되며, 메소드 addOne에서 aa값과 bb값을 각각 1씩 증가시켰지만, 실매개변수 a와 b의 값에는 변화가 없다.

예제 5.4 값 전달의 예

```
class ByValue {
    public static void main(String[] args) {
        int a = 10, b = 5 ;
        System.out.println("호출 전: a = " + a + " " + "b = " +b);
        addOne(a, b); //메소드 호출
        System.out.println("호출 후: a = " + a + " " + "b = " +b);
    }
    static void addOne(int aa, int bb){ // 메소드 정의
        aa++;
        bb++;
        System.out.println("In addOne: aa = " + aa + " " + "bb = " +bb);


    }
}
```

실행결과

```
호출전: a = 10 b = 5
In addOne: aa = 11 bb = 6
호출후: a = 10 b = 5
```

다음 [예제 5.5]는 임의의 두 수 x와 y가 주어져 있다고 가정하고, 메소드 swap을 이용하여 두 값을 서로 맞바꾸어서 출력하는 프로그램을 작성하려고 한 것이다.

예제 5.5 값 전달: 잘못 생각한 예

```
class Swap {
    public static void main(String[] args) {
        int x =1, y = 2;
        System.out.println("swap 호출 이전: x = " + x + "  y = " + y);
        swap(x, y);
        System.out.println("swap 호출 이후: x = " + x + "  y = " + y);
    }
    static void swap(int a, int b) {
        int t;
        t = a; a = b; b = t; //a와 b의 값을 서로 바꿈.
        System.out.println("In swap: a = " + a + "  b = " + b);
    }
}
```

실행결과

```
swap 호출 이전: x = 1  y = 2
In swap: a = 2  b = 1
swap 호출 이후: x = 1  y = 2
```

이 예제는 swap(x, y)를 실행한 후에 x와 y의 값이 서로 바뀌어 있을 것을 기대하고 있다. 그러나 실행결과에서 보는 바와 같이 x와 y의 값은 변함이 없음을 알 수 있다.

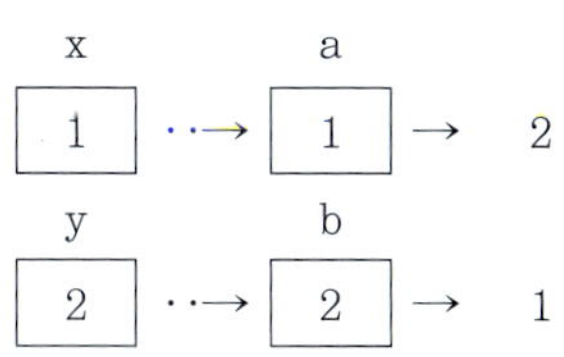

메소드 호출시, 실매개변수 x와 y의 값이 형식매개변수 a와 b로 각각 복사가 된 후에는 이들 사이에는 아무런 관계가 없다. 따라서 메소드 swap()에서 형식매개변수 a와 b의 값이 서로 바뀌더라도, swap()의 실행을 마치고 main()으로 돌아왔을 때, 실매개변수 x와 y의 값에 영향을 주지 않기 때문에 그 값은 그대로이다. 이와 같이 동작하는 것을 값 전달 방식(pass-by-value)이라 한다. 자바에서는 매개변수의 형이 단순형인 경우에는 항상 값에 의한 호출로 움직인다. 만약 위에서 swap(x, y)를 호출한 후에 x와 y값이 변하기를 원한다면 프로그램을 수정해서 참조전달(pass-by-reference)이 되게 해야 한다. 참조전달 방식을 만들기 위해서는 뒤에서 배울 클래스를 이해해야 한다.

5.4 재귀(Recursion)

자기 자신을 호출하는 메소드를 재귀 메소드(recursive method)라 한다. 다음은 n!을 구하는 프로그램을 재귀 메소드를 활용해서 작성한 것이다.

예제 5.6 재귀 메소드 활용

```
import java.util.Scanner;
public class Recursive {
   public static void main(String[] args) {
      Scanner s = new Scanner(System.in);
      int a = s.nextInt(); // 4 입력
      s.close();

       int k;
       k = fact(a); // 4! 값 구하기
       System.out.println(a + "! = " + k);
   }
   static int fact(int n) {
       if (n <= 1) return 1;
       else return (n * fact(n - 1));
   }
}
```

실행결과

```
4! = 24
```

n!의 재귀적 정의를 수학적으로 표현하면 다음과 같다.

```
n! = 1                  if n <= 1
n! = n * (n - 1)        if n > 1
```

위 프로그램에서 메소드 fact(int n) 내부에서 다시 fact(n – 1) 을 호출하는 부분이 있다. 이와 같이 정의된 메소드를 재귀 메소드라고 한다. 그런데, 메소드 fact(n)를 살펴보면 n1에 대한 위의 수학적 정의를 그대로 옮겨 놓았다는 것을 알 수 있다.

이 프로그램은 다음과 같이 while문을 사용해서 팩토리얼 값을 구할 수도 있을 것이다.

```
static int fact(int n) {
        int k = 1, result = 1;
        if (n <= 1) return 1;
        while(k <= n) {
              result = result * k;
              k++;
        }
         return result;
 }
```

이와 같이 재귀는 기본적으로 반복 수행의 다른 표현이라고 할 수 있다. 그러면 [예제 5.5]의 재귀 메소드의 수행 과정을 살펴보자.

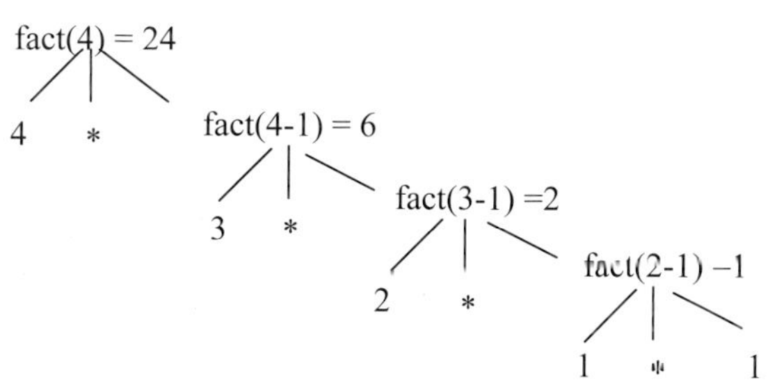

fact(4)를 수행하기 위해서는 4 * fact(3)을 수행해야 한다. 따라서 fact(3)이 계산되어야 한다. 이때 fact(3)을 자기 스스로를 호출하는 메소드라고 생각하지 말고, 다른 어떤 메소드라 간주하여 fact()라는 새로운 메소드를 찾아간다고 생각한다. 그리고 fact() 메소드를 찾으면 그것을 실행한다라고 생각한다. 위의 그림에서 각 fact는 서로 다른 메소드라고 생각하여, 한 메소드가 다른 메소드를 호출한 것이라고 생각하자.

재귀 메소드를 작성할 때는 무한히 순환적으로 호출하는 것을 막아야 한다. 이를 위하여 조건을 반드시 부여해야 하는데, 위의 경우는 if (n 〈= 1) return 1; 이 여기에 해당된다.

while문을 사용한 프로그램을 살펴보면 {result = result * k; k++;}처럼 어떤 것을 곱하고 더하는 과정이 있지만, 재귀를 사용한 프로그램을 보면 그러한 문장이 없이, 위에서 주어진 수학적 정의와 똑같은 개념으로 프로그램이 만들어지므로 프로그램이 단순해질 수 있다. 그러나 재귀 메소드는 일반적으로 실행속도는 크게 떨어지는데 그 이유는 본 내용의 범위를 넘는 것이므로 생략한다.

과제 |

1 1.0 + 2.0 + ... + 100.0까지의 합을 구하는 메소드 sum100()을 작성하라.

2 'JAVA'를 출력하는 메소드와 'PROGRAMMING'을 출력하는 메소드를 작성하고, 이 두 메소드를 이용해서 'JAVA PROGRAMMING'을 출력하는 프로그램을 작성하라.

3 double형 변수 a에 대한 절대값을 구하는 메소드 abs(a)를 작성하라.

4 $nPr = \frac{n!}{(n-r)!}$, $nCr = \frac{nPr}{r!}$ 을 구하기 위한 메소드 perm(n, r), combi(n, r), factorial(n)을 작성하라.

5 1부터 100까지의 합을 재귀 메소드를 이용해서 작성하라.

학습정리

1. 메소드 안에서 선언된 변수는 그 메소드 안에서만 사용할 수 있는 지역변수이다.
2. 실인자의 형과 형식인자의 형을 항상 일치시켜야 한다.
3. 메소드를 정의할 때 반환형(return type)은 생략할 수 없다.
4. 매개변수에 대한 값 전달 방법에서는 형식인자 값의 변화가 실인자의 값에 영향을 미치지 않는다.
5. 재귀 메소드는 프로그램 표현을 간결하게 만든다.

Chapter

6 배열

배열은 동일한 형을 갖는 자료들의 모임이다. 다른 프로그래밍 언어와 달리 자바의 배열은 객체로 표현되며, 배열 객체를 통하여 배열의 요소 값을 읽거나 갱신한다. 객체는 다음 장에서 다룰 것이므로, 여기서는 객체에 해당하는 부분은 그냥 따라서 사용하는 정도로 한다.

6.1 일차원 배열

동일한 성격을 가진 자료가 일차원으로 저장되는 구조를 말한다. 컴퓨터에서는 일차원 배열을 벡터라는 용어로 종종 표현한다. 일차원 배열을 선언하고 생성하는 방법은 다음과 같다.

```
int vector[];
vector = new int[10];
혹은
int[] vector;
vector = new int[10];
혹은
int vector[] = new int[10];
혹은
int[] vector = new int[10];
혹은
int[] vector;
vector = {1, 2, 3, 4, 5};
혹은
int[] vector = {1, 2, 3, 4, 5};
```

위와 같이 정수 값을 기억하는 배열을 정수형 배열이라고 한다. double vector[] = new double[10];과 같은 배열은 10개의 방에 double형 값을 저장할 수 있는 배열로서 double형 배열이라고 한다. String vector[] = new String[10];과 같은 배열은 10개의 방에 String형 값을 저장할 수 있는 배열로서 String형 배열이라고 한다. A vector[] = new A[10];과 같은 배열은 10개의 방에 A형 값을 저장할 수 있는 배열로서 A형 배열이라고 한다. 여기서 A는 사용자가 정의한 자료형으로서, 자바에서는 클래스로 표현된다.

다음은 배열을 선언했을 때, 방이 할당되는 모양이다.

```
int[] v;
```

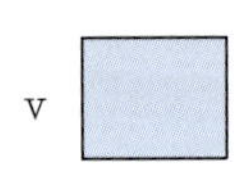

변수 v에 하나의 주소가 기억되는 방이 잡힌다. v는 배열이름에 해당한다. v가 특정 방을 지시하게 되면, 그 방에는 정수형 값이 보관되어 있음을 선언한다.

v = new int[3]; 문장에 의하여 정수 값이 기억될 수 있는 3개의 방이 생성되고, 그 주소를 v에 저장한다. new 연산자에 의해서 확보되는 방은 메모리의 힙(heap) 영역에 잡힌다. 메모리에 자료를 저장하는 영역 중에서 힙 영역은 각 방이 (스택과 같이) 일정한 규칙에 의해서 할당되고 회수되는 것이 아니라, 방을 할당하고 회수하는 작업이 일정한 규칙 없이 임의의 지점 혹은 시점에 일어날 수 있는 영역을 말한다.

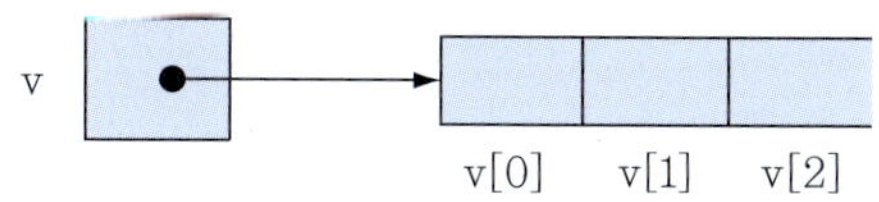

C 언어와 마찬가지로 배열의 첫 번째 방의 첨자는 0으로 시작한다. 또한 C 언어와 마찬가지로 v는 배열 이름에 해당하고 그 배열의 첫 번째 방의 주소를 기억한다. 그러나 배열 이름은 상수인 C 언어와 달리, 자바에서는 배열이름이 변수이다. 따라서 v의 값(주소)을 변경할 수 있다.

다음 예제는 크기가 3인 정수형 배열을 선언하여, 배열의 요소에 5, 10, 15를 저장하고 출력하는 프로그램이다. 이때 배열 선언문에서 다음과 같이 초기값을 부여할 수도 있다.

```
int[] a = {5, 10, 15};
```

예제 6.1 배열 사용 예(1)

```
class Array_1 {
      public static void main(String args[]) {
            int a[] = new int[3];
            a[0] = 5;
            a[1] = 10;
            a[2] = 15;
            for (int i=0; i<3; i++) {
                  System.out.println("a[" + i + "] = " + a[i]);
            }
      }
}
```

실행결과

```
a[0] = 5
a[1] = 10
a[2] = 15
```

다음은 배열에 1에서 100까지의 정수를 기억시키고 그 합을 구하는 프로그램이다.

예제 6.2 배열 사용 예(2)

```
class Array_2 {
        public static void main(String[] args) {
                int[] a = new int[100];
                int i, sum = 0;

                for (i = 0; i < 100; i++) a[i] = i + 1;
                for (i = 0; i < 100; i++) sum += a[i];
                System.out.println("Sum = " + sum);
        }
}
```

실행결과

```
Sum = 5050
```

이와 같이 배열을 다룰 때에는 보통 for문이 동반된다. for문을 작성할 때, 다음의 (1)번과 (2)번 두 문장은 동일하다.

```
int[] a = new int[100];
(1) for(int k = 0; k <= 99; k++) { ... }
(2) for(int k = 0; k < 100; k++) { ... }
```

그러나 습관적으로 (1)번과 같이 사용하는 것은 피하고, (2)번과 같이 쓰는 것이 좋고, 특히 (2)번에서 100 대신에 배열 a의 크기인 a.length라고 쓰는 것이 좋다.

자바에서는 배열의 크기는 변수를 사용해서 나타낼 수도 있다. 이때 배열 크기를 나타내는 변수는 미리 선언되어 있어야 하며, 배정문이나 입력문을 통해서 미리 값을 가지고 있어야 한다. 다음은 배열의 크기를 나타내는 변수 n에 배정문으로 미리 값을 주어서, 그 크기만큼 배열을 생성하는 문장이다.

```
int n = 10;                    // 배열의 크기로 사용되는 n
float v[] = new float[n];      // 미리 선언된 변수 n을 사용하여 배열 v의 크기를 정함
```

자바 배열은 객체로서 구현된다. 배열 객체는 length 속성을 가지고 있어서 배열의 크기를 알고자 하는 경우에는 배열 이름 뒤에 .length를 붙여주면 된다.

예제 6.3 [예제 6.1]에서 a.length 사용

```
class Array_3 {
    public static void main(String args[]) {
        int a[] = new int[3];
        a[0] = 5;
        a[1] = 10;
        a[2] = 15;
        for (int i = 0; i < a.length; i++) {
            System.out.println("a[" + i + "] = " + a[i]);
        }
    }
}
```

실행결과

```
a[0] = 5
a[1] = 10
a[2] = 15
```

해설

a.length값은 배열의 크기인 3이다.

6.2 다차원 배열

다음은 2차원 배열을 선언한 예이다.

```
int a[][] = new int[3][4];
```

이 문장은 행의 크기가 3, 열의 크기가 4인 2차원 배열을 생성하는 문장이다. 프로그래머 입장에서 볼 때 방이 잡히는 모양은 다음과 같다.

행 \ 열	1열	2열	3열	4열
1행	a[0][0]	a[0][1]	a[0][2]	a[0][3]
2행	a[1][0]	a[1][1]	a[1][2]	a[1][3]
3행	a[2][0]	a[2][1]	a[2][2]	a[2][3]

첫 번째 방은 a[0][0]으로 표현되고, 마지막 방은 a[2][3]으로 표현된다.

그러면 2차원 배열에 관한 간단한 예제를 살펴보자. [예제 6.4]는 2차원 배열 a에 다음 [그림 6.1]과 같이 임의의 값을 부여한 후에 그 값을 출력하는 프로그램이다.

행 \ 열	1열	2열	3열	4열
1행	10	11	12	13
2행	20	21	22	23
3행	30	31	32	33

| 그림 6.1 | 배열 a의 내용

먼저 1행을 고정시키고, 4개의 열을 반복해서 출력한다. 즉, a[0]0], a[0][1], a[0][2], a[0][3]을 차례로 출력한다. 계속해서 다음 행(2행)으로 가서 4개의 열을 반복해서 출력한다. 즉, a[1][0], a[1][1], a[1][2], a[1][3]을 차례로 출력한다. 마지막으로 3행으로 가서 4개의 열을 반복해서 출력한다. 즉, a[2][0], a[2][1], a[2][2], a[2][3]을 차례로 출력한다. 이를 중첩된 for문으로 작성하면 [예제 6.4]와 같다. 변수 i와 j값의 변화에 유의하자.

예제 6.4 이차원 배열의 사용 예(1)

```
class Array_4 {
  public static void main(String args[]) {
      int a[][] = {{10, 11, 12, 13}, {20, 21, 22, 23}, {30, 31, 32, 33}};
      for (int i=0; i < 3;  i++) { //행을 고정시키고
            for (int j = 0; j < 4; j++) { //열을 반복한다.
               System.out.println("a[" + i + "][" + j + "]=" + a[i][j]);
            }
      }
  }
}
```

실행결과

```
a[0][0] = 10
a[0][1] = 11
a[0][2] = 12
a[0][3] = 13
a[1][0] = 20
a[1][1] = 21
a[1][2] = 22
```

```
a[1][3] = 23
a[2][0] = 30
a[2][1] = 31
a[2][2] = 32
a[2][3] = 33
```

다음 예제는 2차원 배열에 1, 2, 3, ...을 차례로 기억시키고, 그 값을 출력하는 프로그램이다. 배열 a에 기억된 값은 [그림 6.1]과 유사한 모양으로 각자 그려보길 바란다.

예제 6.5 이차원 배열의 사용 예(2)

```
class Array_5 {
  public static void main(String args[]) {
     int a[][] = new int[2][3];
     int k = 1;

     for (int i=0; i < 2; i++)
            for (int j = 0; j < 3; j++)
                 a[i][j] = k++;

     for (int i=0; i < 2; i++)
            for (int j = 0; j < 3; j++)
              System.out.println("a[" + i + "][" + j + "]=" + a[i][j]);
  }
}
```

실행결과

```
a[0][0] = 1
a[0][1] = 2
a[0][2] = 3
a[1][0] = 4
a[1][1] = 5
a[1][2] = 6
```

C와 자바는 다차원배열을 모두 1차원 배열로 취급한다. 그 개념을 이해하기 위하여 다음의 2차원 배열을 생각하자.

```
int a[][] = new int[3][4];
```

자바에서 배열 a는 다음과 같이 3개의 방을 가진 1차원 배열로 간주된다.

a[0]	a[1]	a[2]

이때 a[0], a[1], a[2]에는 다음 그림과 같이, 각각 4개의 정수 값을 저장할 수는 배열이다.

a[0]				a[1]				a[2]			

즉 a[0], a[1], a[2]는 모두 4개의 방을 가진 1차원 배열로 간주된다. a[0][0]은 배열 a[0]의 첫 번째 방이고 a[0][1]은 배열 a[0]의 두 번째 방이다. 그리고 a[1][0]은 배열 a[1]의 첫 번째 방이다. 이를 다른 식으로 표현하면, a[0]은 a[0][0] 방에 대한 참조(주소)를 의미하고, a[1]은 a[1][0]의 참조(주소)를, a[2]는 a[2][0]방의 참조(주소)를 의미한다.

a[0][0]	a[0][1]	a[0][2]	a[0][3]	a[1][0]	a[1][1]	a[1][2]	a[1][3]	a[2][0]	a[2][1]	a[2][2]	a[2][3]

결과적으로 위 그림에서 보는 것처럼 자바 2차원 배열은 행 우선(row major)으로 방이 할당됨을 알 수 있다. 즉 a[0][0] 다음 방은 a[1][0]이 아니라, a[0][1]이다. 이 모양을 친숙한 2차원 그림으로 나타내면 아래와 같다. 이 2차원 그림과 위의 1차원 그림에서 각 방의 위치를 서로 대응시켜서 이해하도록 하자.

행 \ 열	1열	2열	3열	4열
1행	a[0][0]	a[0][1]	a[0][2]	a[0][3]
2행	a[1][0]	a[1][1]	a[1][2]	a[1][3]
3행	a[2][0]	a[2][1]	a[2][2]	a[2][3]

다차원 배열은 1차원 배열의 배열이라는 성질을 이용해서, 그리고 배열 선언문에서 배열크기를 변수로 표현할 수 있다는 성질을 활용해서, 다음과 같이 행마다 크기가 다른 이차원 배열을 생성할 수 있다. 다음의 설명을 참고하여 독자는 배열 matrix에 값이 저장되는 모양을 그림으로 나타낼 수 있어야 한다.

예제 6.6 행의 크기가 다른 이차원 배열

```
class ArrayOfArray {
    public static void main(String[] args) {
        int matrix[][] = new int[3][];
        int x, y, k = 0;

        for(x=0; x < matrix.length; x++)
           matrix[x] = new int[x+3];

        for(x=0; x < matrix.length; x++) {
           for(y=0; y < matrix[x].length; y++) {
                matrix[x][y] = k;
                k++;
           }
        }
        for(x=0; x < matrix.length; x++) {
           for(y=0; y < matrix[x].length; y++)
                System.out.print(matrix[x][y] + "  ");
           System.out.println();
        }
    }
}
```


실행결과

```
0 1 2
3 4 5 6
7 8 9 10 11
```

먼저 문장 int matrix[][] = new int[3][];에 의해서 방의 개수가 3인 일차원 배열을 생성한다.

이때 각 방에 기억될 정수의 개수는 정해져 있지 않다.

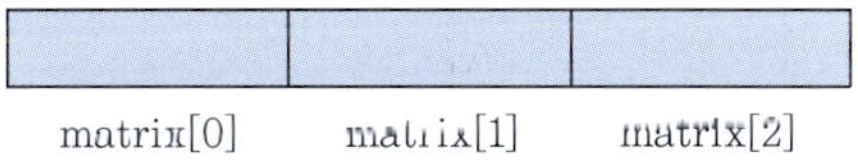

문장 matrix[0] = new int[3]에 의해서 matrix[0]에는 3개의 정수를 기억시키는 방이 확보된다.

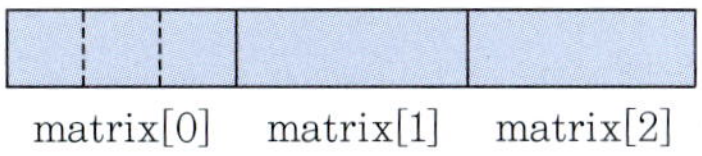

문장 matrix[1] = new int[4]에 의해서 matrix[1]에는 4개의 정수를 기억시키는 방이 확보된다.

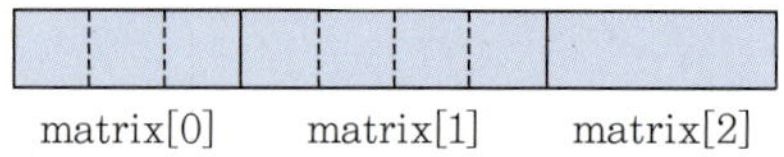

이를 계속하면 첫 번째 for문에 의해서 다음과 같은 이차원 배열이 생성된다.

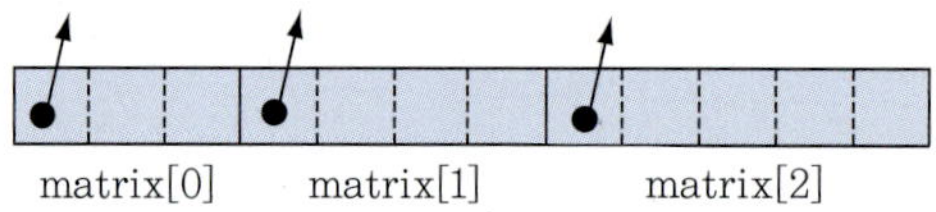

이를 더 친숙한 그림으로 표현하면 다음과 같은 이차원 배열을 나타낸다.

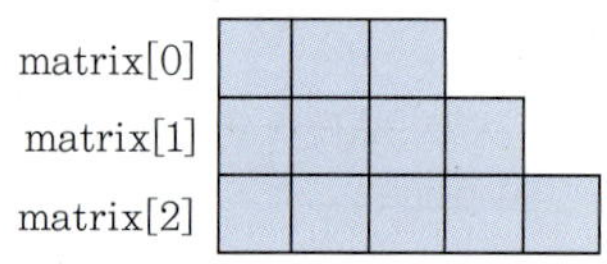

이때 matrix.length값은 matrix가 일차원 배열이기 때문에 값이 3이다. 또한 matrix[0].length값은 3, matrix[1].length값은 4, matrix[2].length값은 5이다.

6.3 매개변수로서의 배열

배열 이름은 배열에 있는 첫 번째 원소를 지시한다. 예를 들어,

```
int[] a = {5, 6, 7};
```

과 같은 문장에 의해서 배열에 방이 잡히는 모양은 다음과 같다.

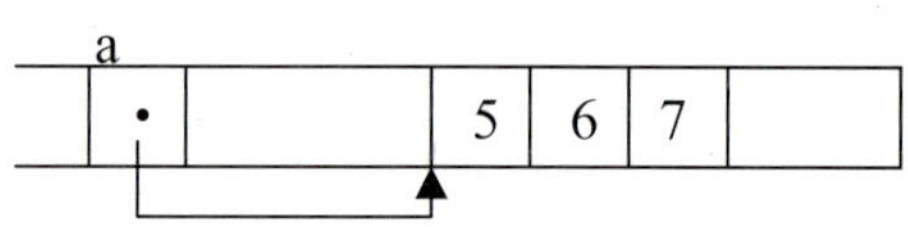

그러면 배열이 메소드의 매개변수로 사용된 경우를 살펴보자. [예제 6.7]은 배열 a1 원소의 합과 a2 원소의 합을 각각 출력하는 프로그램인데, 배열이 메소드의 매개변수로 사용되는 예이다.

예제 6.7 배열이 메소드의 매개변수인 경우

```
class ArraySum {
    public static void main(String[] args) {
        int x, y;
        int[] a1 = {1, 2, 3};
        int[] a2 = {4, 5, 6};
        x = sum(a1); // 배열 a1에 저장된 값들의 합을 계산
        y = sum(a2); // 배열 a2에 저장된 값들의 합을 계산
        System.out.println("x = " + x + "  y = " + y);
    }
    static int sum(int[] a) {
        int sum = 0;
        for (int i = 0; i < a.length; i++)
                sum = sum + a[i];
        return sum;
    }
}
```


실행결과

```
x = 6 y = 15
```

x = sum(a1)이 호출되었을 때, 실매개변수인 a1이 형식매개변수인 a로 전달된다. 이때의 상황을 그림으로 그리면 다음과 같다.

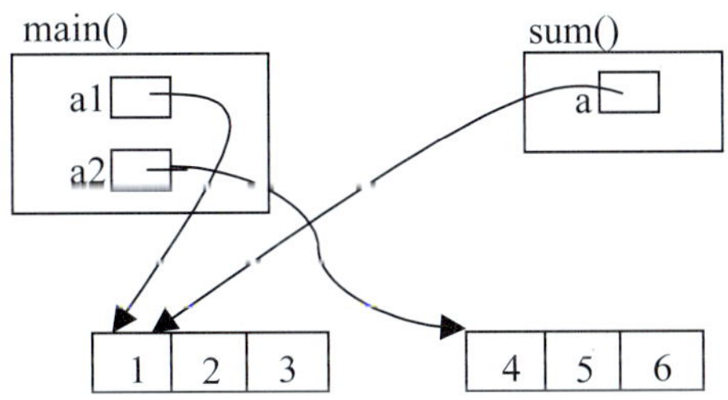

실매개변수 a1의 값(배열에 대한 참조 혹은 주소임)은 형식매개변수 a로 전달되어서, 둘 다 같은 배열을 지시한다. 즉, 매개변수가 배열이면 배열내용 전체가 전달되는 것이 아니라, 배열에 대한 참조가 넘어간다. 그래서 메소드 sum()이 수행되면 1, 2, 3의 합 6을 돌려준다. 따라서 x의 값은 6이다.

계속해서 y = sum(a2)를 수행하면 a2의 값(배열에 대한 참조 혹은 주소임)이 형식매개변수 a로 전달된다. 이를 그림으로 나타내면 다음과 같다.

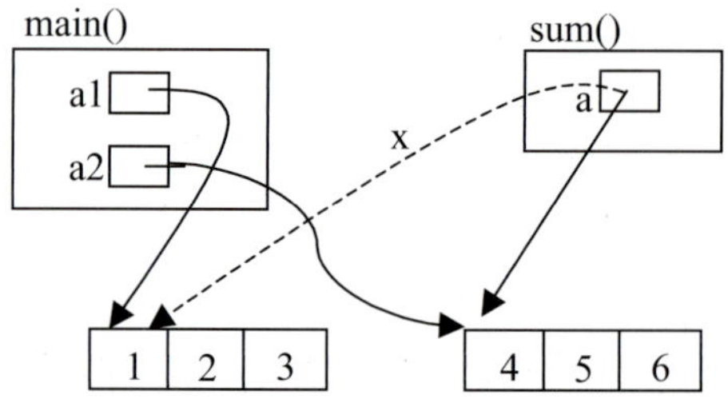

따라서 메소드 sum()이 두 번째 수행되면 4, 5, 6의 합 15를 돌려준다. 따라서 y값은 15이다.

[예제 6.7]은 매개변수가 배열일 때 배열 내용 전체가 전달되는 것이 아니라, 배열에 대한 참조가 넘어간다는 사실을 설명하기 위한 예제이다. 앞에서 논한 "값에 의한 호출"의 경우는 실인자의 값이 형식매개변수로 전달되지만, 위의 경우는 실제 값이 있는 참조 즉 주소가 넘어간다. 이와 같은 것을 "참조에 의한 호출"이라 한다.

일반적으로 자바의 경우는 클래스 인스턴스(객체)가 매개변수인 경우에는 항상 "참조에 의한 호출"이 된다. 자바배열은 객체로 구현되어 있다. 따라서 배열이 매개변수인 경우에는 참조에 의한 호출이 된다. "값에 의한 호출"의 경우는 형식매개변수의 값이 변하더라도 실인자의 값에는 영향을 미치지 않는다. 그러나 "참조에 의한 호출"의 경우는 서로 영향을 미친다. 다음은 형식매개변수의 값을 변화시켰을 때 실인자의 값이 변하는 경우에 대한 예이다.

예제 6.8 배열 복사(참조에 의한 호출을 사용한 예)

```
class Ref {
   public static void main(String[] args) {
      int[] a1 = {1, 2, 3, 4};
      int[] a2 = {6, 7, 8, 9, 10};

      arrayCopy(a1, a2); //배열 a1의 내용을 a2로 복사
      System.out.println("배열 a1의 값 :");
      for (int i = 0; i < a1.length; i++)
            System.out.println(a1[i]);
      System.out.println("배열 a2의 값 :");
      for (int i = 0; i < a2.length; i++)
            System.out.println(a2[i]);
   }
   static void arrayCopy(int[] from,  int[] to) {
      for (int i = 0; i < from.length; i++)
            to[i] = from[i];
   }
}
```

실행결과

```
values of a1 :
1
2
3
4
values of a2 :
1
2
3
4
10
```


[예제 6.8]에서 main()에 있는 배열 a2의 값이 변화되었음에 유의하자. 메소드 arrayCopy()가 호출되었을 때, 실인자 a1, a2와 형식매개변수 from, to 사이의 관계는 다음 그림과 같다. 그림에서 arrayCopy()가 수행된 이후에는 배열 a2의 값이 변화되었음을 알 수 있다.

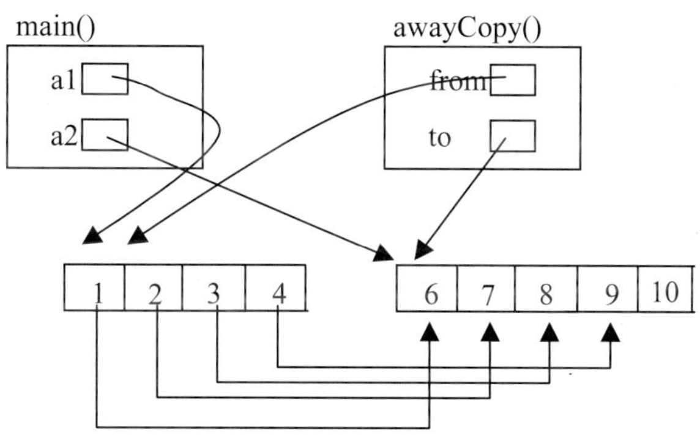

만약 arrayCopy()를 다음과 같이 작성하면, 배열복사가 되지 않기 때문에 유의해야 한다.

```
static void copy(int[] from,  int[] to) {
            to = from; //잘못된 생각
}
```

그 이유, 즉, 배열이름 자체에 대하여 배정문이 수행되면 어떻게 되는지 살펴보기 위하여, 다음의 예를 살펴보자.

```
int[] a1 = {1, 2, 3};
int[] a2 = {4, 5, 6, 7};
```

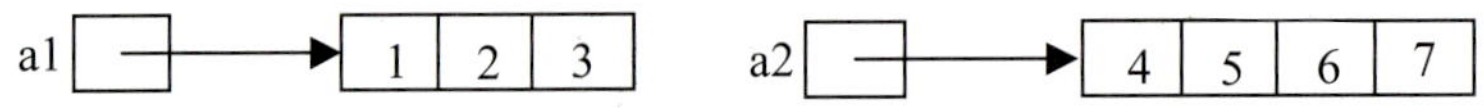

위의 상태에서 다음 문장을 실행하면,

```
a1 = a2;
```

아래 그림과 같이 배열 a1은 a2를 지시하게 된다.

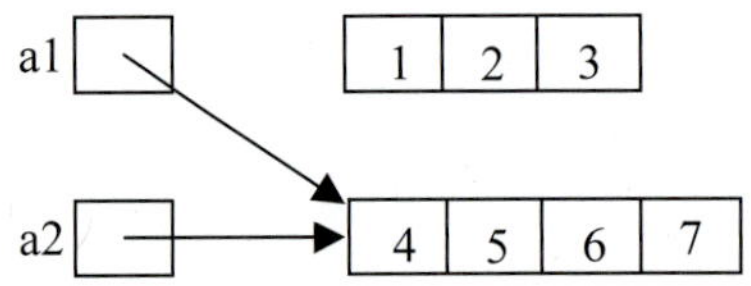

즉, a1과 a2는 같은 배열을 참조하게 되는 것이지, 배열내용이 복사되는 것은 아니다. 이때 a1이 참조했던 배열 값 (1, 2, 3)은 더 이상 접근할 수 없는 쓰레기가 된다.

참고로, C언어의 경우에는 배열이름이 상수이기 때문에 a1 = … 같이 배열이름의 값을 변경시키는 문장은 컴파일할 때 오류가 발생한다.

6.4 배열의 원소형

지금까지, 배열에 기억되는 원소의 형은 int형이었다. 배열의 원소는 어떠한 형이 되더라도 상관없다. 여기서는 참조형 중의 하나인 스트링형의 원소를 가진 배열에 대한 예를 든다. 스트링이 아닌 일반적인 참조형의 원소를 가진 배열에 대해서는 클래스 부분에서 생각하자.

C언어의 경우에 스트링형의 배열이 많이 사용되고 또한 다루기가 매우 까다롭다. 그것은 포인터형의 배열을 알아야 하기 때문이다. 반면에 자바의 경우는 스트링형의 배열을 다루는 것이 매우 단순하다. 그것은 마치 int형의 배열을 다루는 것과 개념이 동일하기 때문이다. 스트링형에 대해서는 나중에 상세히 배우기 때문에, 여기서는 스트링형에 관한 내용 부분은주어진 내용만 간단하게 이해하고 넘어가자.

스트링형 배열을 정의하고, 생성하고, 값을 주는 모양도 원시형의 경우와 동일하다. 다음에서 보는 것처럼, 10개의 방을 가진 스트링형 배열을 만들기 위하여, 예를 들어, int 자리 대신에 String을 사용한다.

```
String[] s = new String[10];
  (int[]    a = new int[10]; 과 비교)
```

스트링에 값을 주는 문장도 int형의 경우와 그 형식이 동일하다.

```
s[0] = "one";  // a[0] = 1;과 비교
s[1] = "two";  // a[1] = 2;와 비교
```

단지, int형인 1, 2 등의 값 대신에, 스트링형인 "one", "two" 등의 값을 쓴 것뿐이다. 다음 예제를 익히면서, 스트링 배열과 같은 객체배열을 다루는 방법이 int형의 배열을 다루는 것과 유사함을 인식하자.

예제 6.9 스트링형 배열의 정의와 사용

```
class StringArray {
  public static void main(String[] args) {
    String[] s = { "Sun", "Mon", "Tues", "Wedn" }; // int[] a = {1,2,3,4};와 비교

    for(int k = 0; k < s.length; k++) // 정수의 경우와 동일
       System.out.println(s[k]);
  }
}
```

실행결과

```
Sun
Mon
Tues
Wedn
```

6.5 탐색과 정렬

본 절에서는 탐색과 정렬 프로그램을 통해서, 배열에 대한 기본적인 프로그래밍 기법을 익힌다.

(1) 정렬

다음은 임의의 정수들을 오름차순으로 정렬하는 프로그램이다. [예제 6.10]의 각 문장이 수행되면서 배열의 값이 변해 가는 과정을 수작업으로 추적하는 것은 프로그램의 흐름을 이해하는데 큰 도움을 준다. 특히, 메소드 sort()에 있는 출력문에서 출력되는 각각의 결과가 나오는 이유를 설명할 수 있어야 한다. 예를 들어, 메소드 sort()에서 변수 next의

값이 4일 때 배열 d의 내용은 무엇인지, 수작업으로 프로그램을 따라가서 알아 낼 수 있어야 한다.

예제 6.10 정렬

```
class SelectionSort {
    public static void main(String[] args) {
        int a[] = {5, 7, 2, -3, 61, -9, 8};
        sort(a);                               // 배열 a의 내용을 오름차순으로 정렬한 후에
        for (int i = 0; i < a.length; i++) { // 그 내용을 출력하라.
                System.out.println(a[i]);
         }
    }
    static void sort(int[] d) {
        int next, minIndex;
        for (next = 0; next < d.length - 1; next++) { //
                minIndex = min(d, next, d.length);
                swap(d, minIndex, next);

                for (int i = 0; i < d.length; i++) {
                    System.out.println(d[i]);

        }
    }
    static int min(int[] d, int start, int end) {
        int indexOfMin = start;
        for (int i = start + 1; i < end; i++)
                if (d[i] < d[indexOfMin])
                  indexOfMin = i;
        return indexOfMin;
    }
    static void swap(int[] d, int first, int second) {
         int t;
         t = d[first];
         d[first] = d[second];
         d[second] = t;
    }
}
```

실행결과

```
-9
-3
2
```

```
5
7
8
61
```

(2) 탐색

배열에서 특정 원소 값이 있는 위치를 찾는 문제를 탐색이라 한다. 다음은 배열 d에 찾고자 하는 값인 key 값이 있으면, 배열 d에 key값이 있는 위치를 돌려주고, 없으면 −1을 돌려주는 메소드이다.

```
static int linearSearch(int[] d, int key){
     for (int i = 0; i < d.length; i++)
          if (d[i] == key) return i;
     return -1;
}
```

위 프로그램은 최악의 경우 배열의 모든 원소를 모두 조사해야 한다. 만약 배열의 내용이 내림차순 혹은 오름차순으로 이미 정렬이 되어 있다면 더 빨리 찾을 수 있는 방법이 있다. 그 중에서 이진탐색 알고리즘을 소개한다. 배열 원소 내용이 오름차순으로 정렬되어 있을 때, 배열의 중앙에 위치한 값과 비교해서 찾고자하는 값이 배열의 중앙값보다 작으면, 찾고자하는 값은 배열의 중앙 앞부분에 있고, 크면 중앙 뒷부분에 있을 것이다. 이러한 사실을 활용한 것이 이진탐색 알고리즘이다.

예제 6.11 이진탐색 프로그램

```
class BinarySearch {
   public static void main(String[] args) {
      int[] d = {1, 5, 17, 19, 50, 70};
      int index;

      index = binarySearch(d, 19); // 배열 d에 19가 있는 위치를 구해서
      System.out.println(index);  // 그 위치를 출력.
   }
   static int binarySearch(int[] d, int key) { //배열 d에서 key 값을 찾는 메소드
     int p;
     int from = 0, to = d.length - 1;

     while (from <= to) {
       p = (from + to) / 2; // 배열의 중앙지점을 구한다.
```

```
            if (d[p] == key) return p; // 중앙지점에 찾는 값이 있으면 그 위치를 반환
            else if (d[p] < key) from = p + 1; // 찾는 값이 오른쪽에 있는 경우
            else to = p - 1; //찾는 값이 중앙에서 왼쪽에 있는 경우
        }
        return -1; // 여기에 왔다는 것은 while에서 return을 못했다는 뜻임.
                   // 즉 찾는 값이 없는 경우임.
    }
}
```

실행결과

```
3
```

이진탐색 프로그램과 정렬 프로그램 등은 다른 교과목에서 더 자세히 다룬다. 여기서는 그 알고리즘을 익히는 것 보다는 프로그래밍 테크닉을 익힐 목적으로 보는 것이 좋다. 이를 위하여 이진탐색 프로그램에 대해서도 손으로 한 문장씩 실행 시켜서 각 변수들의 값이 변해가는 모습을 추적해 보자. 이는 초보자에게 좋은 프로그래밍 연습이 된다.

과제 |

1 피보나찌 수열 20개항을 배열에 기억시키고, 배열의 내용을 출력하는 프로그램을 작성하라.

$F_1 = F_2 = 1$

$F_n = F_{n-1} + F_{n-2}$ (if n>2)

2 1번 문제에서 피보나찌 수열 n개 항을 배열에 기억시켜서 return 하는 메소드를 작성하라.

3 두 개의 2차원 배열에 임의의 값을 부여한 후, 그 2차원 배열(행렬)의 합과 곱을 구하는 프로그램을 작성하라. 또한 합과 곱을 구하는 메소드를 각각 정의하여 그것을 활용한 프로그램을 작성하라.

4 교재에서 주어진 메소드 LinearSearch를 활용하는 완전한 프로그램을 작성하라.

5 교재에서 주어진 [예제 6.10] sort 알고리즘과는 다른 알고리즘을 사용하여 임의의 sort 프로그램을 작성하라.

학습정리

1. 배열을 만드는 문법 중의 하나는 int vector[] = new int[5];이다

2. 배열이름.legnth는 배열의 크기를 나타낸다.

3. 배열원소의 형(type)은 원시형이나 임의의 객체 등 아무 형이든 상관없다.

4. 이차원 배열 int a[][] = new int[3][4];에서 a.length는 3이다.

5. 배열 선언문에서 배열크기 표시를 변수로 할 수 있는 성질을 이용하여 행의 크기가 다른 이차원 배열을 만들 수 있다.

6. 배열이 메소드 매개변수로 사용되면 배열에 대한 참조가 전달된다.

7. 배열이름은 상수가 아닌 변수이기 때문에 배열이름이 배정문에서 사용될 수 있다.

8. a = b는 값이 배정되는 것이 아니라 참조가 배정되는 것이다. (단, a와 b는 배열)

9. 절차형 프로그램에서 알고리즘을 이해하는 방법은 손으로 프로그램을 돌리면서 변수 값의 변화를 추적하는 것이다.

10. 프로그램이 이해되면 스스로 프로그램을 작성할 수 있도록 연습이 필요하다.

11. 이진탐색은 자료가 많이 있더라도 탐색속도가 매우 빠르다.

12. 배열에 이미 자료가 정렬되어 있어야 이진탐색이 가능하다.

Chapter

7 클래스

자바 프로그램을 작성하는 것은 새로운 클래스를 정의하고 사용하는 것이다. 따라서 프로그래머는 클래스의 기본 개념을 잘 파악해야 한다. 또한, 프로그래머는 미리 정의되어 있는 클래스를 효과적으로 사용하는 방법에 대하여 익숙해야 한다.

7.1 C언어의 레코드

C 언어를 이미 알고 있으면 본 절을 읽어 볼 것을 권하지만, C 언어를 모르면 본 절은 생략해도 무방하다. 클래스는 C언어의 레코드 구조인 구조체 struct와 유사한 면이 있기 때문에, 클래스를 소개하기 이전에 먼저, 다음 C 언어 레코드(구조체)를 사용한 프로그램을 살펴보자.

[예제 7.1]은 복소수 합을 구하는 C 언어 프로그램이다. 복소수는 (실수부 + 허수부i)로 표현된다. 두 복소수 덧셈의 예를 들면, (a + bi) + (c + di) = (a + c) + (b + d)i이다. 즉, 실수부는 실수부끼리, 허수부는 허수부끼리 더한다.

복소수를 표현하기 위하여 struct complex라는 이름의 구조체를 사용했다. 구조체에서 re필드는 실수부 숫자를 나타내고, im 필드는 허수부 숫자를 나타낸다.

예제 7.1 C에서의 복소수 계산

```
#define CMPLX struct complex
CMPLX {
      double re; // 실수부 숫자
      double im; // 허수부 숫자
}

main()
{
      static CMPLX a = {3.0, 4.0}; // 복소수 3.0 + 4.0i로 초기화
      static CMPLX b = {5.0, 6.0}; // 복소수 5.0 + 6.0i로 초기화
      CMPLX c, cadd();
      void cprint();

      c = cadd(a, b); // 두 복소수 a와 b의 합을 복소수 c에 저장
      cprint(c); // 복소수 c를 출력
}

CMPLX cadd(CMPLX a, CMPLX b) // 두 복소수 a와 b의 합을 구하는 함수
{
      CMPLX t;

      t.re = a.re + b.re;
      t.im = a.im + b.im;
      retrun t;
}
```

```
void cprint(CMPLX a) // 복소수 a를 출력하는 함수
{
      printd("%f + %f i\n", a.re, a.im);
}
```

struct complex(즉 CMPLX)와 같은 레코드(구조체)형을 정의한다는 것은, 사용자가 새로운 자료형을 정의하는 것이라 할 수 있다. 예를 들어, 위 프로그램에서 선언문 CMPLX a;가 있는데, 이를 int k; 문장과 비교해 보자.

```
CMPLX a;
int k;
```

a와 k는 변수이고, 자료형인 int 자리에 CMPLX(혹은 struct complex)가 있음을 알 수 있다. 즉, CMPLX는 자료형임을 알 수 있이다. CMPLX에 대한 정의는 프로그램의 맨 앞 부분에 있다. 여기서 주지해야 할 사실은, int는 C언어에서 미리 정의되어 있는 자료형이고, CMPLX는 사용자가 새로 정의한 자료형이라는 것이다. 자료형 CMPLX가 가지는 값은 두 개의 double형의 필드 re와 im이다. 그리고 자료형 CMPLX로 할 수 있는 연산은 함수 cadd와 cprint이다.

그리고 main()에서 다음과 같이 레코드형의 변수 a를 선언하면, 그 변수에 대한 방이 다음과 같이 잡힌다. 이는 int형 변수에 값을 부여할 때 생기는 방과 개념상 동일하다.

```
static CMPLX a = {3.0, 4.0};
```

	re	im
a	3.0	4.0

그런데, 새로운 자료형을 정의할 때, 다음과 같이 자료형에 관련된 연산(여기서는 cadd와 cprint)을 자료형 정의 구조 안으로 넣는 것을 생각할 수 있다.

```
#define CMPLX struct complex
CMPLX {
          double re;
          double im;

          CMPLX cadd(CMPLX a, CMPLX b) {
                 CMPLX t;
```

```
            t.re = a.re + b.re;
            t.im = a.im + b.im;
            retrun t;
        }

        void cprint(CMPLX a) {
            printd("%f + %f i\n", a.re, a.im);
        }


    }
```

이 구조는 문법적으로 클래스를 정의하는 모습과 유사하다. 즉, C언어의 struct를 class로 대치하며, 그에 관련된 연산을 class안으로 이동시킨 것으로 생각할 수 있다. 그리고 뒤에서 나오겠지만, 선언문 CMPLX a;에 의해서 변수 a에 할당되는 방은, 자바의 객체에 할당되는 방과 유사하다.

7.2 클래스 소개

그러면 자바 클래스의 기본 개념을 살펴보자. 클래스는 자바 프로그램의 기본 단위이다. 클래스는 객체지향언어의 핵심 개념 중의 하나이다.

7.2.1 클래스 정의

클래스가 무엇인가를 설명하는 방법은 다양하게 있을 수 있는데, 여기서는 클래스를 프로그래밍 언어이론 측면에서 설명하려고 한다. 먼저 자료형에 관하여 생각해 보자. 자료형은, 언어에서 미리 정의된 자료형(built-in type)과, 사용자가 새로 정의하는 자료형(user-defined type), 두 가지로 나눌 수 있다. 예를 들어, 정수형 'int'는 미리 정의된 자료형이다. int형의 변수가 가질 수 있는 값은 $2^{31}-1$에서 -2^{31} 사이의 정수로 미리 정해져 있고, int형으로 행할 수 있는 연산은 +, −, *, /, % 등으로 미리 정해져 있다. 이처럼 자료형은, 가질 수 있는 값을 정의하고, 행할 수 있는 연산을 정의한다. 보통 자료형이 가지는 값만을 생각하는 경향이 있는데, 자료형에는 연산도 포함되어 있음을 상기하자.

클래스도 자료형이다. int와 같은 미리 정의된 자료형이 아니라, 클래스는 사용자가 새로 정의한 자료형이다. 사용자가 새로운 자료형을 정의하기 위해서는 'int'와 같은 '자료형 이름'을 정의해야 하고, 아울러, 가질 수 있는 값과 행할 수 있는 연산을 정의해야 한다. 클래스에서, 자료형이름은 '클래스이름'에 대응되고, 가질 수 있는 값은 '필드'에 대응되며, 행할 수 있는 연산은 '메소드'에 대응된다.

따라서 새로운 클래스를 만들기(정의하기)위해서는 클래스이름, 필드, 메소드를 만들어야 한다. 다음은 클래스를 정의하는 간단한 양식이다.

```
class 클래스이름 {
        필드선언;
        메소드정의;
}
```

그러면 앞에서 예를 든 복소수(x + yi: x는 실수부, y는 허수부)를 나타내는 클래스를 정의하자.

예제 7.2 클래스 정의 예

```
class Complex {
    double x;      /* 실수부 필드 선언 */
    double y;      /* 허수부 필드 선언 */

    double getReal() {  /* 메소드 정의 */
            return x;
    }
    double getImaginary() {  /* 메소드 정의 */
            return y;
    }
    void setValue(double v1, double v2) { /* 메소드 정의 */
            x = v1;
            y = v2;
    }
}
```

이 클래스는 두 개의 필드 x, y와 세 개의 메소드 getReal, getImaginary, setValue로 구성되어 있다.

7.2.2 객체 생성과 참조형

[예제 7.2]의 클래스 Complex는 사용자가 정의한 자료형이다. 다음은 Complex형의 변수 k를 선언하는 문장이다.

```
Complex k;
```

이는 다음의 정수형 변수 선언과 대비가 된다.

```
int k;
```

정수형 변수 선언의 경우는 위의 선언문에 의해서 k에 대한 방이 할당된다. 마찬가지로 Complex k의 선언문에서도 k에 대한 방이 할당된다. 그러나 클래스 Complex의 필드 x, y에 대해서는 방이 생기지 않는다. 필드 x, y에 대하여 방을 할당하기 위해서는 new 연산자를 사용한 다음의 문장이 필요하다.

```
Complex k;
k = new Complex();
```

이 문장은 다음과 같이 한 줄로 쓸 수 있다.

```
Complex k = new Complex();
```

이때 방이 할당되는 모양은 그림과 같다.

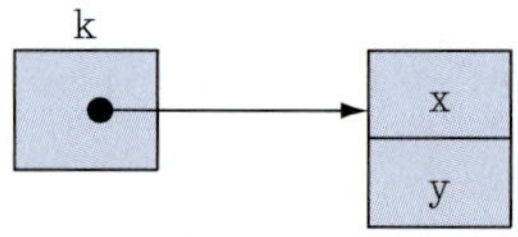

여기서 x와 y로 구성된 레코드 모양의 이름 없는 방을 객체라고 하고, 이 객체를 참조(reference)하고 있는 변수 k는 객체이름으로 사용된다.

그림에서 k는 참조형으로 구현된다. 참조형이란 내부적인 구현은 포인터형과 유사한데, 문법적으로는 마치 기본형인 것처럼 사용하는 형을 말하는데, 상세한 내용은 생략한다. 실제로, 모든 객체는 위 그림처럼 참조형으로 구현된다. 그래서, 엄격히 이야기하면, "Complex k" 문장의 의미는, "변수 k는 (x와 y로 구성된) Complex형의 객체에 대한 참조형이다"라고 선언 하는 문장인데, 참조형이라는 말이 어려우므로, 클래스를 정의하고 활용하는 프로그래머 입장에서는 그냥 "객체 k는 Complex형이다"라고 이해하자. 정확한 말은 아니지만, 자바를 처음 학습하는 입장에서 이것이 더 쉽고, 이렇게 이해하더라도 프로그램을 작성하는데 문제가 없기 때문이다. 꼭 필요한 경우에만 객체 k는 Complex형에 대한 참조형인 것으로 언급할 것이다.

Complex형의 필드 x와 y의 방은 new 연산자에 의해서 메모리의 heap영역에 할당된다.

객체의 필드나 메소드에 접근할 때에는 다음과 같은 객체명.필드명 혹은 객체명.메소드명을 사용한다.

필드 접근 예	메소드 호출 예
k.x = 5.0 k.y = 6.0	k.setValue(1.0, 2.0)

그러면 새로운 클래스를 정의하고, 정의된 클래스를 사용하는 예를 살펴보자.

예제 7.3 클래스 정의와 사용 예

```
// Complex.java
class Complex {
      double x;     /* 실수부 필드 선언 */
      double y;     /* 허수부 필드 선언 */

       double getReal() {
              return x;
       }
       double getImaginary() {
              return y;
       }
       void setValue(double v1, double v2) {
              x = v1;
              y = v2;
       }
}

// ClassEx.java
public class ClassEx {
      public static void main(String[] s) {
             Complex c1, c2;
             double k1, k2;

             c1 = new Complex();
             c2 = new Complex();

             c1.x = 3.0;          // 필드에 직접 접근
             c1.y = 4.0;          // 필드에 직접 접근
             k1 = c1.y + 5.0;     // 필드에 직접 접근
             System.out.println(k1);
```

제7장

```
            c2.setValue(4.0, 5.0);      // 메소드를 통해서 필드에 접근
            k2 = c2.getImaginary() + 5.0; // 메소드를 통해서 필드에 접근
            System.out.println(k2);
        }
}
```

실행결과

```
9.0
10.0
```

이 예제에서, 클래스 ClassEx에서는 Complex형의 객체 c1과 c2를 선언하였다. 객체 c1과 c2에는 각각 두 개의 필드 x과 y를 가지는 방이 할당되고, c1과 c2로써 행할 수 있는 연산은 getReal()과 getImaginary(), setvalue()이다.

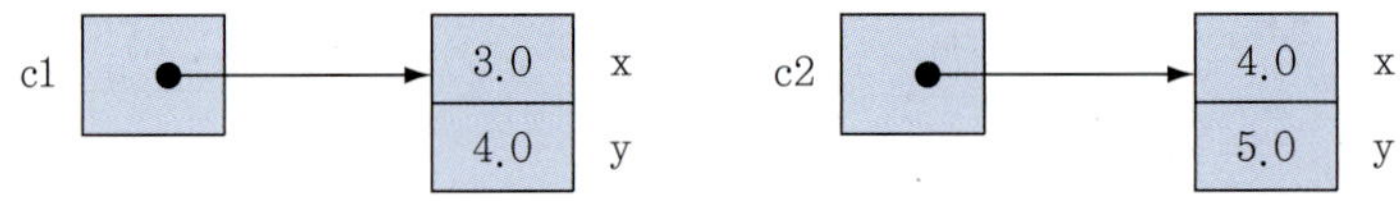

이때, 클래스 ClassEx에서 c1.x = 3.0; c1.y = 4.0; k1 = c1.y + 5.0;과 같이 필드에 직접 접근하는 것보다는 c1.setValue(3.0, 4.0); k1 = c1.getImaginary() + 5.0;과 같이 메소드를 통해서 필드에 접근하는 것이 더 바람직하다. 이는 나중에 private과 같은 필드에 대한 접근한정자와 관련이 있다.

여기서 앞 장에서 이미 논한 메소드에 관한 일반적인 내용을 다시 한 번 반복한다. 클래스 Complex 내에는 세 개의 메소드 getReal()과 getImaginary(), setValue()가 정의되어 있다. 메소드 getReal()과 getImaginary()는 필드값 x와 y를 각각 return한다. 이처럼 메소드 내부에 return 하는 값이 있으면, 그 값에 대한 자료형이 메소드 이름 앞에 반드시 나타나야 한다. 즉 메소드 getReal()과 getImaginary() 앞에 계산 결과인 x와 y의 형인 double을 반드시 표기해야 한다.

```
double getReal() {
    return x; // 계산 결과형이 double형임
}
```

그리고 이와 같이 값을 return하는 메소드를 호출할 때는 k2 = c2.getImaginary();처럼 결과 값을 받도록 해야 하며, 결과를 받는 변수 k2의 형도 return문에서 보내는 자료(x 혹은 y)의 형과 일치해야 한다.

setvalue()의 경우, 두 개의 형식매개 변수 v1과 v2가 있고, 이들의 형은 모두 double이다. 클래스 ClassEx에서 c2.setValue(4.0, 5.0)으로 호출하면 실 매개 변수인 4.0과 5.0은 형식매개 변수 v1과 v2로 값이 복사된다. 이때 실 매개 변수와 형식 매개 변수의 형은 반드시 일치해야 한다. 형이 일치하지 않을 경우 에러 처리를 하거나 자동으로 형 변환이 일어난다. 이에 대한 규칙은 앞에서 논한 자료형 변환의 내용과 일치한다. 위 예제에서 실 매개 변수 4.0과 5.0은 double형이고, 형식 매개 변수 v1과 v2도 double형이므로 형이 서로 일치한다. c2.setValue(4.0, 5.0)로 호출하는 경우에는 값을 받지 않는다. 이때는 setValue()를 정의할 때 복귀형(return type)을 void라 명시하고, setValue() 내부에는 값을 return 하는 문장이 없어야 한다.

[예제 7.3]에서 다음의 사항을 주의하자.

첫째, 앞장까지에서 제시된 예제들은 하나의 프로그램이 모두 하나의 클래스로 구성되어 있어서, 얼핏 보면 기존의 C언어와 큰 차이가 없어 보였다. 반면에 [예제 7.3]은 Complex과 ClassEx, 두 개의 클래스로 구성되어 있다. 이들 각각은 서로 독립적인 자료형이다. 자바 프로그램을 작성할 때, 하나의 자바 파일에는 하나의 클래스가 있는 것이 좋다. 그래서 [예제 7.3]에서 Complex.java와 ClassEx.java와 같이 두 개의 파일을 만들었다. 만약 이 두 클래스를 하나의 파일로 작성한다면, main()이 있는 클래스 ClassEx을 public으로 만들고, 파일명은 public 클래스의 이름을 사용하여 ClassEx.java어야 한다. 하나의 자바파일 안에는 public class가 한 개보다 많으면 컴파일할 때 오류가 발생한다. 어떠한 경우든, 소스 프로그램을 컴파일하면 Complex.class파일과 ClassEx.class 파일이 같은 폴더에 각각 생성된다.

앞으로, 두 개 이상의 클래스가 포함된 예제의 경우, 특별한 언급이 없는 한, 한 클래스당 하나의 파일로 구성되어 있음을 가정한다.

둘째, 클래스 ClassEx 내부의 선언문을 보면, Complex c1, c2; 문장이 있다. 이는 클래스 ClassEx에서 다른 클래스인 Complex을 사용하겠다는 뜻이다. 이와 같이, 다른 클래스를 사용할 때에는 제약조건이 따를 수 있다. 그 제약조건의 예로서, public, private, protected 등이 있다.

셋째, Complex c1, c2; 문장에 의해서 c1과 c2에 대하여 방이 잡히는 모양은 이미 보였다. 그것은 C언어 레코드와 비슷한 모양이었다. 그러나 실제로는 데이터 필드에 대해서만 방이 잡히는 것이 아니라, 객체 c1과 c2가 할 수 있는 연산, 즉, getReal()과 getImaginary(), setValue() 메소드에 대한 포인터도 가지고 있다. 이는 객체가 할 수 있는 연산을 동적으로 결정하는 언어의 경우에만 해당된다. 자바는 객체가 할 수 있는 연산을 동적으로 결정(static method는 정적으로 결정됨)하기 때문에, 객체마다 연산에 대한 포인터를 추가로 가지고 있다. 이에 관한 상세한 내용은 보통 언어이론에서 다루기 때문에 여기서는 생략한다. 결론적으로 말해서, 자바 프로그래머 입장에서 볼 때, 객체에 대하여 방이 잡히는 모양은 [예제 7.3]의 설명에서 보인 모양처럼, 필드에 대해서만 방이 잡힌다고 생각해도 자바 프로그램 작성에 전혀 문제가 없다.

넷째, 자기 클래스 안에서 정의된 필드나 메소드에 접근할 때에는 필드명 혹은 메소드명을 그대로 사용하지만, 객체생성을 통해서 다른 클래스에서 정의된 필드나 메소드에 접근할 때에는 '객체.필드명', 혹은 '객체.메소드명' 형태로 사용한다. 예를 들어, 클래스 Complex의 메소드 setValue에서 필드 x와 y는 자기 클래스에서 정의된 필드이므로, 그대로 사용하지만, 클래스 ClassEx의 메소드 main에서 x와 y는 자기 필드가 아니므로 c1.x, c1.y, c2.setValue(4.0, 5.0), c2.getImaginary()와 같이 객체.필드명 혹은 객체.메소드명의 형태로 표현된다.

이를 다른 방법으로 표현하면, 만약, 클래스 Complex 안에서 정의된 임의의 메소드 안에

```
A obj;
...
obj.m();
```

과 같은 문장이 있다면, 메소드 m()은 클래스 A에서 정의되어 있는 메소드이다.

만약, 클래스 Complex 안에서 정의된 임의의 메소드 안에

```
m();
```

과 같은 메소드 호출문장이 있다면, 메소드 m()은 자기 클래스, 즉, 클래스 Complex안에서 정의되어 있는 메소드이다. (이때 뒤에 나올 상속도 고려해야 한다)

다섯째, 클래스의 필드와 메소드의 지역변수는 완전히 다른 것이다. 다음의 클래스를 생각하자.

```
class A {
   int x;
   int y;
   void m() {
         int i;
         ...
   }
}
```

클래스 A에 있는 변수 x, y와, 메소드 m()에 있는 i의 선언문은 문법적인 모양이 똑같다. 그러나 x와 y는 클래스의 필드이고, i는 메소드 m()의 지역변수이다. 필드 x, y는 A

형 객체의 구성요소로서, A k = new A()와 같이 A형 객체 x를 생성할 때, x와 y에 대한 방이 heap영역에 잡힌다.

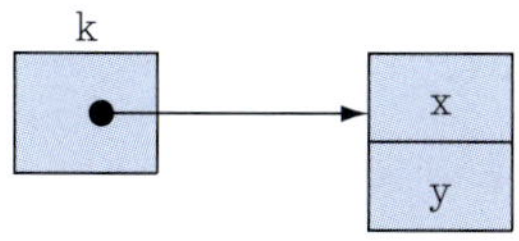

나중에 필드 x와 y방을 더 이상 사용하지 않게 되면, 이 방은 가비지컬렉터(garbage collector)라는 프로그램에 의해서 자동으로 회수된다.

반면에, 메소드 지역변수 i는 메소드 m()안에서만 사용할 수 있는 변수로서, x.m()과 같이 메소드가 호출되면 지역변수 i에 대한 방이 스택에 잡혔다가, 메소드 m()의 실행이 종료되면 i 방이 회수되는 변수이다.

객체의 필드 x와 y는 초기값이 주어지지 않으면 다음과 같이 디폴트로 자기 형에 맞는 초기값이 주어진다.

형	초기값
byte, short, int long	0
float, double	0.0
char	'\u0000'
boolean	false
객체	null

반면에 지역변수 i는 초기값이 자동으로 부여되지 않기 때문에, 지역변수에 초기값을 부여하지 않고 j = i와 같이 지역변수 i의 값을 참조하는 문장은 컴파일러에 의해서 오류가 발생한다.

7.2.3 생성자(constructor)

클래스 이름과 같은 이름을 가지는 메소드를 생성자라 한다. 생성자는 "new"에 의해서 객체가 생성될 때 자동으로 호출된다. 생성자도 메소드이기 때문에, 생성자를 정의할 때 메소드를 정의하는 것과 마찬가지로 임의의 사바분상을 작성하면 되지만, 대개, 객체가 생성될 때 필드를 초기화하는 코드가 주로 들어간다. 단, 생성자에는 반환형(return type)을 쓰지 않는다.

예제 7.4 생성자 사용 예

```
class Complex2 {
        double x;
        double y;

        Complex2() { // 생성자 정의: 클래스 이름 Complex2와 같음. 반환형이 없음.
                x = 10.0;
                y = 20.0;
                System.out.println("This is a Constructor");
        }

        double getReal() {
                return x;
        }
        double getImaginary() {
                return y;
        }
        void setValue(double v1, double v2) {
                x = v1;
                y = v2;
        }
}

class Main1 {
        public static void main(String[] s) {
                Complex2 c1 = new Complex2();
                double k1;

                k1 = c1.getReal();
                System.out.println(k1);
        }
}
```

실행결과

```
This is a Constructor
10.0
```

해설

Complex2 c1 = new Complex2(); 문장에 의해서 생성자가 자동으로 호출되어서, 객체 c1의 필드 x, y에 각각 10.0, 20.0이 배정되고, 그 뒤에 있는 출력문이 실행된다.

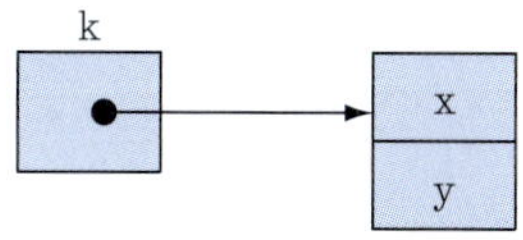

[예제 7.4]에서 생성자 Complex2()에는 매개 변수가 없는데, 매개 변수가 없는 생성자를 디폴트(default) 생성자라고 한다. 지금까지 대부분의 예에서는 생성자를 기술하지 않았는데, 생성자를 기술하지 않으면 자바 시스템에서 디폴트 생성자가 자동으로 생성되어서 객체의 필드를 0으로 초기화를 시킨다. [예제 7.4]는 디폴트 생성자를 프로그래머가 새로 정의해서 사용하는 경우로서, 객체의 필드값을 10.0, 20.0으로 초기화하였다.

생성자도 매개 변수를 가질 수 있다. [예제 7.5]는 매개 변수를 가지는 생성자에 대한 예이다.

예제 7.5 매개 변수가 있는 생성자

```
class Complex2 {
        double x;
        double y;

        Complex2(double j, double k) { // 매개변수가 있는 생성자 정의
                x = j;
                y = k;
                System.out.println("This is a Constructor");
        }
        double getReal() {
                return x;
        }
        double getImaginary() {
                return y;
        }
        void setValue(double v1, double v2) {
                x = v1;
                y = v2;
        }
}

class Main2 {
        public static void main(String[] s) {
                Complex2 c1 = new Complex2(10.0, 20.0);
                double k1;

                k1 = c1.getImaginary();
```

```
            System.out.println(k1);
        }
}
```

실행결과

```
This is a Constructor
20.0
```

해설

Complex2 c1 = new Complex2(10.0, 20.0);에 의해서 매개변수 10.0, 20.0이 생성자 정의 부분의 j와 k로 값이 각각 전달되어서 필드 초기화가 이루어진다.

그런데 [예제 7.5]와 같이 일단 매개변수가 있는 생성자를 정의했으면, 더 이상 디폴트 생성자가 자동으로 생성되지 않는다. [예제 7.5]에는 매개변수가 없는 생성자에 대한 정의가 없다. 따라서 [예제 7.5]에서 new Complex2();와 같이 디폴트 생성자를 호출하는 문장은 사용할 수 없다. new Complex2();와 같은 문장이 필요한 경우에는 프로그래머가 매개변수가 없는 디폴트 생성자를 반드시 정의해 주어야 한다.

7.3 Overloading

메소드 정의에는 메소드 이름, 매개 변수의 개수, 매개 변수의 형, 반환형이 있다. 자바에서는 매개 변수에 대한 선언이 서로 다르다면, 같은 이름을 가진 메소드가 여러 개 정의될 수 있다. 이것을 메소드가 오버로딩(overloading) 되었다고 한다. 예를 들어, 아래 문장에서 메소드 이름은 같으면서 매개 변수의 개수나 형이 틀리므로, 메소드 setValue는 오버로딩 되었다고 한다. 오버로딩된 메소드가 호출되면 매개 변수의 형과 개수가 일치하는 메소드를 실행한다.

```
void setValue(int x) {
    System.out.println(x);
}
void setValue(int x, int y) {
    System.out.println(x + y);
}
```

다음 [예제 7.6]에서 클래스 Overloading에는 메소드 setValue에 대한 정의가 네 개 있다. 처음 세 개는 모두 반환형이 void이면서, 매개변수가 없는 경우, double형 하나인 경우, int형 두 개인 경우에 대한 메소드 정의이고, 네 번째는 메소드의 반환형이 void가 아닌 int형인 경우이다.

이 클래스를 활용하는 클래스 OverloadTest에 있는 main 메소드에서는 클래스 Overloading 객체를 만들어서, 메소드 setValue를 다양하게 호출했을 때, 어떤 메소드가 실행되는지 확인한다.

예제 7.6 오버로딩의 사용 예

```
class Overloading {
    void setValue() {
        System.out.println("setValue() called");
    }
    void setValue(double x) {
        System.out.println("setValue(double) called");
    }
    void setValue(int x, int y) {
        System.out.println("setValue(int, int) called");
    }
    int setValue(int x) {
        System.out.println("int setValue(int) called");
        return x+1;
    }
}

class OverloadTest {
    public static void main(String[] s) {
        Overloading od = new Overloading();
        int k;

        od.setValue(); //void setValue()를 호출
        od.setValue(1.0); //void setValue(double x)를 호출
        od.setValue(1, 2); //void setValue(int x, int y)를 호출
        k = od.setValue(4); //int setValue(int x)를 호출. 오버로딩과 무관함.
        System.out.println(k);
    }
}
```

제7장

실행결과

```
setValue() called
setValue(double) called
setValue(int, int) called
int setValue(int) called
5
```

매개변수 관련 내용(형, 개수, 순서 등)이 일치하더라도, 반환형(return type)이 다르면 오버로딩으로 취급하지 않는다. 이 경우에는 같은 메소드를 두 번 정의한 것으로 취급하여 컴파일할 때 오류가 발생한다. 예를 들어, [예제 7.6]에서 메소드 int setValue(int x)에 대한 정의가 있기 때문에, 만약 사용자가 반환형만 다른 메소드 void setValue(int x)를 정의하면 컴파일시 오류가 발생한다.

한편, 생성자도 오버로딩 될 수 있다. 다음은 생성자가 오버로딩 되는 예이다.

예제 7.7 생성자의 오버로딩

```
class Complex3 {
       double x;
       double y;

       Complex3() {  // 매개변수가 없는 생성자(디폴트 생성자) 정의
              x = 1.0; // 매개변수가 없는 경우, 필드 x 값은 디폴트로 1.0을 배정
              y = 1.0; // 매개변수가 없는 경우, 필드 y 값은 디폴트로 1.0을 배정
       }
       Complex3(double j) { // double형 매개변수가 하나 있는 생성자 정의
              x = j; // 매개변수 값을 필드 x에 배정
              y = 1.0; // 필드 y 값은 디폴트로 1.0을 배정
       }
       Complex3(double j, double k) { // double형 매개변수가 두개 있는 생성자 정의
              x = j; // 첫 번째 매개변수 값은 필드 x에 배정
              y = k; // 두 번째 매개변수 값은 필드 y에 배정
       }
       double getReal() {
              return x;
       }
       double getImaginary() {
              return y;
       }
       void setValue(double v1, double v2) {
              x = v1;
```

```
            y = y2;
        }

}

class Main3 {
        public static void main(String[] s) {
            Complex3 c1 = new Complex3(); // 생성자 호출
            Complex3 c2 = new Complex3(10.0); // 생성자 호출
            Complex3 c3 = new Complex3(10.0, 20.0); // 생성자 호출
            double k1, k2, k3;

            k11 = c1.getReal(); k12 = c1.getImaginary();//c1 객체의 필드 x, y 값
            k21 = c2.getReal(); k22 = c2.getImaginary();//c2 객체의 필드 x, y 값
            k31 = c3.getReal(); k32 = c3.getImaginary();//c3 객체의 필드 x, y 값
            System.out.println(k11 + ", " + k12);
            System.out.println(k21 + ", " + k22);
            System.out.println(k31 + ", " + k32);
        }
}
```

실행결과

```
1.0, 1.0
10.0, 1.0
10.0, 20.0
```

생성자의 매개변수가 여럿 있을 수 있을 때에는, 위의 [예제 7.7]의 class Complex3과 같이, 매개 변수가 없는 경우, 1개인 경우, 2개인 경우, ... 등으로 생성자를 오버로딩 시키는 것이 좋다. 그래야만 [예제 7.7]의 class Main3에 보는 것처럼 사용자가 객체를 생성할 때, new Complex3()와 같이 매개변수를 주지 않는 경우, new Complex3(10.0)과 같이 매개변수를 하나만 주는 경우, new Complex3(10.0, 20.0)과 같이 두 개 주는 경우, ... 등의 경우에 대하여 디폴트로 값을 배정하는 등 적절한 조치를 취할 수 있다.

7.4 객체 this와 메소드 this()

한 클래스의 객체는 당연히 다음과 같이 여러 개 만들 수 있다.

```
class A {
   ...
   void m() { System.out.println("OK"); }
}
class B {
  A a1 = new A();
  A a2 = new A();
  A a3 = new A();
}
```

객체 a1, a2, a3는 모두 클래스 A의 인스턴스(instance)이다. 여기서 인스턴스라는 용어의 개념을 살펴보자.

예를 들어, 붕어빵 만드는 기계는 틀(template)이라고 하고, 붕어빵은 인스턴스(instance)라고 한다. 하나의 틀(붕어빵 만드는 기계)을 이용해서 다수의 인스턴스(붕어빵)를 만든다.

다른 예로서, '사람'이라는 레코드 구조가 (이름, 나이, 주소)와 같다면, (홍길동, 20, 서울), (이몽룡, 30, 부산), (성춘향, 40, 인천) 등은 '사람'이라는 틀(template)의 인스턴스이다. 이 경우는 '사람'(틀)이 레코드 구조이기 때문에, (홍길동, 20, 서울), (이몽룡, 30, 부산), (성춘향, 40, 인천) 등을 '레코드 인스턴스'라고 한다.

그러면 다음의 클래스를 생각하자.

```
class 사람 {
   String 이름;
   int 나이;
   String 주소;
   사람(Sting name, int age, String addr) { // 생성자
         이름 = name; 나이 = age; 주소 = addr;
   }
   void printAll() {
         System.out.println(this.이름); //System.out.println(이름)과 동일
         this.printAgeAddr(); // printAge()와 동일
   }
   void printAgeAddr() {
```

```
        System.out.println(this.나이); //System.out.println(나이)와 동일
        this.printAddr(); // printAddr()과 동일
    }
    void printAddr() {
        System.out.println(this.주소); //System.out.println(주소)와 동일
    }

}
class B {
    사람 hong = new 사람("홍길동", 20, "서울");
    사람 lee = new 사람("이몽룡", 30, "부산");
    사람 sung = new 사람("성춘향", 40, "인천");
    hong.printAll();
    lee.printAll();
    sung.printAll();
}
```

'사람'이라는 클래스를 만들고, new 연산자를 사용해서 hong, lee, sung 세 개의 객체를 만들었다. 여기서 클래스 '사람'은 틀(template)이고, 객체 hong, lee, sung 등은 '사람'의 인스턴스이다. 즉, 클래스는 틀(template)이고, 객체는 클래스라는 틀(template)에서 만들어지는 인스턴스이다. 그래서 "객체"라는 단어와 "클래스 인스턴스"라는 단어는 같은 의미를 가진 용어로 사용된다. 클래스 인스턴스를 만드는 방법, 즉, 객체를 만드는 방법은, new 연산자를 사용해서, "new 클래스이름(생성자매개변수)"이다. 앞으로 객체라는 단어와 클래스 인스턴스라는 단어를 혼용해서 사용할 것이다.

객체 this는 현재의 객체를 말한다. 예를 들어 객체 a2가 클래스 A의 메소드 m()을 호출(예: a2.m())하거나 필드에 접근(예: a2.field)하면 객체 a2가 this가 된다. 만약 객체 a3이 클래스 A의 메소드 m()을 호출(예: a3.m())하거나 필드에 접근(예: a3.field)하면 객체 a3이 this가 된다.

위 프로그램 예에서 hong.printAll()와 같이 호출하면, 객체 hong이 this 객체이기 때문에 홍길동의 이름, 나이, 주소가 출력된다. 마찬가지로, lee.printAll()와 같이 호출하면 객체 lee가 this 객체이기 때문에 이몽룡의 이름, 나이, 주소가 출력되며, sung.printAll()와 같이 호출하면 객체 sung이 this 객체이기 때문에 성춘향의 이름, 나이, 주소가 출력된다.

그리고 예제의 주석에서 보는 것처럼, 자기 클래스 멤버(필드나 메소드)에 접근할 때에는 this라는 용어를 생략 가능하다. 따라서 지금까지의 예에서 자기 필드나 메소드에 접근할 때 this를 사용하지 않았다.

this는 현재 객체를 다른 클래스의 메소드의 매개변수로 넘겨야 할 필요가 있을 때(예: someObj.method(this)) 사용될 수 있고, 또한 객체의 필드나 메소드를 명확히 표시해야 할 필요가 있을 때 사용된다. 예를 들어 메소드의 매개변수 이름과 객체의 필드 이름이 동일할 때 이름의 충돌을 막기 위해서 사용된다. 다음은 메소드의 매개변수 이름과 객체의 필드 이름이 동일할 때 이름의 충돌을 막기 위해서 사용되는 예이다.

예제 7.8 this의 사용 예

```
class Complex4 {
        double x;
        double y;

        Complex4(double x, double y) {
                this.x = x; //필드 x = 매개변수 x
                this.y = y; //필드 y = 매개변수 y
        }
        double getReal() {
                return x; // return this.x;와 동일
        }
}

class Main4 {
        public static void main(String[] s) {
                Complex4 c2 = new Complex4(10.0, 20.0);
                double k2;

                k2 = c2.getReal();
                System.out.println(k2);
        }
}
```

실행결과

```
10.0
```

해설

객체 c2의 필드 x, y에 매개변수 x, y 값을 할당하기 위하여, x = x; y = y라 쓸 수 없으므로, 현재 객체의 필드 x, y를 this.x, this.y와 같이 표현함으로써, 매개변수가 아닌, 객체의 필드임을 명기하였다. 실제로 앞에서 나온 모든 예제들에서 각 필드 앞에는 this가 생략되어 있는 것이다.

한편, this()는 this와 다르다. this()는 생성자 내에서 클래스에 있는 다른 생성자를 호출하는 메소드이다. 생성자 내에서 this() 호출이 필요할 때는 맨 첫 문장으로 나타나야 한다.

예제 7.9 this()의 사용 예

```
public class ThisConstructor {
   int x;
   int y;

   ThisConstructor() {
     x = 1;
     System.out.println("Default Constructor");
   }
   ThisConstructor(int a) {
     this(); //매개변수가 없는 생성자 ThisConstructor()를 호출
     y = a;
     System.out.println("Constructor with one parameter");
   }

   public static void main(String[] args) {
     ThisConstructor obj = new ThisConstructor(10);
     System.out.println("obj.x = " + obj.x + ", obj.y = " + obj.y);
   }
}
```

실행결과

```
Default Constructor
Constructor with one parameter
obj.x = 1, obj.y = 10
```

해설

new ThisConstructor(10);와 같이 객체를 만들면, ThisConstructor(int a) 생성자의 첫 번째 문장 this();에 의해서 매개변수가 없는 생성자 ThisConstructor()가 호출되어 필드 x에 1이 할당된다.

생성자를 호출하는 메소드 this()는 다음 예와 같이, 필요시 매개변수를 가진 생성자를 호출할 수도 있다.

```
class 사람 {
    String 이름;
    int 나이;
    String 주소;
    사람(Sting name) { // 매개변수가 한 개이면 나이와 주소를 디폴트 값으로 배정
            this(name, 20, "진주"); // 생성자 호출
    }
    사람(Sting name, int age) { // 매개변수가 두 개이면 주소를 디폴트 값으로 배정
            this(name, age, "진주");// 생성자 호출
    }
    사람(Sting name, int age, String addr) { // 매개변수가 3개인 생성자
            이름 = name; 나이 = age; 주소 = addr;
    }
    ...
}
```

7.5 객체 연산

객체는 배정문에서 사용될 수도 있고, 메소드의 매개변수로 사용될 수도 있으며, 메소드가 return하는 값일 수도 있다. 각각에 대한 사용법과 그 효과를 살펴보자.

7.5.1 객체 배정

다음 예를 통해서 객체에 대한 배정문을 이해하자.

```
Complex c1 = new Complex();
Complex c2;
c2 = c1; // 객체에 대한 배정문
```

위에서 c1에 대한 객체는 생성되지만, c2에 대해서는 새로운 방(객체)이 생기는 것이 아니라, 그림과 같이 c1과 c2가 하나의 같은 객체를 공유하고 있다. 이는 두 개의 포인터 변수가 하나의 같은 방을 지시하고 있는 것과 유사하다.

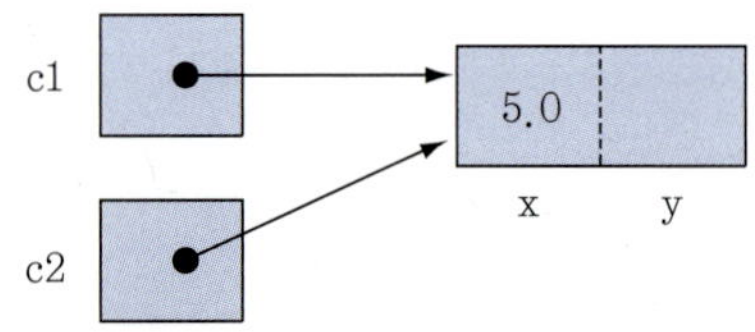

따라서 한 쪽 객체 c1에서 값을 변경시키면 c2가 참조하는 객체의 값도 변화되는 효과가 생기게 된다. 예를 들어, 위의 경우에,

```
c1.x = 5.0;
System.out.println(c2.x);
```

문장을 수행하면 그 결과 값은 5.0이 된다.

앞에서 우리는 메소드를 호출할 때, 실인자(실매개변수) 값을 형식매개변수로 전달하는 것을 보았다. 실인자 값을 형식매개변수로 전달하는 것은 배정문을 수행하는 효과와 같다. 따라서 실인자가 객체인 경우에는, 앞의 객체배정의 예에서 보는 것처럼, 실인자와 형식매개변수가 서로 같은 방을 공유하게 될 것이다. 이것은 참조에 의한 호출(call by reference)을 만드는 방법이다.

7.5.2 매개변수로서의 객체: call by reference

지금까지 매개 변수는 모두 단순형이었다. 매개 변수가 단순형인 경우는 값에 의한 매개 변수 전달 방법(call by value, 혹은 pass by value)을 취한다. 메소드의 매개 변수가 객체인 경우는 참조에 의한 매개변수 전달방법(call by reference, 혹은 pass by reference)이 된다.

예제 7.10 실매개변수가 객체인 경우에 대한 예

```
class ByReference {
    int a;
    ByReference(int x) {
        a = x;
    }
    int sum(ByReference obj) {
        System.out.println(a);
        System.out.println(obj.a);
        return obj.a + a;
    }
}
class PassRef {
    public static void main(String[] args) {
        ByReference obj1 = new ByReference(3);
        ByReference obj2 = new ByReference(4);
        System.out.println(obj1.sum(obj2));
    }
}
```

실행결과

```
3
4
7
```

메소드 main에서 두 개의 객체가 생성되면 다음의 [그림 7.1]과 같은 방이 생성된다.

| 그림 7.1 | 메소드 sum이 호출되기 전

계속해서 obj1.sum(obj2)를 호출하면, 실매개변수 obj2의 참조가 형식 매개 변수 obj로 전달된다. 그 결과는 [그림 7.2]와 같이 필드 a를 지시한다.

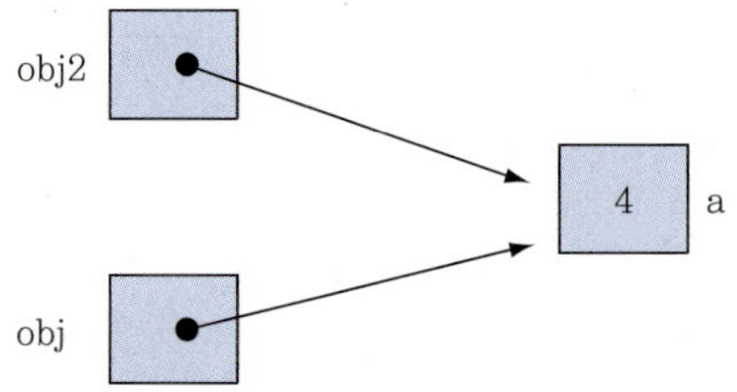

| 그림 7.2 | 메소드 sum이 호출된 후

obj1.sum(obj2)로 호출했을 때, obj1이 현재 객체(this)이다. 메소드 sum의 정의에서 a는 객체의 데이터 필드이므로 this.a를 의미하고, obj1.sum(obj2)에서의 this는 obj1이므로, obj1의 필드 a값은 3이다. 형식매개변수 obj는 실매개변수 obj2의 참조를 받으므로 obj.a 값은 [그림 7.2]에서 보는 것처럼 4이다. 만약, obj2.sum(obj1)로 호출했다면, obj2가 현재 객체(this)이다. 따라서 이 경우, 메소드 sum의 정의에서 a(즉 this.a)의 값은 obj2의 필드 a 값인 4이다. 형식매개변수 obj는 실매개변수 obj1의 참조를 받으므로 obj.a 값은 3이다.

7.5.3 메소드 반환값(return value)으로서의 객체

지금까지의 메소드 정의에서는 단순형만을 return값으로 사용했다. 자바는 모든 형을 return 할 수 있는 언어이다. 여기서는 참조형, 즉 객체를 return하는 메소드의 예를 알아본다.

예제 7.11 객체를 return하는 메소드 I

```
class ReturnObj {
        int a;
        ReturnObj(int j) {
                a = j;
        }
        ReturnObj addTen() {
                ReturnObj temp = new ReturnObj(a + 10);
                return temp;
        }
}

class Test {
        public static void main(String args[]) {
                ReturnObj ob1 = new ReturnObj(2);
                ReturnObj ob2;

                ob2 = ob1.addTen();
                System.out.println("ob1.a: " + ob1.a);
                System.out.println("ob2.a: " + ob2.a);

                ob2 = ob2.addTen();
                System.out.println("ob2.a: " + ob2.a);
        }
}
```

실행결과

```
ob1.a: 2
ob2.a: 12
ob2.a: 22
```

해설

main에서 ob1 객체가 생성된다. 그 데이터 필드값은 2이다. ob1.addTen()에 의해서 필드값이 12인 객체 temp가 생성되어 return되는 데, 그 자료형은 ReturnObj이다. 이 객체를 ReturnObj형인 ob2가 받는다. 따라서 ob2.a의 값은 2이다. 계속해서, ob2.addTen()에 의해서 필드값이 22인 객체 temp가 생성되어 return된다. 이 객체를 ob2가 받는다. 따라서 ob2.a의 값은 22이다.

여기서 ob2가 원래 참조하던 객체(데이터필드가 12인 객체)에 대한 참조가 없어지는데, 그러한 객체를 garbage라고 한다. 이는 필요시 시스템에 의해서 자동으로 회수된다.

[예제 7.12]는 두 개의 복소수를 덧셈하는 프로그램이다. 복소수 덧셈은 식 (a + bi) + (c + di) = (a + c) + (b + d)i이다. 덧셈 결과는 Complex형의 객체임에 유의하자.

예제 7.12 객체를 return하는 메소드Ⅱ: 복소수 덧셈

```
class Complex {
    public double re;
    public double im;

    public Complex() {
      re = 0.0;
      im = 0.0;
    }
    public Complex(double re, double im) {
            this.re = re;
            this.im = im;
    }

    public Complex add(Complex com) {
            return new Complex(re + com.re, im + com.im);
       }
}

class Main {
      public static void main(String[] args) {
            Complex a = new Complex(3.0, 4.0);
            Complex b = new Complex(4.0, 7.0);
            Complex c;
            c = a.add(b);
            System.out.println(c.re + " + " + c.im + "i");
      }
}
```

실행결과

```
7.0 + 11.0i
```

해설

메소드 public Complex add(Complex com)는 Complex형 객체를 반환한다.

참고로, C언어의 경우에 a와 b를 더하는 함수 add를 호출하는 일반적인 문법은 c = add(a, b)인 반면에, 자바의 일반적인 문법은 c = a.add(b) 형태로 나타난다. 따라서 메소드 add를 정의할 때, public Complex add(Complex com)처럼, 형식매개변수가 com으로서 한 개이고, 덧셈할 나머지 한 개의 복소수는 this 객체이다.

7.6 접근한정자

앞의 예제들에서 클래스나 메소드 앞에 public이라 명시되어 있는 것이 있다. 이는 클래스 사이에 접근할 수 있는 권한을 제한하는 접근한정자 중의 하나이다. 일반적으로, 자기 클래스에 있는 모든 멤버(필드나 메소드)들에는 아무런 제한 없이 마음대로 접근(사용)할 수 있으나 다른 클래스를 사용하는 경우에는 접근제한이 있을 수 있다. 이에 관하여 7.2절의 클래스 소개에서 간단히 언급한 바 있는데, 여기서 더 자세히 설명한다. 접근한정자는 필드, 클래스, 메소드에 각각 붙일 수 있다.

(1) 필드 접근한정자

필드 접근한정자는 public, protected, private 중의 하나와 final, static 등과 결합될 수 있다. [표 7.1]은 public, protected, private에 대한 접근 수준을 나타낸다. 이 표의 의미는, 예를 들어, protected로 표시된 필드가 있을 때, 자기클래스에서는 당연히 이 필드에 직접 접근할 수 있고, 서브클래스나 같은 패키지에 속해있는 클래스들도 이 필드에 직접 접근할 수 있음을 의미한다. 여기서 필드에 직접 접근한다는 말의 의미는 [예제 7.13]을 통해서 알아보자.

[표 7.1]에서 패키지가 있는데, 패키지의 개념은 뒤에서 배운다. 단, 지금까지의 대부분의 프로그램 예에서 접근한정자를 명시하지 않았고, 각 클래스의 필드나 메소드에 직접 접근하여도 아무런 문제가 없었다. 그 이유는 앞 예제들의 경우 프로그래머가 작성한 각 클래스들은 같은 패키지에 속했기 때문에, 접근수준이 [표 7.1]의 패키지 수준에 해당되어서 문제가 없었다. 약간 더 자세히 설명하면, 지금까지 예시된 자바프로그램들은 컴파일하면 그 결과 생기는 .class 파일이 (특별한 조치를 취하지 않는 한) 같은 폴더에 생성된다. 자바에서 같은 폴더에 속해있는 클래스들은 같은 패키지에 속한 것으로 간주된다. 이 경우 프로그래머가 클래스가 속할 패키지를 따로 만들지 않았기 때문에 이러한 패키지를 디폴트패키지라고 한다.

| 표 7.1 | 자바의 접근한정자

구 분	자기클래스	서브클래스	같은패키지	모든클래스
private	●			
package	●		●	
protected	●	●	●	
public	●	●	●	●

(2) 클래스 접근한정자

클래스 이름 앞에 붙일 수 있는 접근한정자는 public, abstract, final이다. 접근한정자가 없는 경우는 같은 패키지에서 사용될 수 있음을 의미한다. 클래스를 public으로 선언하면 그 클래스는 다른 모든 패키지에서 사용할 수 있음을 의미한다. abstract와 final은 다음 장에서 논한다.

(3) 메소드 접근한정자

메소드 접근한정자는 public, protected, private 등의 하나와 static, final, abstract 등과 결합될 수 있다.

예제 7.13 필드에 대한 접근한정자 사용

```
class Box {
      double a;
      public double b;
      private double c;

      double volume() {
            return a * b * c;
      }
      void setvalue(double v1, double v2, double v3) {
            a = v1;
            b = v2;
            c = v3;
      }
}

class Main {
      public static void main(String[] s) {
            Box c1, c2;
            double k1, k2;
```

```
            c1 = new Box();
            c2 = new Box();

            c1.a = 3.0; // (1) OK
            c1.b = 4.0; // (2) OK
            c1.c = 5.0; // (3) ERROR
            k1 = c1.a * c1.b * c1.c; // (4) ERROR
            System.out.println(k1); // (5) 결과를 얻을 수 없음

            c2.setvalue(4.0, 5.0, 6.0); // (6) OK
            k2 = c2.volume(); // (7) OK
            System.out.println(k2); // (8) 결과 : 120.0
        }
}
```


클래스 Main은 클래스 Box 객체를 사용한다. 따라서 클래스 Main에서 Box 개체의 멤버(필드나 메소드)에 접근할 때에는 제약이 따를 수 있다. 클래스 Box와 Main은 .class 파일이 같은 폴더에 생성되기 때문에 같은 패키지(디폴트 패키지)에 속한다. 클래스 Box의 필드 a 앞에는 아무런 접근한정자가 없으므로, 패키지 수준의 접근한정에 속한다. 따라서 같은 패키지에 속한 클래스 Main에서는 문장 (1)과 같이, Box 객체(c1)의 필드 a에 접근할 수 있다. Box에서 필드 b는 public이므로 모든 클래스에서 접근할 수 있으므로, 문장 (2)는 올바르다. 그러나 Box에서 c는 private으로 정의되어 있으므로 클래스 Box에서만 접근할 수 있음에도 불구하고, c1.c = 5.0; k1 = c1.a * c1.b * c1.c;와 같이 클래스 Main에서 접근했기 때문에 문장 (3)과 (4)는 오류이다. 클래스 Box에서 정의된 메소드 setvalue() 앞에는 접근한정자 표시가 없으므로 같은 패키지에 속한 클래스에서 이 메소드를 호출할 수 있다. 따라서 클래스 Box와 같은 패키지에 속한 클래스 Main에서 이 메소드를 호출할 수 있으므로 c2.setvalue(4.0, 5.0, 6.0)는 올바른 문장이나, c2.volume()도 같은 이유로 올바른 문장이다.

일반적으로, 객체의 필드에 접근할 때는, 문장 (1), (2), (3), (4)의 c1.a, c1.b, c1.c처럼 각 필드에 일일이 직접 접근하는 것보다는, c2.setvalue(4.0, 5.0, 6.0), k2 = c2.volume()와 같이 메소드를 호출해서 접근하는 것이 더 나은 프로그램이다.

다음은 접근한정자를 사용하는 전형적인 예제인데, private를 사용하여 스택을 구현한 것이다.

예제 7.14 private를 사용한 스택 구현

```
class Stack {
      private int top;
      private int[] stk;

      Stack() {
              stk = new int[10];
              top = -1;
      }
      void push(int data) {
              if(top == 9)
                   System.out.println("Stack full");
              else
                     stk[++top] = data;
      }
      int pop() {
              if(top < 0) {
                   System.out.println("Stack empty");
                   return -1;
                     }
              else
                     return stk[top--];
      }
}
class UseStack {
      public static void main(String[] s) {
              Stack stk1 = new Stack();
              int k1, k2;
              stk1.push(3);
              stk1.push(5);
              k1 = stk1.pop(); //OK
      /*      k2 = stk1.stk[1]; ERROR */
              System.out.println(k1);
      }
}
```

실행결과

```
5
```

해설

클래스 Stack의 멤버 top과 stk는 private으로 선언되었으므로 클래스 UseStack에서 직접 접근할 수 없고 push()와 pop()을 통해서만 접근할 수 있다. 그래서 k1 = stk1.pop();는 올바른 문장이고, k2 = stk1.stk[1];는 오류이다.

위 예에서 클래스 Stack의 멤버 top과 stk는 다른 클래스에게 숨겨져 있다는 의미에서, 이를 언어이론에서는 정보은폐(information hiding)라고 한다. 정보은폐를 하면, Stack을 사용하는 UseStack을 작성할 때, 프로그래머는 클래스 Stack의 내부 구조(여기서는 top과 stk를 사용한 배열구조)를 알 필요 없이, 제공되는 메소드(push와 pop)만을 사용해서 Stack을 사용하기 때문에, 클래스 Stack의 자료구조가 바뀌더라도(예: 배열에서 연결리스트로 변경) UseStack의 내부 코드는 변경할 필요가 없을 수 있어서 프로그램 수정의 효과가 지역적으로만 영향을 미치게 할 수 있다.

7.7 정적멤버(static member)

클래스의 멤버에는 필드와 메소드가 있다. 지금까지 나온 클래스 예에서는 정적멤버가 아닌 비정적멤버(nonstatic member) 경우만 다루었는데 여기서는 정적멤버를 소개한다.

7.7.1 정적 필드(static field)

필드이름 앞에 static이 있는 필드를 정적필드라 한다.

```
static int a;
```

정적필드의 의미를 이해를 위하여 우선 지금까지의 프로그램 예제처럼, 필드이름 앞에 static이 없는 경우를 생각하자.

예제 7.15 static 필드가 아닌 경우 객체에 방이 할당되는 모양

```
class A {
    int x;
    int y;
    A(int k1, int k2) {
        x = k1;
        y = k2;
    }
}
class D {
    public static void main(String[] args) {
        A m1 = new A(1, 2);
        A m2 = new A(3, 4);
    }
}
```

객체 m1과 m2에 대하여 방이 할당되는 모양은 다음과 같다.

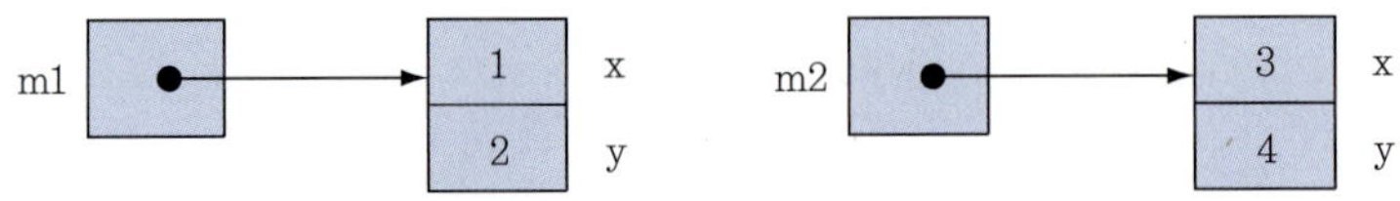

| 그림 7.3 | 객체 m1과 m2의 필드 할당

이처럼 객체 m1과 m2에 대하여 생성되는 방은 서로 별도로 존재한다. 만약 클래스 A 내의 필드를 다음과 같이 수정하면,

```
static int x;
static int y;
```

[그림 7.3]과 같이 객체마다 방이 할당되는 것이 아니라, 필드 x, y에 대하여 각각 하나씩 방을 잡은 후, A형의 모든 객체(위의 경우는 m1과 m2)가 이 방을 공유한다. 즉 객체 사이의 전역 변수와 같은 모양이 된다. 이 경우, 'static'으로 선언된 필드는 개별 클래스 인스턴스(위의 경우 m1과 m2)의 필드가 아니라, 클래스(위의 경우 A) 자체의 필드라고 볼 수 있다. 따라서 static 필드에 접근하기 위해서는 클래스 인스턴스(객체)를 생성할 필요 없이 [예제 7.16]과 같이 "클래스이름.field"로 접근하는 것이 자연스럽다.

예제 7.16 static 필드 사용 예

```
class StaticEx {
    static int a = 20;
}
class StaticClass {
    public static void main(String[] args) {
        System.out.println(StaticEx.a);
    }
}
```

실행결과

```
20
```

해설

클래스 StaticEx의 유일한 필드인 a가 static으로 선언되어 있다. 다른 클래스 StaticClass에서 StaticEx의 필드인 a에 접근할 때, StaticEx의 객체를 생성하여 "객체.필드"로 접근하지 않고,

생체생성을 하지 않고 StaticEx.a처럼 "클래스.필드"로써 접근하였다. 객체를 생성하여 "객체.필드" 형태로 접근하여도 틀린 것은 아니지만 개념상 부자연스럽다.

정적필드의 초기화는 클래스가 메모리에 로드되면 곧바로 실행된다. 이는 main 메소드보다 먼저 실행된다.

7.7.2 정적(static) 메소드

앞의 여러 예제에서 한 클래스에 속한 메소드를 호출할 때는 다음과 같이 표기하였다.

```
클래스인스턴스.메소드명(매개변수)
```

그런데, 클래스 인스턴스(즉, 객체)를 만들지 않고 메소드를 호출하기를 원할 때 정적 메소드를 사용한다. 정적 메소드를 호출하기 위해서는 "클래스명.메소드명(매개변수)"로 표기한다.

예제 7.17 static 메소드의 사용 예

```
class StaticMethod {
     public static void m(String s) {
        System.out.println("Static " + s);
     }
}
class TestStatic {
        public static void main(String[] args) {
           StaticMethod.m("method");
        }
}
```

실행결과

```
Static method
```

해설

클래스 TestStatic에서 StaticMethod에 정의된 메소드 m을 호출할 때 StaticMethod에 대한 객체를 생성시키지 않고, 클래스 이름을 사용하여 StaticMethod.m()으로 메소드를 호출하였다.

지금까지 본 것처럼, main 메소드는 정적 메소드이다. 그런데, [예제 5.1]에서 [예제 5.5]까지의 메소드 정의와 호출에 관한 예에서 보듯이, 정적 메소드는 자기 클래스 안에서 정의된 여러 메소드 중에서 정적 메소드만 호출할 수 있다. 또한 자기 클래스 안에서 정의된 필드 중에서 정적 필드에만 접근할 수 있다.

이에 관하여 프로그램 설계 관점에서 정적필드와 메소드의 개념을 다시 살펴보고자 하는데, 초보자는 바로 7.7.3으로 넘어가도 무방하다.

다음은 클래스 '사람'을 정의하는데, 사람에 관한 정보로 이름, 나이, 주소가 있고, new 연산자를 사용하여 사람의 인스턴스(객체)를 만들 때 마다 사람수를 1씩 증가시키는 프로그램이다.

```
class 사람 {
    static int 사람수;
    String 이름;
    int 나이;
    String 주소;

    사람(Sting name, int age, String addr) { // 생성자
            이름 = name; 나이 = age; 주소 = addr;
    }
    static void m() {
            System.out.println(사람수);
            // System.out.println(이름); 오류, System.out.println(this.이름)과 동일
            // System.out.println(나이); 오류, System.out.println(this.나이)와 동일
            // System.out.println(주소); 오류, System.out.println(this.주소)와 동일
    }
    void printInstance() {
            System.out.println(this.이름); //System.out.println(이름)과 동일.
            this.printAgeAddr(); // printAge()와 동일.
    }
    void printAgeAddr() {
            System.out.println(this.나이); //System.out.println(나이)와 동일.
            this.printAddr(); // printAddr()과 동일
    }
    void printAddr() {
            System.out.println(this.주소); //System.out.println(주소)와 동일.
    }

}
class A {
    public static void main(String[] args) {
            사람 hong = new 사람("홍길동", 20, "서울");
```

```
        사람.사람수++; // hong.사람수++;

        사람 lee = new 사람("이몽룡", 30, "부산");
        사람.사람수++; // lee.사람수++;

        사람 sung = new 사람("성춘향", 40, "인천");
        사람.사람수++; // sung.사람수++;

        hong.printInstance();
         lee.printInstance();
        sung.printInstance();

         사람.m(); //  hong.m();
    }
}
```


문제의 성격에 따라서, 개별 객체에 관한 정보가 아닌, 클래스 수준에서의 정보가 필요한 경우가 있다. 예를 들어, 위 프로그램에서 객체 hong이 가지고 있는 정보는 이름(홍길동), 나이(20), 주소(서울)이다. 개념상 '사람수'는 객체 hong이 가지고 있는 정보라고 보기 어렵다. 마찬가지로 객체 lee가 가지고 있는 정보는 이름(이몽룡), 나이(30), 주소(부산)이다. 개념상 '사람수'는 객체 hong이 가지고 있는 정보라고 보기도 어렵다. 객체 sung의 경우도 마찬가지이다. 즉 '사람수'는 클래스 '사람'이 가지는 정보라고 보는 것이 타당할 것이다. 이와 같이 클래스 인스턴스가 가지는 정보가 아닌, 클래스가 가지는 정보가 필요한 경우가 있다. 이 경우, 클래스가 가지는 정보를 표현할 때 정적필드로 표현한다. 정적멤버는 클래스가 가지는 정보의 개념이지, 클래스 인스턴스가 가지는 정보의 개념이 아니다. 그래서 클래스 A에서 새로운 객체가 생성될 때마다, hong.사람수++;'로 접근하지 않고, '사람.사람수++;'로 접근하였다. 'hong.사람수++;'도 허용은 하지만 개념상 부자연스럽다.

한편, '사람수'와 같은 클래스 수준의 정보를 가지고 임의의 연산을 해야 할 경우도 있을 것이다. 이때 정적메소드를 사용한다. 즉, 정적메소드는 정적필드에 대하여 필요한 임의의 연산을 하는 메소드이다. 이 연산은 현재객체(this)의 개념이 있는 객체에 대한 연산과는 다르다. 위 예에서는 정적 메소드 m()은 정적필드 '사람수'에 대한 연산을 정의하는 메소드로서, 여기서는 단순히 그 값을 출력하도록 하였다.

정적멤버는 클래스 수준의 정보와 연산을 정의하는 것이기 때문에, 현재객체를 의미하는 'this'의 개념이 없다. 따라서 정적메소드를 정의할 때 this의 개념이 있는 필드(클래스인스턴스의 필드)에 접근할 수 없다. 예를 들어, 정적메소드 m()에서, System.out. println(이름); 문장은 System.out.println(this.이름);과 같은 의미인데, 정적메소드에는 this의 개념이 없기 때문에 이 문장은 오류이다. 또한, 정적메소드를 호출할 때에는 hong.m() 보다는 사람.m()과 같이 클래스이름을 사용해서 호출하는 것이 개념상 자연스럽다.

한편, 임의의 메소드는 당연히 다른 메소드를 호출할 수 있어야 하는데, this의 개념이 없이 호출된 정적메소드가 자기 클래스 안에서 정의된 this의 개념이 있는 비정적메소드를 호출할 수 없으므로(this를 전달하지 못하므로), 자기 클래스 안에서는 정적메소드는 (this를 전달할 필요가 없는) 정적메소드만 호출할 수 있다. 이는 자기 클래스 안에서 정의된 메소드끼리 호출하는 경우에 해당되는 말이다. 정적메소드 안에서도 임의의 객체를 만들어서 객체.메소드()로 당연히 호출할 수 있다. 우리는 이 두 경우를 혼동하지 말아야 한다.

7.7.3 상수 정의

변수 선언문에서 final로 선언하면 그 변수는 값이 변할 수 없는 상수가 된다. 즉 상수에 이름을 붙이는 역할을 한다. 다음은 상수를 정의하는 문장의 예이다.

```
final double PI = 3.14;
```

상수는 변하지 않는 값이므로, 객체마다 별도의 동일한 상수를 가지는 것보다는, 클래스 수준에서 하나의 상수를 정의해 두고 모든 객체가 공유하는 방법으로 주로 사용된다. 따라서 상수는 보통 다음과 같이 static으로 정의한다.

```
static final double PI = 3.14;
```

final과 static의 순서는 상관없으나 코드에서 일관성을 가지고 사용하는 것이 좋다.

7.8 main 메소드

그러면 지금까지 미루어 두었던 main 메소드의 머리부분을 살펴보자. 앞에서 main() 메소드를 작성할 때, 아래와 같이 표기하였다.

```
public static void main(String[] args)
```

public은 모든 클래스에서 main() 메소드에 접근할 수 있다는 의미이고, static은 main() 메소드가 속해있는 클래스에 대한 객체를 생성하지 않고 main() 메소드를 호출할 수 있음을 의미한다. 이는 자바 런 타임 시스템에서 main() 메소드가 포함되어 있는 클래스의 인스턴스를 만들지 않고 main() 메소드를 호출하기 위해서이다. void는 리턴하는 값이 없다는 의미이다. main의 매개변수 String[] args를 이해하기 위하여 우선 스트링형과 스트링형 배열에 대하여 간단히 살펴보자.

스트링에 관해서는 다음 장에서 더 자세히 살펴본다. 여기서는 스트링에 관한 간단한 소개를 한다. 자바에서 모든 스트링은 String형의 객체이다. 또한 String형의 객체는 그 내용이 변할 수 없는 상수이다. 다음은 스트링에 대한 선언의 예이다.

```
String s1 = "message";
```

스트링에 대한 연산중에서 앞에서 나온 연산은 스트링 연결이다. 스트링 연결은 '+'로 표시한다. 다음에서 스트링형 객체 s2에는 "JavaWorld"가 기억된다.

```
String s2 = "Java" + "World";
```

클래스 String에는 다양한 메소드가 정의되어 있다. 두 스트링이 같은가를 비교하는 메소드로서 equals()가 있고, 스트링의 길이를 구하는 메소드는 length()이다. 이들의 계산결과형과 파라미터는 아래와 같다.

```
boolean equals(String instance)
int length()
```

예제 7.18 두 스트링의 비교

```
class StringEx {
   public static void main(String[] args) {
       String s1 = "Java";
       String s2 = "World";

       if(s1.equals(s2))
              System.out.println("Two strings are equal");
       else
              System.out.println("Two strings are not equal");
             System.out.println("The string length of s1 = " + s1.length());
   }
}
```

실행결과

```
Two strings are not equal
The string length of s1 = 4
```

예제 7.19 스트링형 배열의 사용

```
class StringArray {
      public static void main(String[] args) {
            String[] s = { "This", "is", "a", "string" };
            for(int x = 0; x < s.length; x++)
                System.out.println(s[x]);
      }
}
```

실행결과

```
This
is
a
string
```

해설

s.length는 배열 s의 크기를 의미하고, 배열 s에 기억되는 내용은 다음 그림과 같이 간주하면 된다. [그림 7.4]에서 배열 s의 크기 s.length는 4이고, 배열의 각 방에는 String형에 대한 참조가 있다.

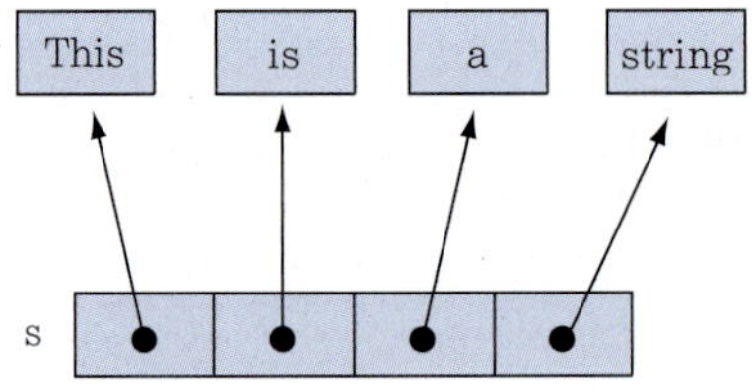

| 그림 7.4 | 배열 s의 내용

예제 7.20 main 메소드의 머리부분 이해

```
class Command {
      public static void main(String[] args) {
            int x;
            for(x = 0; x < args.length; x++)
                System.out.println(args[x]);
      }
}
```

[예제 7.20]을 명령 프롬프트 상에서 실행시키는 명령어가 다음과 같다고 가정하면,

```
C:\>java Command a.java b.java c.java
```

프로그래머 입장에서 main의 매개 변수 args에 값이 할당되는 모양은 다음 그림과 같이 생각하면 된다.

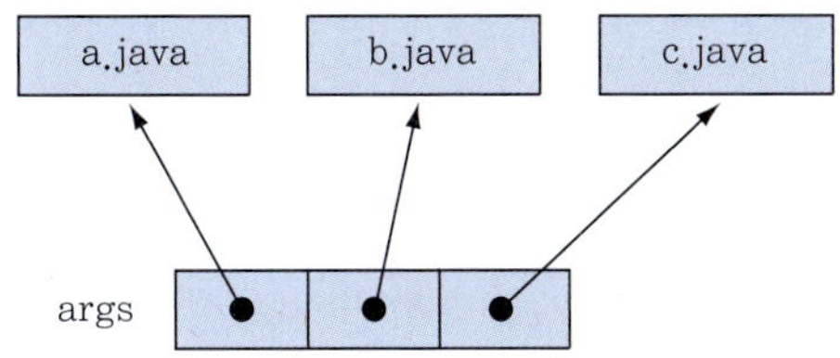

| 그림 7.5 | args 내용

이 그림은 [예제 7.19]의 경우와 동일하므로 [예제 7.20]의 실행결과는 다음과 같다.

```
a.java
b.java
c.java
```

참고로, 이클립스에서 main의 매개변수 args에 값을 주는 방법은, 메뉴 [run] 선택 → [run configurations] 선택 → 파일 Command 선택 → [Arguments] 탭 선택 후, a.java, b.java, c.java를 입력하면 된다.

7.9 toString() 메소드

자바에는 많은 클래스가 미리 정의되어 있다. 그리고 미리 정의된 클래스의 객체를 출력하기를 원하면 대개 System.out.println(객체명);으로 쓰면 된다. 다음의 예제를 보자.

예제 7.21 toString()의 암시적 호출

```
public class UseDate {
  public static void main(String[] args) {
    java.util.Date today = new java.util.Date();
    System.out.println(today);
  } // end of main
} // end of class
```

실행결과

```
Tue Oct 19 13:22:13 GMT+09:00 1999
```

java.util 패키지에는 Date라는 클래스가 있다. (패키지란 클래스를 모아둔 라이브러리라고 생각하자) 위 예제는 Date라는 미리 정의되어 있는 클래스를 활용해서, Date형의 객체 today를 생성하고, 그 값을 출력하는 문장이다. 그런데 우리는 Date라는 클래스가 어떤 필드를 가지고 있으며, 어떤 메소드를 가지고 있는지 알지 못한다. 단지, today 객체를 출력하기 위하여 System.out.println(today) 메소드를 호출하였고, 자바시스템이 그 출력결과를 보여 주었다. 이와 같이, 미리 정의되어 있는 클래스에 대한 객체를 출력하기를 원하면 println(객체) 메소드를 호출하면, 그 클래스 내에서 미리 정해진 내용대로 그 결과가 출력된다.

println() 메소드는 자기의 실인자가 객체(즉, 참조형)인 경우에는 그 인자가 속한 클래스에서 정의된 toString() 메소드를 자동으로 호출하여 그 결과 값을 출력하는 메소드이다. 위의 경우에 System.out.println(today)는 today의 형인 Date 클래스에 미리 정의되어 있는 toString() 메소드를 호출한다. 즉 System.out.println(today.toString())과 동일한 문장이다. 그런데, Date와 같은 대부분의 미리 정의된 클래스에는 toString()이라는 이름의 메소드가 자기 클래스의 특성에 맞게 미리 정의되어 있다. Date 클래스에도 Date 클래스 특성에 맞게 미리 출력할 내용을 toString() 메소드에 미리 정의해 두었으며, 그 결과에 따라서 [예제 7.21]의 출력결과가 나왔다.

그러면, 사용자가 새로 정의한 클래스 C에 대한 객체 a를 System.out.println(a)로 출력하기 위해서 무엇을 해 주어야 하는가? 그것은 클래스 C 내부에 toString() 메소드를 정의해 주기만 하면 된다. System.out.println(a)는 System.out.println(a.toString())과 동일하기 때문이다. 메소드 toString()을 정의하기 위해서는 이 메소드의 양식을 알아야 한다. 그 양식은 다음과 같다.

```
public String toString()
```

toString()의 결과형이 String형이므로 이 메소드 몸체 부에는 항상 스트링 객체를 돌려주는 문장이 있어야 한다. 예를 들어, [예제 7.3]에서 Complex형의 객체 c1을 출력하기 위하여 System.out.println(c1);과 같이 했을 때, 그 출력결과가 “x값 + y값i” 형태로 출력되기를 원한다면, 클래스 Complex 내부에 다음과 같이 toString()을 정의해 두면 된다.

```
public String toString(){
        return x + " + " + y + "i";
}
```

7.10 객체형 배열

배열의 원소의 형은 어떠한 형이든 올 수 있다. 지금까지는 배열원소의 형이 int형과 같은 기본형이었는데, 여기서는 배열 원소의 형이 임의의 객체인 경우를 생각하자. 배열의 원소가 객체라고 해서 특별한 취급이 필요한 것은 아니다. 배열에 값을 저장할 때는, 정수 값을 저장하는 모습과 유사하게 객체(정확히 말하면 객체에 대한 참조임)를 저장하면 되고, 배열에 저장된 값을 이용할 때는, 저장된 값이 객체이기 때문에, 지금까지 배운 객체의 사용법 그대로 사용하면 된다. 단지, 객체 'obj'의 형태가 아니라, 배열에 저장된 객체 'obj[i]'의 모양일 뿐이다.

예를 들어, 다음과 같은 클래스 Person이 있다고 하자.

```
class Person {
  String name;
  int age;

  Person(String s, int a) {
    name = s;
    age = a;
  }
  void printPerson() {
    System.out.println("name = " + name + ", age = " + age);
  }
}
```

Person형의 배열 emp는 다음과 같이 만들 수 있다.

```
Person[] emp = new Person[5];
```

배열 emp는 5개의 방을 가지며, 각 방에는 Person형의 객체(에 대한 참조)가 기억될 것이다. 이는 다음의 정수형 배열 선언문과 크게 다를 것이 없다.

```
int[] emp = new int[5];
```

오직 자료형 int 대신 자료형 Person을 사용한 것 뿐이다.

배열 emp에 값을 배정하기 위하여 먼저 Person형의 객체를 만들자.

```
Person obj = new Person("Hong", 20);
```

이 객체를 배열 emp의 첫 번째 방에 기억시키자.

```
emp[0] = obj;
```

두 문장을 다음과 같이 하나의 문장으로도 쓸 수 있을 것이다.

```
emp[0] = new Person("Hong", 20);
```

정수형배열 부분에서 보았던 문장 emp[0] = 5;처럼, 객체형 배열이라고 해서 정수형배열의 경우와 문법적으로 크게 다르지 않다.

이번에는 배열 emp[0]에 기억된 객체를 출력하기 위하여 Person 형이 제공하는 연산 printPerson()을 이용하자.

```
emp[0].printPerson();
```

그러면 “name = Hong age = 20”이 출력될 것이다. [예제 7.22]는 이를 완전한 프로그램으로 구성한 것이다.

예제 7.22 객체형 배열

```
class Person {
  String name;
  int age;

  Person(String s, int a) {
    name = s;
    age = a;
  }

  void printPerson() {
    System.out.println("name = " + name + ", age = " + age);
  }
}

class Drive {
    public static void main(String[] args) {
     Person[] emp = new Person[3];
     emp[0] = new Person("Hong", 20);
     emp[1] = new Person("Kim", 21);
     emp[2] = new Person("Park", 22);
     for(int k = 0; k < emp.length; k++)
       emp[k].printPerson();
    }
}
```

실행결과

```
name = Hong, age = 20
name = Kim, age = 21
name = Park, age = 22
```

과제

1 [예제 7.14]의 스택에서, 스택의 크기를 10으로 고정시키지 말고, 생성자에서 스택의 방을 확보하도록 프로그램을 수정하라. (단, 생성자에 파라미터가 없는 디폴트 생성자에 대해서는 방의 크기를 10으로 하고, 파라미터가 있으면 그 크기만큼 방을 잡아라)

2 임의의 개수의 방을 가진 Complex형의 배열을 만들고, 배열의 각 방에 임의의 복소수 객체를 기억시킨 다음, 모든 복소수의 합을 구하는 프로그램을 작성하라. 복소수를 출력할 때에는 x+yi 형태로 출력하는 메소드 toString()을 포함시켜서 이를 활용하여 출력하라.

3 정수의 쌍 (x, y)를 표현하는 클래스를 정의하라. 생성자의 매개변수가 없으면 x=y=0으로 두고, 매개변수가 1개 있으면, x에 그 값을 assign하고, y=0으로 둔다. 그리고 생성자에 2개의 매개변수가 있으면 그것을 x, y에 각각 assign(배정) 하도록 한다. 그리고 이 정수의 쌍 (x, y)의 첫 번째 값 x를 return하는 메소드 first와 두 번째 값 y를 return하는 메소드 second를 포함시켜라.

4 매개변수로서 정수형 배열을 가지고, 배열에 기억된 값이 최대값과 최소값을 return하는 메소드 minMax()를 정의하라. return해야 할 값이 두 개이므로 (3)에서 정의한 클래스를 이용하도록 하고, toString() 메소드도 함께 정의하여 이를 활용하라.

학습정리

1 클래스는 언어 이론적인 면에서 볼 때 사용자정의 자료형이다.

2 클래스에는 필드(속성)과 메소드(연산)가 있다.

3 자신의 클래스에서 정의된 필드나 메소드에 접근할 때에는 그 이름 그대로 사용하지만, (혹은 'this.필드명', 혹은 'this.메소드명'으로 사용하지만) 다른 클래스에서 정의된 필드나 메소드에 접근할 때에는 '객체.필드명', 혹은 '객체.메소드명'으로 사용한다.

4 클래스 이름과 같은 메소드를 생성자라고 한다.

5 매개변수가 없는 생성자를 디폴트 생성자라고 한다.

6 디폴트 생성자는 자동으로 생성되지만, 매개변수가 있는 생성자를 프로그래머가 정의하면 자동으로 생성되지 않기 때문에, 필요한 경우에 반드시 디폴트 생성자를 프로그래머가 정의해 주어야 한다.

7 메소드의 매개변수가 객체이면 객체에 대한 참조가 전달되어서 실매개변수와 형식매개변수는 같은 객체를 공유한다.

8 C언어의 함수호출 형태가 a = sum(b, c)라면 이에 대응되는 자바 메소드 호출 형태는 a = b.sum(a)와 같다.

9 접근한정자 키워드에는 private, protected, public 등이 있다. private로 표시된 멤버는 자기 클래스 안에서만 접근 가능하고, 다른 클래스에서는 접근할 수 없다.

10 접근한정자는 정보은폐(information hiding)의 수단이다.

11 객체 필드에는 직접 접근하는 것 보다는 메소드를 통해서 접근하는 것이 좋다.

12 정적필드는 같은 형의 여러 객체가 공유하는 필드이다.

13 정적메소드는 개체를 생성하지 않고 클래스명.메소드명으로 접근할 수 있다.

14 C:₩>java Command a.java b.java c.java와 같이 프로그램을 실행시킬 때 main() 메소드의 매개변수에 할당되는 값은 다음 그림과 같다.

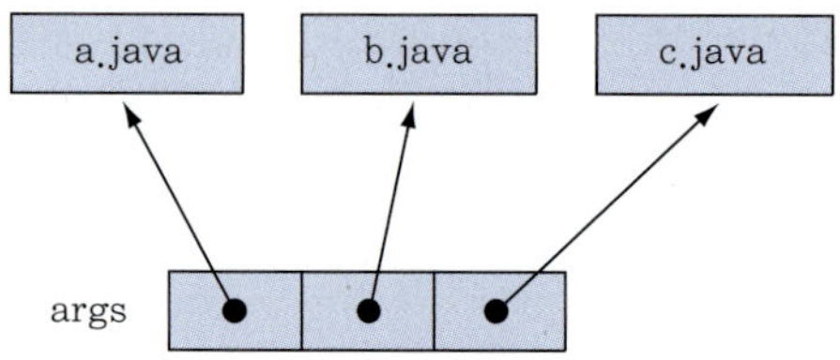

15 메소드 toString()은 다음과 같이 정의되어 있다.

```
public String toString()
```

따라서 toString()의 몸체를 정의할 때에는 반드시 String을 return하는 문장이 있어야 한다.

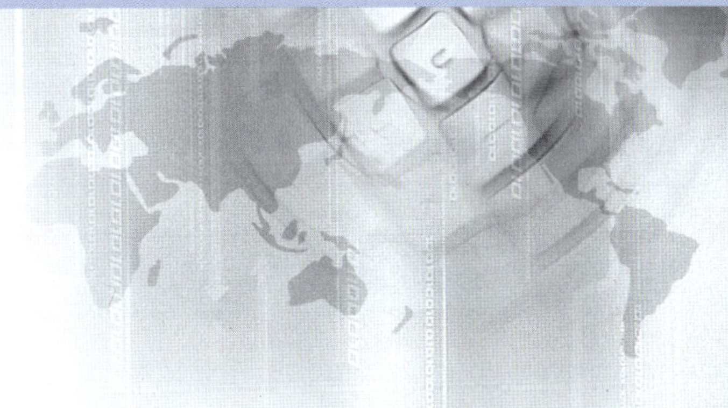

Chapter

8 문자열

문자열은 다음 장에서도 자주 나오기 때문에 미리 숙지해 두자. 클래스와 객체에 대한 이해가 되었으므로, 문자열은 이제 쉽게 이해할 수 있다. C언어의 경우는 문자열을 문자형 배열로써 구현하는 반면에, 자바에서의 문자열은 java.lang이라는 패키지에 미리 정의되어 있는 클래스 String과 StringBuffer의 객체이다. String 객체들은 한번 생성된 이후에는 수정될 수 없다. 이는 스트링을 효율적으로 구현할 수 있게 한다. 만약 String형의 객체가 수정되어야 한다면 새로운 스트링 형 객체를 생성시켜서 그것을 참조하게 한다. 문자열이 그 자체로 수정될 필요가 있을 때는 또 다른 스트링 클래스인 StringBuffer를 사용하는 것이 효과적이다.

8.1 String 클래스

먼저 String 클래스에 대하여 알아보자. 앞으로 클래스 String과 같이 미리 만들어져 있는 클래스를 많이 소개할 것인데, 미리 정의된 클래스를 학습할 때에는 먼저 객체생성을 하기 위하여 생성자의 모양을 보아야 하고, 그 다음에 클래스에서 제공하는 메소드를 살펴보아야 한다. 대부분의 경우, 미리 정의된 클래스가 제공하는 메소드를 책에서 모두 소개하기 어렵다. 따라서 독자는 JDK Documentation Kit이 제공하는 자바 API를 필요 시 찾아서 사용할 수 있는 능력을 가져야 한다.

8.1.1 String 클래스의 생성자

다음은 String 클래스의 생성자의 일부이다.

```
public String()   // 문자가 없는 스트링형 객체 생성
public String(char a[])//문자형 배열 a의 내용을 갖는 스트링형 객체 생성
public String(String obj) //스트링 obj의 내용을 갖는 스트링형 객체 생성
```

다음은 생성자 사용에 대한 예이다.

```
char a[] = {'J', 'A', 'V', 'A'};
String s1 = new String(a); //생성자 매개변수가 문자형 배열
String s2 = new String(s1); //생성자 매개변수가 스트링형
```

위 예에서 s1과 s2는 각각 문자열 “JAVA”를 가진다. 하나의 문자열을 두 변수가 참조하는 것이 아니라, 서로 다른 방에 있는 문자열 “JAVA”를 가진다. C언어와는 달리, 문자형 배열과 String은 완전히 서로 다른 자료형임에 유의하자.

사용자의 편의를 위하여 특별히 다음과 같이 문자열의 리터럴을 사용해서 간단히 문자열 객체를 생성할 수도 있다.

```
String a = "JAVA";
```

8.1.2 String 클래스를 이용한 연산

String 클래스에는 많은 메소드가 정의되어 있다. 다음은 그 일부이다.

- public int length(): 문자열의 길이를 반환한다.
- public char charAt(int i): 문자열에서 i번째 위치에 있는 문자를 반환한다.

- public int indexOf(char ch): 문자열에서 문자 ch의 첫 출현위치를 반환한다.
- public int indexOf(String str): 문자열에서 문자열 str의 첫 출현위치를 반환한다.
- int compareTo(String str): str과 문자열을 비교하여 동일하면 0을, 같지 않으면 같지 않는 문자의 코드 값의 차이를 반환한다.
- public String toLowerCase(): 문자열의 문자를 모두 소문자로 바꾼 문자열을 반환한다.
- public String toUpperCase(): 문자열의 문자를 모두 대문자로 바꾼 문자열을 반환한다.
- public String trim(): 문자열의 시작과 끝의 공백을 제거한 문자열을 반환한다.
- static String valueOf(int x): int형의 값 x를 문자열로 변환. 매개변수가 int 대신에 long, float, double, char[] 등의 형인 경우에 대해서도 String형으로 변환한다.
- byte[] getBytes(): 스트링을 바이트형 배열로 변환한 결과를 반환한다.
- char[] toCharArray(): 스트링을 문자형 배열로 변환한 결과를 반환한다.
- boolean equals()와 boolean equalsIgnoreCase(): 두 문자열이 동일한지 비교한다. 후자는 대소문자를 무시하고(같은 것으로 취급하고) 비교한다.
- String substring(int from)과 String substring(int from, int to): from부터 끝(혹은 to)까지의 서브스트링을 반환한다.

그러면 이제 클래스 String 활용의 예를 살펴보자.

예제 8.1 문자열 연결 연산자 '+'의 사용 예

```
class String_1 {
      public static void main(String args[]) {
            String x = new String("JAVA");
            String y = x + " Program";
            System.out.println("x = " + x);
            System.out.println("y = " + y);
      }
}
```

실행결과

```
x = JAVA
y = JAVA Program
```

예제 8.2 length()와 charAt() 메소드 사용

```
class String_2 {
      public static void main(String args[]) {
              int xlength, ylength;
              char xchar, ychar;
              String x = "Java Program";  // String형 객체 생성

              xlength = x.length();
              xchar = x.charAt(2);
              System.out.println("Char at index 2 of x : " + xchar);
              System.out.println("Length of x is " + xlength);
      }
}
```

실행결과

```
Char at index 2 of x : v
Length of x is 12
```

예제 8.3 indexOf()의 활용

```
class String_3 {
   public static void main(String args[]) {
       String str = new String("A string is a standard object.");
       String strx = new String("st"); // String형 객체 생성

       System.out.println("char's index = " + str.indexOf('r'));
       System.out.println("The first position of strx in str = " +
                 str.indexOf(strx));
   }
}
```

실행결과

```
char's index = 4
The first position of strx in str = 2
```

예제 8.4 문자열을 비교(1)

```
class String_4 {
      public static void main(String args[]) {
            String str = "standard";
            String key = new String("complete!");
            int result;
            result = key.compareTo(str);
            System.out.println("result = " + result);
      }
}
```

실행결과

```
result = -16
```

해설

스트링 key가 참조하는 문자열의 첫 문자가 'c'이고, 스트링 str이 참조하는 문자열의 첫 문자가 's'로서 서로 틀리므로 'c' – 's'의 결과 값 –16이 리턴된다.

예제 8.5 문자열을 비교(2)

```
class String_5 {
      public static void main(String args[]) {
            String s1 = "java";
            String s2 = "java";
            String s3 = "JAVA";
            String s4 = "good";

            System.out.println(s1.equals(s2));
            System.out.println(s1.equals(s3));
            System.out.println(s1.equals(s4));
            System.out.println(s1.equalsIgnoreCase(s3));
      }
}
```

실행결과

```
true
false
false
true
```

예제 8.6 문자열을 비교(3): equals()와 ==의 차이

```
class String_6 {
        public static void main(String args[]) {
                String s1 = "java";
                String s2 = new String(s1);

                System.out.println(s1.equals(s2));
                System.out.println(s1 == s2)
```

실행결과

```
true
false
```

해설

문자열 s1과 s2는 각각 별도의 방에 문자열 "java"를 참조한다. 따라서 참조하는 방에 대한 값은 같지만, 이들이 별도의 방에 존재하기 때문에 두 변수의 참조 값은 서로 틀리다. 문자열을 비교하는 것이 equals이고, 참조(주소)값을 비교하는 연산이 ==이다.

예제 8.7 대소문자 변환과 trim()의 활용 예

```
class String_7 {
        public static void main(String args[]) {
                String s = "  This is a String  ";
                String s1;

                s1 = s.toLowerCase();
                System.out.println(s1);

                s1 = s.toUpperCase();
                System.out.println(s1);

                s1 = s.trim();
                System.out.println(s1);
        }
}
```

실행결과

```
  this is a string
  THIS IS A STRING
This is a String
```

palindrome이란, madam, eye처럼 글자를 앞으로 읽든, 뒤에서 읽든 동일한 단어를 말한다. 다음은 어떤 단어가 palindrome인지 아닌지 판별하는 프로그램이다.

예제 8.8 Palindrome

```
public class Palindrome {
  public static void main(String[] args) {
    String str1 = "madam", str2 = "king";
    System.out.println(str1 + " " + isPalindrome(str1));
    System.out.println(str2 + " " + isPalindrome(str2));
  }
  static boolean isPalindrome(String s) {
    int left = 0;
    int right = s.length() - 1;

    while (left <= right) {
       if (s.charAt(left) != s.charAt(right))
          return false; // 왼쪽, 오른쪽이 서로 다른 문자이면 여기서 return함
       left++;
       right--;
    }
    return true; // 이 지점까지 왔으면 왼쪽 오른쪽이 같았기 때문임.
  }
}
```

실행결과

```
madam true
king false
```

8.2 StringBuffer 클래스

문자열을 만드는 두 번째 클래스인 StringBuffer를 살펴보자. String형의 객체들은 그 내용이 수정되지 않는다. 반면에 StringBuffer형의 객체 경우에는 그 내용이 수정될 수 있다. 따라서 사용자는 스트링의 수정 여부에 따라서 하나를 선택하여 사용하면 된다. 그것이 스트링을 더 효율적으로 처리할 수 있기 때문이다. 효율성을 따질 필요가 없다면, 사용자의 목적에 따라서 스트링에 대하여 필요한 연산이 무엇인지를 미리 파악해서 그 연산을 모두 제공하는 클래스를 선택하면 된다.

다음은 StringBuffer형이 제공하는 생성자와 연산(메소드)의 일부이다.

메소드 선언	의미
StringBuffer() (생성자)	용량이 16인 빈 스트링 생성
StringBuffer(String str) (생성자)	용량이 16 + (str 길이)이면서 str로 초기화시킨 스트링 생성
StringBuffer(int capacity) (생성자)	용량이 capacity인 빈 스트링 생성
int length( )	스트링에 있는 문자의 갯수
int capacity( )	확장이 이루어지기 전의 용량
char charAt(int index)	index 위치에 있는 문자
char setCharAt(int index, char ch)	index 위치에 있는 문자를 ch로 대체
StringBuffer append(String str)	문자열에 문자열 str을 붙임
StringBuffer append(char c)	문자열에 문자 c를 붙임
StringBuffer insert(int offset, String str)	문자열 처음부터 offset만큼 떨어진 위치에 스트링 str을 삽입
StringBuffer insert(int offset, char c)	문자열 처음부터 offset만큼 떨어진 위치에 문자 c를 삽입
StringBuffer reverse( )	문자열을 역순으로 재배열시킴

StringBuffer형에는 String형에서 볼 수 없는 메소드가 있음을 알 수 있다. 따라서 프로그래머 입장에서는 하고자하는 연산이 무엇인가에 따라서 String형을 선택할지 StringBuffer형을 선택할지를 결정하면 된다. 단, 반드시 알아야 할 것은 String형과 StringBuffer형은 서로 다른 형이다. 필요시 다음과 같이 StringBuffer에서 제공하는 toString 메소드를 활용해서 StringStringBuffer형 객체를 String으로 변환할 수 있다.

```
StringBuffer a;
String b = a.toString();
```

참고로, 문자열 내용 변화여부의 관점에서 String과 StringBuffer의 차이점을 살펴보자.

예제 8.9 String의 사용 예

```
class StringEx {
    public static void main(String[] args) {
        String str1 = "aBcD';
        String str2;
        str2 = str1.toLowerCase( ); // str1 내용을 소문자로 변환
```

```
            System.out.println(str2);
            System.out.println(str1);
            System.out.println(str1.concat("efg")); // str1 내용에 문자열 "efg"를 연결
            System.out.println(str1);
    }
}
```

실행결과

```
abcd
aBcD
aBcDefg
aBcD
```

위 예제에서 toLowerCase()를 수행 후에 str1의 내용은 변함이 없다. 또한 str1.concat("efg")를 수행한 후에도 str1의 내용은 변화가 없다. concat()와 toLowerCase()는 클래스 String에서 제공되는 연산이다.

그러면 다음 예제를 생각하자.

예제 8.10 StringBuffer의 사용 예

```
class StringBufferEx{
    public static void main(String[] args){
        StringBuffer str = new StrungBuffer("ABCD"); // 객체 생성
        StringBuffer s;
        s = str.reverse(); // str을 역순으로 재배열시킴
        System.out.println(s);
        System.out.println(str);
    }
}
```

실행결과

```
DCDA
DCBA
```

이 예제에서는 str의 내용이 변화되어 있음을 알 수 있다. reverse()는 클래스 StringBuffer에서 제공되는 연산이다.

제8장

다음의 또 다른 두개의 예를 살펴보자.

[예1] String 클래스에서 제공되는 메소드 replace()

```
String s1="abc";
System.out.println(s1.replace('b','x')); // s1에서 'b'를 'x'로 대치한 결과를 출력
System.out.println(s1); // 원래의 문자열 s1 출력
```

실행결과

```
axc
abc
```

[예2] StringBuffer 클래스에서 제공되는 메소드 append()

```
StringBuffer s1 = new StringBuffer("Java ");
s1.append("is easy"); //s1에 문자열 "is easy" 추가
System.out.println(s1);
```

실행결과

```
Java is easy
```

(예1)에서는 s1의 내용에 변화가 없고, (예2)에서는 s1 내용에 변화가 있음에 유의하자.

객체의 내용이 변해야 하는 경우에는 구현상의 오버헤드가 크다. 예를 들어 StringBuffer형 객체에 새로운 문자열을 추가하려면, 실행 시에 방을 추가로 확보해야 한다. 이때 연속된 방이 없으면 문제가 어려워진다. 이러한 상황에 대비하기 위하여 StringBuffer형의 객체를 생성하면 최초에 16만큼의 방이 미리 확보된다. 이것이 앞에서 제시한 StringBuffer 생성자의 첫 번째 생성자 경우이다. 실행 시에 문자 추가가 발생하여 16개 이상의 문자를 저장해야 할 경우에는 16단위로 자동으로 방이 확장된다. 앞에서 제시된 StringBuffer 생성자의 capacity의 의미가 바로 그러한 것이다. 이는 문자열의 길이와는 다름에 유의해야 한다.

과제

1 본문 (예1)과 (예2)에 대한 완전한 프로그램을 작성하고 실행시켜서 그 결과를 확인하라.

2 앞의 Palindrome 예제는 대소문자를 구별한다. 즉 예를 들어 OtTo는 Palindrome이 아닌 것으로 취급한다. 대소문자를 구별하지 않도록, 즉, otTo는 Palindrome 인 것이 되도록 프로그램을 수정하라.

3 스트링형 배열에 임의의 스트링을 기억시키고, 기억된 스트링을 사전순으로 정렬(sorting)하는 프로그램을 작성하라.

학습정리

1. 자바 스트링은 문자형 배열이 아닌 String형 객체이다.

2. String형 객체는 임의의 연산 후에 변하지 않으나 StringBuffer형 객체는 변할 수 있다.

3. String형과 StringBuffer형은 서로 다른 형이다. 효율성을 고려하지 않는다면, 프로그래머가 필요한 메소드가 있는 클래스를 선택하면 된다.

4. 스트링의 내용이 변해야 하는 경우는 StringBuffer가 더 효율적이다.

Chapter

9 상속

객체지향언어의 핵심 개념 중의 하나인 상속에 관한 기본 개념을 소개하고, 상속을 기반으로한 다형성에 관하여 살펴본다. 다형성은 객체지향프로그래밍에서 중요한 기술이기 때문에 잘 알아두어야 한다.

9.1 기본 개념

기존의 클래스에 필드나 메소드를 추가하여 새로운 클래스를 만들 수 있다. 이는 기존의 클래스를 확장하여 새로운 클래스를 정의하는 것이라 할 수 있다. 이때 기존의 클래스를 슈퍼클래스라 하고, 확장된 클래스를 서브클래스 또는 확장 클래스라고 한다. 서브클래스는 슈퍼클래스에서 정의된 모든 데이터필드와 메소드를 상속받기 때문에 슈퍼클래스에서 정의된 모든 데이터필드와 메소드를 그대로 사용할 수 있다. 또한 서브클래스에서는 새로운 데이터필드와 메소드를 추가하거나, 물려받은 메소드를 새로 재정의 할 수도 있다.

서브클래스를 정의하기 위해서는 클래스 선언문에서 예약어 extends를 사용한다. 다음은 People 클래스를 확장하여 Student 클래스를 정의한 예이다.

```
class Person {
  String name;
  String addr;
  int age;

  void display() {
    ...
  }
}

class Student extends Person {
  int gradeAverage;
  int gradeLevel;

  int getGradeLevel() {
    ...
  }
}
```

위의 예에서 클래스 Student는 클래스 Person로부터 모든 필드와 메소드들을 상속받는다. 그리고 필드 gradeAverage, gradeLevel과 메소드 getGradeLevel()를 새로 추가하였다. 따라서 Student 형의 객체는 필드 name, addr, age, gradeAverage, gradeLevel를 가지며, display()와 getGradeLevel()를 호출할 수 있다.

예제 9.1 서브클래스의 정의와 사용

```
class Person {
  String name = "Hong, Gil-Dong";
  String addr = "Busan";
  int age = 20;

  void display() {
    System.out.println("Name :" + name);
    System.out.println("Address :" + addr);
    System.out.println("Age :" + age);
  }
}

class Student extends Person {
  int studentNumber = 1;

  int getStudentNumber() {
    return studentNumber;
  }
}

public class Inheritance {
    public static void main(String[] args) {
        Student aStudent = new Student();
        int a = aStudent.getStudentNumber();

        aStudent.dispay();
        System.out.println("Student Number :" + a);

    }
 }
```

실행결과

```
Name :Hong, Gil-Dong
Address :Busan
Age :20
Student Number :1
```

해설

main()에서 정의된 Student형의 참조 변수 aStudent는 다음 그림과 같은 데이터 필드를 갖는다.

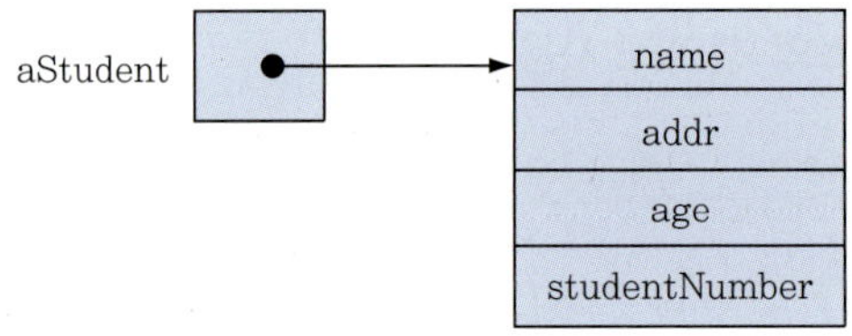

주의 이 예의 경우, 필드에서 초기 값을 주는 것 보다는 생성자를 사용해서 필드 초기화를 시키는 것이 좋다.

9.2 생성자 호출

서브클래스에서 슈퍼클래스의 생성자를 명시적으로 호출할 수 있는데, 그 형태는 다음과 같다.

```
super(파라미터);
```

[예제 9.2]는 [예제 9.1]에서 필드에서의 초기화를 없애고 생성자를 사용한 예이다.

예제 9.2 생성자 호출 super

```
class Person {
   String name;
   String addr;
   int age;

   Person(String a, String b, int c) {
    name = a;
    addr = b;
    age = c;
   }

   void display() {
      System.out.println("Name :" + name);
      System.out.println("Address :" + addr);
      System.out.println("Age :" + age);
   }
}

class Student extends Person {
```

```
    int studentNumber;

    Student(String a, String b, int c, int number) {
     super(a, b, c);
     studentNumber = number;
    }

    int getStudentNumber() {
      return studentNumber;
    }
}

public class Inheritance {
     public static void main(String[] args) {
          Student aStudent = new Student("Hong", "Pusan", 20, 1);
          int number = aStudent.getStudentNumber();
          aStudent.dispay();
          System.out.println("Student Number :" + number);
     }
}
```

실행결과

```
Name :Hong
Address :Pusan
Age :20
Student Number :1
```

만약, 서브클래스에서 슈퍼클래스의 생성자를 호출하는 문장이 없으면, 자동으로 슈퍼클래스의 디폴트 생성자가 호출된다 super()는 서브클래스 생성자 내부 문장에서 첫 번째 문장으로 나타나야 한다.

예제 9.3 super()의 사용 예

```
class C {
  int a;
  C() {
      a = 1;
      System.out.println("Default constructor in the superclass C");
  }
  C(int a) {
      this.a = a; //객체의 필드와 매개변수의 이름이 같으므로 this로써 구분함.
```

```
    }
}
class D extends C {
  int b;
  D() {
       b = 2;
       System.out.println("Default constructor in the subclass D");
  }
  D(int a, int b) {
       super(a); // 첫 번째 문장이어야 한다.
       this.b = b;//객체의 필드와 매개변수의 이름이 같으므로 this로써 구분함.
  }
}
class SuperConstructor {
  public static void main(String[] args) {
       D obj1 = new D();
       System.out.println("a = " + obj1.a + ", b = " + obj1.b);
       D obj2 = new D(4, 5);
       System.out.println("a = " + obj2.a + ", b = " + obj2.b);
  }
}
```

실행결과

```
Default constructor in superclass C
Default constructor in subclass D
a = 1, b = 2
a = 4, b = 5
```

해설

D의 디폴트 생성자 내부에 슈퍼클래스의 생성자를 호출하는 문장이 없기 때문에, main()에 있는 문장 "D obj1 = new D();"에 의해서, 먼저 D의 슈퍼클래스 C의 디폴트 생성자가 자동으로 실행되어서 "Default constructor in superclass C"가 출력되고, 필드 a의 값은 디폴트로 1이 주어진다. 다음으로 D의 디폴트 생성자가 실행되어서 필드 b값은 2가 되고, "Default constructor in subclass D"가 출력된다. 다음 객체생성 문장 "D obj2 = new D(4, 5);"에서는 D의 생성자 "D(int a, int b)"내에서 "super(a)"를 통해서 자신의 슈퍼클래스의 생성자 C(int a)이 호출되어서 a값이 4가 되고, 계속해서 b값은 5가 된다. "super(a)" 문장은 D의 생성자 내부에서 첫 번째 문장임에 유의한다.

9.3 메소드 재정의(overriding)

수퍼 클래스에서 정의된 메소드를 서브클래스에서 다시 정의하는 경우가 있는데, 이때 메소드의 매개 변수의 개수와 타입과 접근 키워드가 서로 동일할 때 서브클래스의 메소드는 수퍼 클래스의 메소드를 오버라이딩(재정의)한다고 말한다. 서브클래스 형의 객체가 오버라이드(재정의)된 메소드를 호출하면, 수퍼 클래스에 의해 정의된 메소드는 무시되고 서브클래스에 의해 정의된 메소드를 참조하게 된다. 반면에 메소드 이름만 같고 매개 변수의 개수 또는 매개 변수 타입이 일치되지 않는 경우를 메소드 오버로딩이라고 한다. [예제 9.4]는 [예제 9.2]에서 메소드 display()를 재정의(overriding)한 것이다.

예제 9.4 메소드 재정의

```
class Person {
  String name;
  String addr;
  int age;

  Person(String a, String b, int c) {
   name = a;
   addr = b;
   age = c;
  }

  void display() {
    System.out.println("Name :" + name);
    System.out.println("Address :" + addr);
    System.out.println("Age :" + age);
  }
}

class Student extends Person {
  int studentNumber;

  Student(String a, String b, int c, int number) {
   super(a, b, c);
   studentNumber = number;
  }

  void display() {
    System.out.println("Name :" + name);
    System.out.println("Address :" + addr);
    System.out.println("Age :" + age);
```

```
        System.out.println("Student Number :" + studentNumber);

    }

    int getStudentNumber() {
        return studentNumber;
    }
}

public class Inheritance {
    public static void main(String[] args) {
        Student aStudent = new Student("Hong", "Pusan", 20, 1);
        aStudent.dispay();
    }
}
```

실행결과

```
Name :Hong
Address :Pusan
Age :20
Student Number :1
```

해설

슈퍼클래스 Person에서 정의된 메소드 display()가 서브클래스 Student에서 재정의 되었다. Student형의 객체가 display()를 호출하면 Person에서 정의된 메소드 display()를 무시하고 서브클래스 Student에서 재정의된 메소드가 실행된다.

다음은 메소드 오버라이딩과 오버로딩을 비교한 예이다.

예제 9.5 오버라이딩과 오버로딩의 비교

```
class A {
    int x;
    A(int a) {
     x = a;
    }
    void mA() {
        System.out.println("Overrided Method, x = " + x);
    }
}
class B extends A {
    int y;
```

```
    B(int a, int b) {
        super(a);
        y = b;
    }
    void mA() {
        System.out.println("In Overriding Method, x = " + x + ", y = " + y);
    }
    void mA(int a) {
        System.out.println("In Overloading Method, x = " + x + ", y + a = " + (y + a));
    }
}
public class Overriding {
    public static void main(String[] args) {
        B obj = new B(1, 2);
        obj.mA();
        obj.mA(1);
    }
}
```

실행결과

```
In Overriding Method, x = 1, y = 2
In Overloading Method, x = 1, y + a = 3
```

해설

클래스 B와 B의 슈퍼클래스 A 양쪽에 메소드 "mA()"가 정의되어 있으므로 이 메소드는 오버라이딩된 메소드이다. B형의 객체 obj로써 mA()를 호출하는 obj.mA();이 실행되면 B에 있는 재정의된 메소드인 mA()가 실행된다. 한편, mA(1)은 매개변수가 있기 때문에 int형 매개변수를 하나 가진 메소드인 mA(int i)가 실행된다. 이 메소드는 오버로딩된 메소드이다.

메소드 정의 앞에 다음과 같이 final을 붙이면 그 메소드는 오버라이딩 될 수 없음을 의미한다.

```
final void mA() {
    ...
}
```

또한 클래스 정의 앞에 final이 있으면 그 클래스는 더 이상 확장될 수 없음을 의미한다.

9.4 추상 클래스

추상 메소드란 구현 부분이 없는 메소드를 의미하는데, 이 추상 메소드를 가지고 있는 클래스를 추상 클래스라고 한다. 추상 클래스는 추상 메소드가 아닌 메소드도 가질 수 있다. 다만 추상 메소드를 하나라도 갖는 클래스는 추상 클래스로 선언되어야 한다.

추상 클래스는 직접 객체를 생성할 수 없으며, 이 클래스를 상속받은 서브클래스에서 슈퍼클래스(이 경우는 추상 클래스임)의 모든 추상 메소드를 구현한 후에 객체를 생성할 수 있다.

추상 클래스를 선언하는 형식은 다음과 같다.

```
abstract class ClassName {    // 추상 클래스
    public abstract void mathodA(); // 추상 메소드
    void methodB() {
     ......
    }
}
```

이 예에서 methodB()는 정상적으로 구현된 메소드인 반면에, methodA()는 추상 메소드이다. 추상 메소드를 선언하는 방법은 "public abstract void mathodA();"와 같이, 메소드 앞에 키워드 abstract를 붙이고, 세미콜론으로 끝을 낸다. 이렇게 추상 메소드가 포함되어 있는 클래스는, 클래스 이름 앞에 abstract를 추가하여 추상 클래스로 만든다.

다음 예는 임의의 추상 클래스를 정의하고, 그 추상 클래스를 상속받아 구현하는 예이다.

예제 9.6 추상 클래스의 정의와 구현

```
abstract class ClassA { // 추상 클래스
   public abstract void methodA(); // 추상 메소드
   void methodB() { // concrete method (정상적으로 정의된 메소드)
      System.out.println("methodB....");
   }
 }
class ClassB extends ClassA {
   public void methodA() { // 추상 메소드 구현
      System.out.println("methodA....");
   }
}
public class AbstractClass {
```

```
    public static void main(String[] args) {
        ClassB obj = new ClassB();
        obj.methodA();
        obj.methodB();
    }
}
```

실행결과

```
methodA....
methodB....
```

해설

ClassA는 methodB()만 구현하였고 methodA()는 구현하지 않은 채로 추상메소드로 선언만 하였다. 따라서 ClassA는 추상 클래스로 정의되어야 한다. ClassB에서는 ClassA를 상속받아서 ClassA에서 구현이 안 된 methodA()를 구현하여 클래스 구현을 완성하였다. 이제 이 클래스를 활용하는 클래스 AbstractClass에서는 ClassB형의 객체 obj를 생성할 수 있다.

추상 클래스는 슈퍼클래스에서 메소드 틀을 만들어 두고 서브클래스에서 자신에게 맞는 메소드를 구현해야 할 때 주로 사용한다. 그 활용의 예는 마지막에서 제시된 과제를 통해서 알아보자.

9.5 다형성(Polymorphism)

다형성(polymorphism)은 객체지향언어의 핵심 내용 중의 하나이다. 특히, 객체지향프로그램 설계 방법론인 디자인패턴을 구현하는 것은 다형성 활용에 바탕을 두고 있다. 다음에서 도형에 관한 예제를 중심으로 그 개념을 살펴보자.

주의 다음 내용은 슈퍼클래스와 서브클래스 사이의 관계에 대한 것임에 유의하자.

다음 프로그램은 '도형'이라는 클래스(class Figure)를 하나 정의해 두고, 도형의 유형으로서 '삼각형'과 '사각형' 클래스를 정의한다. '도형'은 삼각형이나 사각형의 일반적인 유형이므로 이들의 슈퍼클래스로 정의하고, '삼각형', '사각형'은 도형의 특수한 경우이므로 '도형'의 서브클래스로 정의한다.

각각에 대하여 면적을 구하는 것이 목적인데, '도형'이라는 추상적인 개념에 대해서는 면적을 정의할 수 없으므로 무조건 0을 return하도록 한다. (이는 추후 수정될 것이다) 삼각형과 사각형에 대해서는 면적을 구할 수 있으므로 area() 메소드를 오버라이딩하여 정상적으로 정의한다.

예제 9.7 다형성

```
class Figure {
	double width; // 가로
	double depth; // 세로

	Figure(double a, double b) {
		width = a;
		depth = b;
	}
	double  area() {
		System.out.println(" The area of Figure is not defined.");
		return 0;
	}
}

class Rectangle extends Figure {
	Rectangle(double a, double b) {
		super(a,b);
	}

	double  area() {
		System.out.println("The Area of a Rectangle.");
		return width * depth;
	}
}

class Triangle extends Figure {
	Triangle(double a, double b) {
		super(a,b);
	}
	double  area() {
		System.out.println("The Area of a Triangle.");
		return width * depth / 2;
	}
}
```

```
class FindAreas {
   public static void main (String arg[] ) {
      Figure f = new Figure(10, 10);
      Rectangle r = new Rectangle(9, 5);
      Triangle t = new Triangle(10, 8);
      Figure poly;

      poly = r;
      System.out.println(" The Area is  "+ poly.area() ); //Rectangle의 area() 호출
      poly = t;
      System.out.println(" The Area is  "+ poly.area() ); //Triangle의 area() 호출
      poly = f;
      System.out.println(" The Area is  "+ poly.area() ); //Figure의 area() 호출
   }
}
```

실행결과

```
The Area of a Rectangle.
The Area is  45.0
The Area of a Triangle.
The Area is  40.0
The Area of Figure is not defined.
The Area is 0.0
```

도형과 삼각형, 사각형 클래스가 만들어졌으니 이제, 클래스 FindAreas에서 각각의 클래스에 대한 객체 f, r, t, poly를 생성한다. 그런데, poly = f; poly = r; poly = t와 같은 문장이 있다. 이때, poly = r와 poly = t의 경우, 양쪽의 형이 서로 일치하지 않는다. 그러면 에러이든지, 자동 형 변환이 일어나든지, 아니면 명시적으로 형 변환 표시를 해야 한다.

자바는 실행 시에 배정문 '슈퍼클래스객체 = 서브클래스객체' 문장을 만나면 슈퍼클래스객체가 서브클래스객체형으로 자동으로 형 변환이 일어난다. 반대로 '서브클래스객체 = 슈퍼클래스객체' 문장을 만나면 번역시에 에러가 발생한다. 번역시의 에러를 막기 위해서는 서브클래스형으로 캐스팅(casting: 강제 형 변환)해야 한다.

따라서 위의 경우에 poly(r의 슈퍼클래스객체임) = r(poly의 서브클래스객체임)는 올바른 문장이다. poly = t도 마찬가지로 올바르다. 반면에 r = poly는 번역시 에러가 발생하는 잘못된 문장이지만, 캐스팅 시킨 결과인 r = (Rectangle) poly는 올바른 문장이다.

객체에 대하여 형 변환이 일어나면 변환된 형이 제공하는 연산을 수행한다. 따라서 poly = r문장에 의해서 poly로써 r이 제공하는 연산을 수행한다. 즉, 이 경우에는

poly.area()문장은 Figure의 면적을 구하는 것이 아니라, Rectangle의 면적을 구한다. 또한, poly = t 문장을 수행한 후에 poly.area()을 수행하면 poly로써 t가 제공하는 연산을 수행하여 Triangle의 면적을 구한다.

결국 다양한 도형의 면적을 구하기 위하여 r.area() 혹은 t.area()와 같이 (다양한도형형객체.메소드명) 형태로 프로그래밍하지 않고, 다양한 도형의 슈퍼클래스인 '도형'이라는 일반적인 개념을 가진 객체를 사용해서, poly.area()와 같이 (도형형객체.메소드명)이라는 하나의 모양을 가지고 다양한 도형(삼각형, 사각형)의 면적을 구한다. 이는 다형성을 사용하는 전형적인 예이다.

다음은 이에 관한 언어 이론적인 내용인데 생략해도 무방하다.

참고 다형성이란 하나의 모양만 가지고 상황에 따라서 다양한 일을 하는 개념을 말한다. (단일 인터페이스로 다수의 행동을 하는 개념임)

메소드 오버로딩(method overloading)도 단일인터페이스, 즉 단일메소드명으로 다양한 메소드를 호출할 수 있는 개념이므로 메소드 오버로딩도 다형성(polymorphism)의 한 유형이다.

선언문에서 표시된 형을 외관상의 형(Apparent type)이라 한다. 예를 들어, 문장 "Figure poly;"에서 poly의 외관상의 형은 Figure이다. 컴파일러는 프로그램을 번역할 때 poly = r 과 같은 객체 배정문을 만나면 양쪽 형을 조사해서, 형이 서로 다를 경우에 광역화 형변환인지 살핀다. 즉 슈퍼클래스객체=서브클래스객체 모양인지 살핀다. 이는 선언문을 통해서만 파악한다. 즉, 외관상의 형에 따라서 판단한다.

poly = r에 의해서 poly가 Rectangle형으로 변환되는 것은 실행 시에 이 배정문이 실행될 때 발생하며, 이는 컴파일러가 알지 못한다. 이와 같이 프로그램 실행 도중에, 객체에 대한 배정문을 수행하여 변환된 형을 실제형(Actual type)이라 한다. 객체의 모든 연산은 실제형에 따라서 이루어진다. 그래서 poly.area();문장은 poly의 실제형인 Rectangle의 면적을 구한다.

poly = r; poly.area();를 번역할 때, 컴파일러는 poly = r;을 보고 슈퍼클래스객체=서브클래스객체 모양임을 확인한다. 계속해서 poly.area(); 문장을 보고 poly의 형인 Figure에 area() 메소드가 있는지 확인한다. 즉 외관상의 형에 따라서 번역한다. 클래스 Figure에 그 메소드가 있으므로 올바른 문장으로 파악한다.

반면에 실행 시에 poly = r 문장을 실행하면 poly는 r 객체를 가지게 되고, (정확히 말하면 r 객체가 가지고 있는 메소드 리스트에 대한 참조를 poly쪽에 복사함) 그 객체가 참조하는 메소드를 실행한다. 이는 수행할 연산이 바뀌었으므로 형이 변환된 결과임을 의미한다. poly = r 문장을 실행한 후에 poly의 실제형은 Rectangle형이다.

여기서 주의할 것은, Figure형에 없는 필드 dim3이 Rectangle형에 추가로 있다고 가정할 때, poly = r 문장을 실행하여 poly의 실제형이 Rectangle형이라 하더라도, poly.dim3 = 5.0과 같은 문장을 작성할 수 없다. 그 이유는, 컴파일러가 번역할 때 실제형이 아닌 외관상의 형에 따라서 번역하기 때문에, poly의 외관상의 형인 Figure형에는 dim3 이라는 필드가 없으므로 번역시 오류가 된다.

일반적으로, 컴파일러 언어에서의 자료의 형은 선언문에 의해서 결정이 나고 그 이후에는 형이 변하지 않는 것인데, 위의 경우는, 프로그램 실행 도중에, 객체에 대한 배정문을 수행하면 자료형이 바뀌는 효과가 된다. 이것은 인터프리터 언어에서 제공되는 핵심 기능인 동적(실행 시) 형 바인딩(결정)인데, 그 개념을 객체지향언어에서 도입한 것이다. 동적바인딩은 객체지향언어의 핵심 개념 중의 하나이며 이를 통하여 다형성이 구현된다.

다음은 앞에서 논한 다형성에 관한 내용이 매개변수 형태로 나타난 예이다. 실인자의 값이 형식매개변수로 전달되는 것은 배정문을 수행하는 것과 그 개념이 동일함에 유의하자.

예제 9.8 매개변수를 통한 다형성

```
class A {
        int a1;
        A() {
                a1 = 0;
        }
        A(int i) {
                a1 = i;
        }
        void display() {
                System.out.println("SuperClass A: " + a1);
        }
}

class B extends A {
        int b1;
        B (int i) {
                b1 = i;
        }
        void display() {
                System.out.println("SubClass B: " + b1);
        }
}

public class ParamPoly {
        static void p(A obj) {
                obj.dicplay();
        }
        public static void main(String[] args) {
                A obj1 = new A(1);
                B obj2 = new B(1);
                p(obj1); // (1)
                p(obj2); // (2)
        }
}
```

실행결과

```
SuperClass A: 1
SubClass B: 1
```

해설

실인자를 형식매개변수에 전달하는 것은 배정문과 같은 개념이다. 따라서 (1)번과 (2)번 문장에서 사용된 실인자 obj1과 obj2의 형은 각각 A형과 B형인데, 이를 받는 형식매개변수 obj의 형은 A형이다. "p(obj2);" 호출 문장의 경우, B형인 실인자 obj2는 A형인 형식매개변수 obj로 전달된다. (B형은 A형의 서브클래스이므로 이는 올바른 문장이다) 따라서 문장 obj.display();이 실행되면 obj2의 형인 B형에서 제공하는 메소드 display()가 실행된다.

9.6 형식매개변수로서의 클래스 Object

한 배열에 있는 내용을 다른 배열에 복사하기를 원한다고 하자. 앞에서, a와 b가 배열일 때, a = b;와 같이 배열이름을 사용한 배정문으로는 배열복사가 되지 않는다고 하였다. 배열을 복사하기 위하여, 미리 정의되어 있는 클래스 System에 있는 정적 메소드인 arraycopy()를 활용해 보자.

```
static void arraycopy(Object source, int sourceIndex, Object target, int target
Index int size)
```

이 메소드는 배열 source의 sourceIndex번째 방부터 배열 target의 targetIndex번째 방으로 size 만큼 복사하는 메소드이다. 이 메소드의 사용 예는 다음과 같다.

```
int[] a = new int[5];
int[] b = {2, 3, 4, 5, 6};
System.arraycopy(b, 0, a, 0, 5); //배열 b를 배열 a로 복사
```

이 문장은 배열 b의 b[0]부터 5개의 원소를 배열 a의 a[0]부터 시작하여 복사하라는 의미이다. 메소드 arraycopy는 앞에서 보는 바와 같이, 정적메소드로 정의되어 있기 때문에, "클래스이름(System).메소드이름(arraycopy)" 형식으로 호출함에 유의하자.

메소드 arraycopy의 형식매개변수 source와 target의 형이 Object형으로 되어 있다. Object는 자바 라이브러리에 미리 정의되어 있는 클래스이다. (첫 글자가 대문자이므로, 지금까지 학습한 바에 의하면, Object는 클래스 이름으로 유추할 수 있다) 그런데 메소드 호출문장 System.arraycopy(b, 0, a, 0, 5)에서, 실인자 a와 b는 배열객체이므로, 실인

자(배열객체)와 형식매개변수(Object형) 사이의 형이 일치하지 않는다. 그럼에도 불구하고 프로그램 오류가 발생하지 않은 이유는 무엇인가? 자바에는 (C++와는 달리) 모든 클래스의 슈퍼클래스인 클래스가 하나 존재하는데, 그 클래스가 Object이다. 즉, 배열객체도 클래스 Object의 서브클래스 객체이다. 따라서 서브클래스 객체인 배열객체 a, b를 슈퍼클래스 Object로 전달할 수 있기 때문에 위 프로그램은 올바른 프로그램이다.

이를 다르게 요약하면, 어떤 메소드의 형식매개변수의 형이 A형이면 그 메소드를 호출할 때 실인자의 형도 A형으로서 형이 서로 일치하여야 한다. 그런데, 클래스 Object는 모든 클래스의 슈퍼클래스이기 때문에, 메소드의 형식매개변수를 Object형으로 선언해 두면, 모든 형의 객체를 실인자로 전달할 수 있다. 즉, "슈퍼클래스객체 = 서브클래스객체" 형식이 된다. 따라서 형식매개변수의 실제형은 실매개변수의 형이 되어서, 형식매개변수를 가지고 실매개변수의 형이 제공하는 메소드를 호출할 수 있다.

과제 |

1 [예제 9.1]에서는 각 클래스 필드에서 assignment 문장으로 필드에 초기값을 주고 있다. 이를 피하고, 각 클래스에 생성자를 두어서 초기화 시키도록 프로그램을 수정하라. 서브클래스 Student의 생성자에서는 super()를 반드시 활용하라. 그리고 생성자를 활용할 수 있도록 main 프로그램을 수정하라.

2 학부생과 대학원생들의 성적을 처리하고자 한다. 학부, 대학원 각각 세과목에 대한 점수가 정수형으로 입력될 것이다. 대학원의 경우는 세과목 평균점수가 80 이상, 학부는 평균 70 점 이상이어야 'Pass', 아니면 'Fail'의 성적을 가진다.

(1) 클래스 Student를 정의하라.

※ 필드로는 다음을 가지게 한다.

```
1) 과목수를 의미하는 상수 noOfTest 값은 3
2) 학생이름
3) 점수를 기억하는 정수형 배열 선언
4) "Pass" 혹은 "Fail"이 기억되는 학점
```

생성자에서는 학생이름을 매개변수로 받아서, 필드에 이름을 기억시키고, 3개방을 가진 정수형 배열의 방을 확보, 학점에는 빈스트링을 부여한다.

※ 다음은 클래스 Student의 메소드이다.

```
1) String get학점( )
2) String get이름( )
3) int get점수(int)
4) void set이름(String)
5) void set점수(int, int)
```

get점수(int)는 매개변수로 주어진 방 위치(매개변수 값 – 1)에 있는 점수를 얻는 것이고, set점수(int, int)는 첫 매개변수로 주어진 방 위치(첫 매개변수 값 – 1)에 두 번째 매개변수로 주어진 점수를 기억시키는 메소드이다.

(2) Student 클래스를 확장하여 그 서브클래스인 GraduateStudent를 정의하라. 여기에는 학점 계산하는 메소드 compute학점() 하나만 정의되어야 한다. 메소드 compute학점()은 학점을 계산하여 그 결과를 해당 학생의 학점 필드에 저장해야 한다.

또한, Student 클래스를 확장하여 그 서브클래스인 UndergraduateStudent를 정의하라. 그 내용은 GraduateStudent 경우와 유사하다.

(3) 위의 세 클래스 Student UndergraduateStudent, GraduateStudent를 이용하여 성적처리하는 main 프로그램을 작성하고자 한다. 우선, 학부생과 대학원생 수를 합친 인원수가 10명이라 가정하여, Student형의 배열 student에 10개의 방을 확보한다. 다음으로 GraduateStudent와 UndergraduateStudent형의 객체를 임의의 순서로 10개 만들어서 이름과 점수를 임의로 초기화하여 배열 student에 기억시킨다. (배열 student에는 학부생, 대학원생 아무 객체나 기억시킬 수 있다. 그 이유는 GraduateStudent와 UndergraduateStudent형은 Student형의 서브클래스이기 때문이다) 다음으로, 배열 student에 저장된 10명의 학생에 대하여 학점을 계산하는 메소드를 호출한다. 마지막으로, 배열 student에 기억된 각 학생의 이름과 3과목 점수, 학점을 출력하되, 대학원생과 학부생을 구별해서 출력한다. 이를 구별하는 방법은 다음과 같이 instanceof 연산자를 사용한다.

```
if (x instanceof UndergraduateStudent) {
      System.out.println("학부생");
} else {
      System.out.println("대학원생");
}
```


3 [예제 9.6]에서 도형의 면적을 무조건 0으로 주었는데, 실제로는, 도형이라는 추상적인 개념의 면적을 0이라는 구체적인 값으로 정의한 것은 자연스럽지 못하다. 이 경우에는 클래스 Figure를 추상 클래스로 정의하는 것이 더 나을 것이다. Figure를 추상 클래스로 정의하도록 [예제 9.6]을 수정하라.

학습정리

1. 슈퍼클래스를 확장한 클래스를 서브클래스라고 한다.

2. 서브클래스에서 슈퍼클래스의 생성자를 호출하는 문장이 없으면, 슈퍼클래스의 디폴트 생성자가 자동으로 호출된다.

3. super()는 서브클래스 생성자 내부 문장에서 첫 번째 문장으로 나타나야 한다.

4. 서브클래스 형의 객체가 오버라이드(재정의)된 메소드를 호출하면, 수퍼 클래스에 의해 정의된 메소드는 무시되고 서브클래스에 의해 정의된 메소드를 참조한다.

5. 구현 부분이 없이 선언만 되어있는 메소드 가지고 있는 클래스를 추상 클래스라고 한다. 이 클래스에 대해서는 객체를 생성할 수 없다.

6. 추상 클래스를 상속받은 서브클래스에서 슈퍼클래스에 있는 모든 추상 메소드를 구현한 후에 객체를 생성할 수 있다.

7. 객체지향언어의 핵심개념은 추상자료형, 상속, 동적바인딩이다. 여기서 추상자료형은 접근 제어기능을 가진 클래스를 말한다.

8. 다형성은 메소드와 메시지 사이의 동적바인딩을 활용하여 구현된다.

9. 다형성(polymorphism)은 단일 인터페이스로 다수의 행동을 하는 개념을 말한다.

10. '슈퍼클래스객체 = 서브클래스객체' 문장은 올바른 문장이지만, '서브클래스객체 = 슈퍼클래스객체' 문장은 컴파일 오류가 발생한다. 오류를 막기 위해서는 캐스팅을 해야 한다.

11. 객체지향프로그램 설계 방법론인 디자인패턴은 추상 클래스와 인터페이스를 활용한 다형성을 기반으로 설계된다.

Chapter

10 인터페이스

인터페이스는 특정 응용프로그램 개발을 위한 주요 설계도구이면서 또한 API를 만드는 주요도구이다. 본 장에서는 인터페이스를 만들고 이를 활용하는 방법에 대하여 알아본다.

10.1 인터페이스 정의와 구현

인터페이스는 구현되지 않은 메소드와 필요한 상수들을 모아둔 구조이다. 다음은 인터페이스를 정의한 예이다.

```
interface Stack1 {
        int DEFAULT = 100;

        void push(int value);
        int pop();
}
```

인터페이스 안에는 상수 DEFAULT가 정의되어 있고, 두 개의 메소드 push()와 pop()에 대한 선언만 있다. 인터페이스에서는 DEFAULT는 변수가 아닌 상수임에 유의한다. 이는 다음의 상수 선언과 동일하다.

```
public static final int DEFAULT = 100;
```

인터페이스에 대해서는 객체를 생성할 수 없다. 즉, 예를 들어, 위의 인터페이스 Stack1에 대하여 다음은 잘못된 문장이다.

```
Stack1 s = new Stack1();
```

인터페이스에 대한 객체를 생성하기 위해서는 인터페이스를 구현하는 클래스를 정의하여, 그 클래스에 대한 객체를 생성해야 한다. **인터페이스를 구현한다는 말은, 인터페이스에서 선언된 각 메소드를 모두 정의한다는 뜻이다.** 인터페이스를 구현할 때에는 키워드 implements를 사용한다. 구현시 인터페이스에서 선언된 모든 메소드를 구현(정의)하여야 한다.

[예제 10.1]은 인터페이스 Stack1을 구현한 것이다. 클래스 ImpStack1은 인터페이스 Stack1에서 선언된 메소드 push()와 pop()을 모두 구현하고 있음에 유의한다.

예제 10.1 인터페이스 구현의 예

```
interface Stack1 {
        int DEFAULT = 100;

        void push(int value);
        int pop();
```

```
}
class ImpStack1 implements Stack1 {
      int stk[];
      int top;

      ImpStack1() {
             stk = new int[DEFAULT];
             top = 0;
      }
      ImpStack1(int size) {
             stk = new int[size];
             top = 0;
      }

      public void push(int k) {
             if(top == stk.length)
                  System.out.println("Stack full");
             else
                  stk[top++] = k;
      }
      public int pop() {
             if(top <= 0) {
                  System.out.println("Stack empty");
                  return -1;
             }
             else
                  return stk[--top];
      }
}
```

[예제 10.2]는 위의 인터페이스와 클래스를 이용하는 프로그램이다.

예제 10.2 인터페이스 Stack1를 구현한 클래스 ImpStack1를 활용하는 예

```
class UseStack1 {
      public static void main(String[] args) {
             int x;
             ImpStack1 obj = new ImpStack1();

             obj.push(5);
             x = obj.pop();
             System.out.println("x = " + x);
      }
}
```

실행결과

```
x = 5
```

만약 인터페이스에 포함된 모든 메소드를 구현하지 않고 일부만 구현하면, 그 클래스는 추상 클래스로 정의되어야 한다. 아래 [예제 10.3]은 의도적으로 인터페이스 Stack1에서 push()만을 구현하고 pop()은 구현하지 않음으로서 추상 클래스를 정의하는 예이다.

예제 10.3 인터페이스와 추상 클래스의 활용

```
interface Stack1 {
        int DEFAULT = 100;

        void push(int value);
        int pop();
}
/* 인터페이스의 일부만 구현한다. */
abstract class Partial implements Stack1 {
        int stk[];
        int top;

        public void push(int k) {
                if(top == stk.length)
                      System.out.println("Stack full");
                else
                      stk[top++] = k;
        }
}
/* 위의 추상 클래스를 상속받아서 나머지 메소드를 모두 구현한다. */
class ImpStack2 extends Partial {

        ImpStack2() {
                stk = new int[DEFAULT];
                top = 0;
        }
        ImpStack2(int size) {
                stk = new int[size];
                top = 0;
        }

        public int pop() {
                if(top <= 0) {
```

```
                System.out.println("Stack empty");
                return -1;
            }
            else
                return stk[--top];
        }
}
/* 스택을 활용하는 주프로그램이다. */
class UseStack2 {
        public static void main(String[] args) {
            int x;
            ImpStack2 obj = new ImpStack2(50);

            obj.push(5);
            x = obj.pop();
            System.out.println("x = " + x);
        }
}
```

실행결과

```
x = 5
```


10.2 인터페이스 상속

인터페이스도 상속될 수 있다. 게다가 클래스는 단일 상속만을 허용하는 데에 반하여 인터페이스는 다중 상속을 허용한다. 다중 상속이란 두 개 이상의 클래스/인터페이스로부터 상속받는 것을 말한다. [예제 10.4]는 인터페이스 상속에 관한 예이다.

예제 10.4 인터페이스 상속

```
interface A {
  void m1();
  void m2();
}
interface B extends A {
  void m3();
}
```

```
class ImpIf implements B {
  public void m1() { System.out.println("메소드 m1 구현"); }
  public void m2() { System.out.println("메소드 m2 구현"); }
  public void m3() { System.out.println("메소드 m3 구현"); }
}
class Test {
  public static void main(String args[]) {
        ImpIf k = new ImpIf();
        k.m1();
        k.m2();
        k.m3();
  }
}
```

실행결과

```
메소드 m1 구현
메소드 m2 구현
메소드 m3 구현
```

인터페이스 B는 인터페이스 A를 상속 받기 때문에, 인터페이스 B에는 세 개의 메소드가 m1(), m2(), m3()이 선언된 것이다. 따라서 B를 구현하는 클래스 ImpIf는 이 세 메소드를 모두 구현해야 한다.

10.3 인터페이스를 통한 다형성

인터페이스형의 객체를 선언하고, 이 객체가 그 인터페이스를 구현한 객체에 대한 참조를 하도록 하는 것이 가능하다. 이때, 인터페이스형의 객체로써 자신이 인터페이스에서 선언된 메소드를 호출할 수 있다. 다음 [예제 10.5]는 이에 대한 예이다. 이러한 종류의 예는 API를 만들거나 활용할 때 보편적으로 사용되는 테크닉이다.

예제 10.5 인터페이스형의 변수 선언과 활용

```
interface C {
      void display(int p);
}
class C1 implements C {
```

```
        public void display(int p) {
                System.out.println("구현1" + p);
        }
        void nonIfaceMeth() {
                System.out.println("Not interface method");
        } // 인터페이스 구현시 임의의 메소드 추가 가능
}

class TestIface {
        public static void main(String args[]) {
                C c = new C1();
                // 혹은 C1 c1 = new C1(); C c; c = c1;
                c.display(42);
        }
}
```

실행결과

```
구현1: 42
```

문장 C c = new C1();는 다음과 같이 세 개의 문장으로 작성될 수 있다.

```
C1 c1 = new C1(); // 클래스 C1형의 객체 c1 생성
C c; // 인터페이스 C형의 변수 c 선언
c = c1;
```

문장 c = c1에 의해서 인터페이스 C형의 변수 c는 클래스 C1형의 변수 c2의 값을 배정받는다. 그 후, c.display(42)와 같이 호출하면 클래스 C1에서 정의된 메소드 display를 호출한다.

주의 c.dicplay(42)는 허용되지만, 인터페이스에서 선언되지 않은 메소드인 c.nonIfaceMeth()는 호출할 수 없다. 컴파일러는 c.nonIfaceMeth() 문장을 만나면, 변수 c의 선언문 C c;에 의해서 C에 nonIfaceMeth()가 있는지 살피고, 없으므로 오류처리를 한다.

이 기능을 이용하면 인터페이스를 통한 다형성(polymorphism)을 구현할 수 있다.

예제 10.6 interface를 통한 polymorphism

```
interface C {
        void display(int p);
}
class C1 implements C {
```

```
        public void display(int p) {
                System.out.println("구현1: " + p);
        }
        void nonIfaceMeth() {
                System.out.println("Not interface method");
        }
}
class C2 implements C {
        public void display(int p) {
                System.out.println("구현2: " + (p*p));
        }

}
class TestIface2 {
        public static void main(String args[]) {
                C c = new C1();
                C2 ob = new C2();

                c.display(42);
                c = ob;
                c.display(42);
        }
}
```

실행결과

```
구현1: 42
구현2: 1764
```

인터페이스 C 형의 변수 c가 처음에 C1형 객체를 참조할 때는, c.display(42);는 C1에서 정의된 메소드 display가 실행되어서 42가 출력되고, 계속해서 c = ob; 문장에 의해서 c가 C2형의 객체를 참조하면 c.display(42);는 C2에서 정의된 메소드 display가 실행되어서 1764가 출력된다. 코드상의 모양은 c.display(42)로서 하나의 모양이지만, 인터페이스 변수 c가 참조하는 객체에 따라서 실제로 호출되는 메소드가 달라지므로, 이 또한 다형성의 한 형태이다.

10.4 인터페이스의 활용

잘 설계된 객체지향프로그램을 만들기 위해서는 인터페이스를 잘 활용해야 한다. [예제 10.2]를 다시 한 번 살펴보자.

```
interface Stack1 {
        int DEFAULT = 100;

        void push(int value);
        int pop();
}
class ImpStack1 implements Stack1 {
        ...
}
class UseStack1 {
        public static void main(String[] args) {
                int x;
                ImpStack1 obj = new ImpStack1();

                obj.push(5);
                x = obj.pop();
                System.out.println("x = " + x);
        }
}
```

인터페이스 Stack1를 구현한 클래스는 ImpStack1이고, 이를 활용하는 클래스는 UseStack1이다. 이 예에서는 인터페이스를 활용하는 문장으로서, UseStack1에서 다음과 같이 작성하였다.

```
ImpStack1 obj = new ImpStack1();
```

그러나 다음과 같이 작성하는 것이 더 바람직하다.

```
Stack1 obj = new ImpStack1();
```

이후, 인터페이스 Stack1형의 변수 obj를 가지고, interface Stack1에서 선언된 메소드 void push(int value); int pop();만 보고 프로그래밍 한다. 즉, 인터페이스를 구현한 클래스 ImpStack1의 세부 내용은 알 필요가 없이, 인터페이스만 보고 프로그래밍 하겠다는 것이다.

제10장

비슷한 예를 하나 더 살펴보자. 다음 프로그램은 클래스 AnimalSound에서 Dog 객체 d를 만들어서 d.bark()를 호출하고, Cat 객체 c를 만들어서 c.meow()를 호출한다.

```
class AnimalSound {
        Dog d = new Dog();
        d.bark(); //멍멍 소리
        Cat c = new Cat();
        c.meow(); //야옹 소리
}
class Dog {
        void bark() {
                System.out.println("멍멍");
        }
}
class Cat {
        void meow() {
                System.out.println("야옹");
        }
}
```

이 예를 인터페이스를 활용하면 다음과 같다.

```
interface Animal {
        void makeSound();
}
class Dog implements Animal {
        public void makeSound() {
                System.out.println("멍멍");
        }
}
class Cat implements Animal {
        public void makeSound() {
                System.out.println("야옹");
        }
}
class AnimalSound {
        public static void main(String[] args) {
                Animal animal = new Dog();
                animal.makeSound(); // "멍멍" 출력
```

```
            animal = new Cat();
            animal.makeSound(); // "야옹" 출력
        }
    }
```

클래스 AnimalSound에서, 인터페이스 Animal형의 변수 animal은 Dog 객체 혹은 Cat 객체를 가지며, animal.makeSound() 하나의 문장으로 "멍멍" 출력 혹은 "야옹" 출력 두 가지 일을 하므로 다형성을 활용한 것이다. 이 예에서도 인터페이스를 활용하는 클래스 AnimalSound에서는

```
interface Animal {
        void makeSound();
}
```

만 보고 코딩한다. 즉 클래스 Dog과 Cat에서 구현된 내용을 몰라도 된다.

게다가 다음의 getAnimal()과 같은 메소드를 활용할 수 있게 프로그램이 설계되면 클래스 Dog과 Cat의 존재도 모르고 코딩할 수 있다.

```
Animal animal = getAnimal();
animal.makeSound();
```

이와 같은 내용은 디자인패턴에서 더 자세히 학습할 수 있다.

한편, 인터페이스는 사용자에게 프로그램 설계에 대한 골격을 제공한다. 예를 들어, 마우스를 클릭했을 때 어떤 작업을 할 것인가에 대하여 사용자가 정의하기를 원할 수 있고, 혹은 마우스가 특정 영역에 들어왔을 때 해야 할 행동을 정의하기를 원할 수 있다. 이를 위해 자바는 MouseListener라는 인터페이스를 제공하고 있으며, 그 속에는 mouseClicked(), mouseEntered(), mouseExited(), mousePressed(), mouseReleased() 메소드들이 선언되어 있다. 따라서 사용자는 마우스의 움직임에 대하여 해야 할 행동을 정의하기를 원한다면, 위의 미리 선언된 메소드들을 정의하여 MouseListener 인터페이스를 구현하기만 하면 된다. 이에 대한 예는 이벤트 처리에서 볼 수 있다.

과제

1 앞 상속부분의 과제에서 클래스 Student, GraduateStudent, UndergraduateStudent 각각에 대응되는 인터페이스를 정의하고, 위 세 개의 클래스는 새로 정의한 인터페이스를 구현하는 형태가 되도록 다시 정의하라. 그리고 전체 프로그램을 적절히 수정하라.

2 [예제 9.6]에서 클래스 Figure 대신 인터페이스를 사용하여 다시 작성하라.

학습정리

1. 인터페이스는 객체지향프로그래밍을 위한 주요 설계 도구이며 API를 만드는 도구이다.
2. 인터페이스는 구현되지 않은 메소드와 필요한 상수를 모아둔 구조이다
3. 인터페이스를 구현할 때에는 키워드 implements를 사용한다.
4. 인터페이스는 다중 상속을 허용한다.
5. 인터페이스를 이용한 다형성 구현은 객체지향프로그래밍의 핵심 기술이다.
6. 디자인 패턴의 구현은 인터페이스를 이용한 다형성에 크게 의존한다.

Chapter

11 패키지

패키지(Package)란 서로 연관된 클래스를 하나의 단위로 그룹화한 것이라 할 수 있다. 또한, 자바 패키지는 private, protected와 같은 접근제한의 한 방법을 제공하며, 클래스의 이름 중복을 해결하는 방법을 제공한다. 여기서는 자바시스템에서 미리 정의된 패키지를 사용하는 방법을 소개하고, 사용자가 새로운 패키지를 만들어서 활용하는 방법을 소개한다. 그리고 자바 API를 구성하는 패키지 중에서 자주 사용되는 일부 패키지의 클래스들을 소개한다.

11.1 패키지 사용법

C 언어에서 〈math.h〉, 〈string.h〉와 같이 시스템에 내장된 함수들의 기능에 따라서 분류되어 있듯이, 자바시스템에는 미리 정의된 클래스들을 그 기능에 따라서 패키지 이름으로 그룹화하여 분류한다. 이 패키지의 집합을 자바 클래스 라이브러리, 혹은 자바 시스템 라이브러리라고 한다. 때로는 자바 시스템 API(Application Program Interface)라고도 한다.

자바 클래스 라이브러리(패키지)에 있는 클래스를 잘 활용하는 것은 자바 프로그래밍의 핵심 테크닉 중의 하나이다. JDK를 제공하는 웹 사이트 java.com에는 JDK가 제공하는 클래스 라이브러리에 대한 설명서를 documentation이라는 이름으로 제공한다. 프로그래머는 이 자바 API 설명서를 쉽게 활용할 수 있어야 한다.

우리가 JDK를 설치하면, JDK가 설치된 홈 디렉토리 아래에 lib 디렉토리가 있다. 이곳에 다수의 jar 파일이 있는데, 이들이 자바 패키지를 모아둔 파일이다. 그 중에서 rt.jar 파일에 자주 사용되는 패키지가 포함되어 있는데, [표 11.1]은 그 일부를 보인 것이다. 여기에는 java.lang 패키지, java.io 패키지, java.util 패키지, java.net 패키지, java.awt 패키지 등이 있다. 모든 패키지의 모든 클래스에 대한 완전한 내용은 자바 API 문서를 참고해야 하는데, 여기서는 그 사용법을 알아본다.

| 표 11.1 | 내장된 패키지의 일부

패키지 이름	패키지에 포함된 클래스와 인터페이스
java.lang	• 많은 자바 프로그램에서 자주 필요한 클래스를 포함한다. • 여기에 속한 클래스를 활용할 때에는 import 문장이 필요 없다. • 예외와 스레드 관련 클래스와 System 등의 클래스가 있다.
java.io	• 입출력 관련 클래스를 제공한다.
java.util	• 날짜와 시간, 집합, 해시 테이블, 스택 등의 유틸리티 클래스를 포함한다.
java.net	• 소켓 연결과 URL처리 등 네트워크 프로그래밍을 위한 클래스와 인터페이스를 포함한다.
java.awt	• 메뉴, 스크롤바, 버튼, 프레임, 체크박스, 다이얼로그 박스, 폰트 등과 같은 GUI 환경 구성을 위한 클래스와 인터페이스들로 구성되어있다.
java.applet	• 자바 애플릿을 만드는데 필요한 클래스와 인터페이스를 제공한다.

[예제 11.1]은 [표 11.1]에서 제시된 java.util 패키지에 있는 Date 클래스를 사용한 예이다.

예제 11.1 패키지 사용 예

```
public class Pack1 {
      public static void main(String[] args) {
            java.util.Date today = new java.util.Date();
            System.out.println("Today is "+ today);
      } // end of main
} // end of class
```

실행결과

```
Today is Tue Oct 19 13:22:13 GMT+09:00 1999
```

[예제 11.1]에서 보는 것처럼, java.util 패키지에 속한 클래스 Date형 객체를 만들기 위하여, "Date today = new Date();" 형태로 객체를 만들지 않고, 패키지이름.클래스이름 형태를 사용해서 "java.util.Date today = new java.util.Date();"로 작성한다.

그런데 import문을 사용하면, 앞 예와 같이 클래스 이름 앞에 패키지 이름을 붙이지 않을 수 있다. import문의 문법적 구조는 다음과 같다.

```
import packageName.className;
```

packageName은 사용하려는 클래스가 포함되어 있는 패키지 이름을 의미하며, className은 사용하려는 클래스 이름을 뜻한다. 만약, 클래스 이름 대신에 *를 사용하면 패키지 내에 있는 모든 클래스를 의미한다.

```
import packageName.*;
```

[예제 11.2]는 import문을 이용하여 [예제 11.1]을 수정한 프로그램의 예이다.

예제 11.2 import문 사용 예

```
import java.util.*;
public class Pack2 {
      public static void main(String[] args) {
            Date today = new Date();
            System.out.println("Today is "+ today);
      } // end of main
} // end of class
```

실행결과

```
Today is Tue Oct 19 13:23:53 GMT+09:00 1999
```

[예제 11.2]의 클래스 Pack2 정의 앞부분에 위치한 import문은, C언어에서 프로그램 앞부분에 #include 〈math.h〉, #include 〈string.h〉 등과 같은 문장을 적어주는 것과 문법적으로 비슷한 면이 있다. C 언어 경우에는 sin 함수나 strcmp 함수 같은 내장함수를 사용할 때 이 문장을 써 주지만, 자바에서는 클래스 Date와 같이 특정 패키지(여기서는 java.util)에 속한 클래스를 사용할 때 import 문을 써 준다. 단, import 문은 현재 파일에 java.util.Date 파일을 포함시키는 것이 아니라, java.util.Date에 대한 정보만 제공한다.

자바 시스템의 기본 패키지 중에서 java.lang 패키지는 프로그램에서 자주 사용되는 클래스를 포함하고 있다 그래서 다른 패키지들과는 달리, java.lang 패키지는 사용자가 import문을 적어주지 않아도 자바 컴파일러에 의해 자동으로 import된다. 즉, java.lang 패키지에 속한 클래스를 사용할 때에는 import 문장을 쓸 필요가 없다. [예제 11.2]에서 클래스 System은 java.lang 패키지에 속하는 클래스이기 때문에, "import java.lang.System"과 같은 문장이 없어도 무방하다.

실제로, 자바 컴파일러는 [예제 11.2]에서 Date today = new Date();과 같이, 클래스 Date를 사용하는 문장을 만나면, 클래스 Pack2가 속해 있는 폴더에 클래스 Date가 있는가(즉, 두 클래스가 같은 패키지에 속한 클래스인가)를 살피고, rt.jar 파일을 통해서 클래스 Date가 java.lang 패키지나 java.util 패키지에 정의되어 있는가를 확인한다. 그래서 그 어느 곳에도 정의가 되어 있지 않으면 오류가 발생한다.

여기서 System.out.println("Today is"+ today); 문장을 살펴보자. System은 첫 글자가 대문자이므로 클래스 이름이라고 추측할 수 있다. 그런데, [예제 11.2] 프로그램 앞부분에 클래스 System을 import하는 문장이 없다. 따라서 System은 import 문장을 쓸 필요가 없는 java.lang 패키지에서 미리 정의되어 있는 클래스라고 생각할 수 있다.

계속해서, System.out 모양에서 out 뒤에 괄호가 없으므로 out은 문법적으로 메소드가 아닌 필드임을 알 수 있고, "클래스이름.out" 모양으로 되어 있으므로 필드 out은 클래스System의 정적(static)필드라고 생각할 수 있다. 즉 클래스 System은 다음과 같은 클래스라고 생각할 수 있다.

```
public class System {
 ...
 public static A out;
 ...
}
```

여기서 out의 자료형을 모르기 때문에 임의로 A형으로 가정하였다. 그런데, out.println(...) 문장에 의해서, out의 자료형 A(클래스 A)에는 println(...) 메소드가 정의되어 있다고 생각할 수 있다. 그리고 println(...)의 매개변수에 정수형, 문자형, 스트링형, 등 다양한 자료형이 올 수 있기 때문에 이 메소드는 오버로딩이 되어 있을 것이라고 생각할 수 있다. 이러한 정보를 가지고, 자바 클래스 라이브러리 문서를 조사해서, 실제로 클래스 System에 out 이라는 필드가 있는지, 그리고 out의 자료형이라고 가정한 클래스 A에 해당하는 실제 클래스 이름은 무엇인지, 그리고 A에 해당하는 클래스에 메소드 println(...)이 정의되어 있는지 각자 확인해 보자. 이 개념은 자바 클래스 라이브러리를 활용할 때 반드시 알아야 한다.

11.2 새 패키지 만들기

앞에서는 자바 라이브러리에서 미리 정의된 패키지를 사용하는 방법을 살펴보았다. 여기서는 사용자가 새로운 패키지를 만들어서 활용하는 방법을 살펴보자.

모든 클래스 혹은 인터페이스는 반드시 임의의 패키지에 속해야 하며, 패키지 이름은 클래스가 저장되는 폴더 이름으로 정해야 한다. 즉, 하나의 패키지는 하나의 폴더에 대응되어서, 같은 폴더에 있는 클래스는 같은 패키지에 속한 것이 된다.

그런데 앞 장에서 작성되었던 모든 예제 프로그램들에서는 클래스가 특정 패키지에 속하게 하는 문장이 없었다. 이 경우, 현재의 작업환경에서 생성되는 .class 파일들은 모두 같은 폴더에 저장될 것이다. 따라서 이들 클래스들은 모두 저절로 같은 패키지에 속한 것이 된다. 이는 프로그램 상에 패키지 이름이 별도로 주어지지 않았을 때 클래스가 속하게 되는 패키지이므로 이를 디폴트 패키지라고 한다. 간단한 프로그램에 대해서는 명시적으로 패키지를 만들지 않고 디폴트 패키지에 의존해도 되겠지만, 실제 응용프로그램에서는 다양한 클래스를 기능별로 분류하기 위하여 프로그래머가 새로운 패키지를 명시적으로 만들어서 사용해야 한다.

사용자가 새로운 패키지를 만들기 위해서는 다음과 같이 프로그램의 앞부분에 키워드 package를 사용하여 패키지 이름을 지정한다.

```
package mypkg;
class A { ... }
```

이 경우 클래스 A는 패키지 mypkg에 속한다. 이때 package 문장은 다른 자바 문장의 맨 앞에 위치해야 한다.

이 파일의 이름이 A.java라고 가정하고 A.java가 폴더 aaa 아래에 있다고 가정했을 때, 다음과 같이 -d 옵션을 사용하여 컴파일한다.

```
javac -d . A.java
```

그 결과, '.'은 현재폴더를 말하므로, 현재폴더 aaa 아래에 mypkg 폴더가 생성되고, mkpkg 폴더 아래에 A.class 파일이 생긴다. A.java는 현재폴더 aaa 아래에 그대로 있음에 유의하자. (이클립스를 사용하여 패키지를 생성하면 A.java의 위치가 달라지기 때문에 각자 확인이 필요하다) 따라서 만약 클래스 A를 활용하는 프로그램 B.java를 현재폴더 aaa에서 작성한다면, 다음과 같이 import 문장을 써 주어야 한다.

```
import mypkg.A;
```

만약 이 문장을 작성하지 않으면 현재 폴더인 aaa에서 A.class 파일을 찾기 때문에 이를 찾지 못하여 컴파일 할 때 오류가 발생한다.

사용하는 클래스를 찾는 기준폴더를 수정하기를 원하면 javac 명령을 사용할 때 -classpath 옵션을 사용하거나, 아니면 윈도우즈에서 '환경변수' CLASSPATH를 정의해야 한다.

컴파일하고 실행시키는 명령어 예는 다음과 같다.

```
javac -classpath C:\myJava B.java
java -classpath . ; C:\myJava B
```

클래스 B를 실행시키는 명령에서는 현재위치인 '.'을 포함시키지 않으면 현재위치에서 클래스 B를 찾지 않는다.

11.3 java.lang 패키지

java.lang 패키지에는 Object, Math, Number, String, StringBuffer, System, Thread, Class 등과 같은 클래스가 포함되어 있다. 여기서는 java.lang 패키지에 속한 일부 클래스를 소개한다.

11.3.1 Object 클래스

Object 클래스는 모든 클래스의 슈퍼클래스이다. 이는 모든 클래스에 대하여 자동으로 상속되기 때문에, 모든 클래스들은 Object에서 정의된 모든 연산을 수행할 수 있다. 다음은 Object클래스에서 제공하는 연산의 일부이다.

```
protected Object clone(): 객체 복사
public boolean equals(Object obj): 임의의 두 객체가 동일한지 체크한다.
String toString()
```

이 메소드를 사용할 때 유의할 사항이 있다. 클래스 Object에 정의된 이들 메소드는 Object형의 객체에 맞게 정의되어 있다. 따라서 새로운 클래스 A형의 객체가 있다면 클래스 Object가 슈퍼클래스이므로 A형의 객체가 위의 메소드를 사용해도 컴파일 오류는 나지 않지만 사용자가 원하는 결과가 나오지 않을 수 있다. 따라서 사용자는 새 클래스 A를 정의할 때 Object에서 제공하는 메소드가 필요하면 이들 메소드를 클래스 A에서 새로 구현해야 한다.

참고로, String형과 같이 미리 내장된 많은 클래스들은 Object에 있는 위의 메소드들을 이미 자기 클래스에 맞게 구현해 두었기 때문에 바로 불러 사용할 수 있다. 예를 들어 String형의 두 객체 a와 b가 있다면 a.equals(b)와 같이 equals에 대한 별도의 정의 없이 사용할 수 있다.

11.3.2 Wrapper 클래스

자바 자료형에는 원시형(기본형)과 참조형이 있다. 그리고 자료형이란 가질 수 있는 값과 연산을 정의한다. 그런데 int, byte, short, float, double, character, boolean 등과 같은 원시형(기본형)을 다시 생각해 보자. 예를 들어 int형의 경우, 행할 수 있는 연산은 +, *, / 등이 있음을 알고 있는데, int형과 관련된 연산이 이 외에도 더 있을 수 있으며(예를 들어 10진수를 2진수로 변환하는 연산), int형에 관련된 유용한 상수(예를 들어 MAXINT – int형의 최대값)를 미리 정의해 두고 싶을 수 있다. 이들을 정의하기 위해서는 새로운 클래스를 정의할 수밖에 없는데, 자바에는 이를 위한 클래스를 미리 정의해 두고 있다. 그러한 클래스를 wrapper 클래스라 한다. (원시형을 클래스로 포장했다는 의미)

wrapper 클래스는, java.util.Vector 클래스와 같이, 수용할 수 있는 값의 형이 참조형으로 한정되는 경우에, 원시형(기본형)을 저장시키고자 할 때에도 사용된다. 이에 관한 예는 11.4의 Vector 클래스에서 보인다. wrapper class는 패키지 java.lang에 포함되어 있기 때문에 별도로 import 시키는 문장이 필요 없다.

자바에는 int, double, char, boolean 등과 같은 원시형(기본형)에 대하여 각각에 대응되는 Integer, Double, Character, Boolean 클래스가 각각 존재해서, 각 기본형에 필요한 연산과 상수를 추가로 정의하고 있다.

주의 이들은 모두 클래스 이름이기 때문에 첫 문자가 대문자이다.

그러면, 일부 wrapper 클래스에서 정의된 일부 메소드를 알아보자.

(1) Number 클래스

Number 클래스는 추상 클래스로서, Byte, Integer, Float 등과 같은 숫자 관련 wrapper 클래스들의 슈퍼클래스이다. 즉, 모든 숫자관련 클래스에서 공통적으로 필요한 메소드를 가지고 있다. Number 클래스에는 다음과 같은 추상메소드가 선언되어 있는데, 각 추상메소드들은 이를 구현한 숫자관련 클래스(Byte, Integer, Float, Double 등)에서 완전히 정의되어 있기 때문에 모든 숫자관련 랩퍼클래스 객체는 이 메소드를 공통적으로 사용할 수 있다.

- abstract byte byteValue(): Number 객체를 원시형인 byte형으로 변환하는 메소드
- abstract double doubleValue(): Number 객체를 원시형인 double형으로 변환하는 메소드
- abstract float floatValue(): Number 객체를 원시형인 float형으로 변환하는 메소드
- abstract int intValue(): Number 객체를 원시형인 int형으로 변환하는 메소드
- abstract long longValue(): Number 객체를 원시형인 long형으로 변환하는 메소드
- abstract short shortValue(): Number 객체를 원시형인 short형으로 변환하는 메소드

(2) Integer 클래스

int형에 관련된 상수와 연산을 정의해 둔 클래스이다. (클래스 Byte, Short, Long은 클래스 Integer와 거의 유사하기 때문에 여기서는 생략한다)

다음은 Integer 클래스의 생성자이다.

- Integer(int n)
- Integer(String str)

여기서 str은 "123"과 같이 정수를 나타내는 문자열이다.

다음은 Integer 클래스에서 정의된 상수와 메소드의 일부이다.

```
public static final int MAX_VALUE = 2147483647
public static final int MIN_VALUE = -2147483648
```

다음은 Integer 클래스에서 정의되어 있는 메소드의 일부이다.

- static int parseInt(String s)

  숫자 문자열 s에 저장된 값을 int형으로 변환하는 메소드이다.

  사용 예

```
String s = "345";
int a = Integer.parseInt(s);
```

의미 스트링 "345"를 매개변수로 받아서, 변수 a에 정수 345를 배정한다.

- `static String toBinaryString(int k)`

  정수 k를 2진수 형태의 문자열로 변환한다.

  사용 예

```
String s = Integer.toBinaryString(234);
```

  의미 정수 234를 매개변수로 받아서 변수 s에 스트링 "234"를 배정한다.

- `static String toHexString(int k)`

  정수 k를 16진수 형태의 문자열로 변환한다.

- `static String toOctalString(int k)`

  정수 k를 8진수 형태의 문자열로 변환한다.

- `static Integer valueOf(String str)`

  스트링 str을 Integer 클래스형으로 변환한다.

  주의 이들은 모두 static 메소드이기 때문에, Integer.parseInt(s)와 같이 "클래스명.메소드" 형태로 사용한다.

- `double doubleValue()`

  Interger 객체를 double형으로 변환한다.

  사용 예

```
double doubleVar = intObj.doubleValue();
```

  의미 Integer형 객체 intObj를 double형으로 변환해서 그 값을 double형 변수 doubleVar에 배정한다.

- `float floatValue()`

  Integer형 객체 intObj를 float형으로 변환한다.

  사용 예

```
floatVar = intObj.floatValue();
```

  의미 Integer형 객체 intObj를 float형으로 변환해서 그 값을 float형 변수 floatVar에 배정한다.

- `int intValue()`

  Integer형 객체 intObj를 int형으로 변환한다.

  사용 예

```
intVar = intObj.intValue();
```

  의미 Integer형 객체 intObj를 int형으로 변환해서 그 값을 int형 변수 intVar에 배정한다.

다음의 두 문장은 동일하다. 두 문장 모두 스트링 str을 매개변수로 받아서 원시형 int로 변환하여 변수 n에 배정한다.

```
int n = Integer.valueOf(str).intValue();
int n = Integer.parseInt(str);
```

Integer.valueOf(str)는 스트링 str을 Integer형 객체로 변환하고, intValue()는 Integer형 객체를 원시형 int로 변환한다. 여기서, Integer.valueOf(str).intValue()의 사용법에 유의하자. valueOf(str)는 클래스 Integer에서 정의된 정적 메소드이기 때문에 Integer.valueOf(str)와 같은 문법을 사용하였고, 그 결과는 Integer형의 객체이기 때문에, Integer형에서 제공하는 메소드 intValue()를 호출한 것이다. 즉, 메소드의 반환형에 유의하고 그 반환형에서 제공하는 메소드를 계속해서 호출하는 문장의 형태를 알아두자. 또한 메소드를 사용하려 할 때에는 그 메소드가 정적 메소드인지 아닌지를 반드시 확인해야 한다.

예제 11.3 클래스 Integer의 활용(1)

```
public class IntegerClass {
    public static void main(String[] args) {
        String s = "255";
        int i = Integer.parseInt(s);
        System.out.println("Binary form of ("+i+") = " + Integer.toBinaryString(i));
        System.out.println("Octal form of ("+i+") = " + Integer.toOctalString(i));
        System.out.println("Hexa form of ("+i+") = " + Integer.toHexString(i));
    }
}
```

실행결과

```
Binary form of (255) = 11111111
Octal form of (255) = 377
Hexa form of (255) = ff
```

예제 11.4 클래스 Integer의 활용(2)

```
public class MakeIntObj {
    public static void main(String[] args) {
        int j=52;
        Integer jj = new Integer(j);
        System.out.println(j);
        System.out.println(jj); //내장된 클래스 Integer형 객체 출력
    }
}
```

실행결과

```
52
52
```

(3) Double 클래스

Double 클래스의 생성자는 다음과 같다.

- Double(double d)
- Double(String str) throws NumberFormatException

Float 클래스의 경우는 Double 클래스와 유사하므로 생략한다. 다음은 Double 클래스에서 정의된 상수와 메소드 일부이다.

```
public static final double MAX_VALUE=1.7976931348623157E308
public static final double MIN_VALUE=4.9E-324
```

- static Double valueOf(String s): "12.34"와 같은 스트링 s를 클래스 Double형으로 변환한다.
- double doubleValue(): Double형 객체를 원시형 double로 변환한다.
  예를 들어, doubleVar = doubleObj.doubleValue() 경우, Double형 객체 doubleObj를 double형으로 변환해서 그 값을 double형 변수 doubleVar에 배정한다.
- float floatValue(): Double형 객체를 원시형 float형으로 변환한다.
  예를 들어, floatVar = doubleObj.floatValue()의 경우, Double형 객체 doubleObj를 float형으로 변환해서 그 값을 float형 변수 floatVar에 배정한다.
- int intValue(): Double형 객체를 원시형 int형으로 변환한다.
  예를 들어, intVar = doubleObj.intValue()의 경우, Double형 객체 doubleObj를 int형으로 변환해서 그 값을 int형 변수 intVar에 배정한다.
- static double parseDouble(String str): 스트링 str을 double형으로 변환한다.
- static Double valueOf(String str): 스트링 str을 Double형 클래스로 변환한다.

예제 11.5 클래스 Double의 활용(1)

```
public class Primitives {
    public static void main(String[] args) {
        boolean b;
        int i = Integer.MAX_VALUE;
        double d = Double.MIN_VALUE;
        b = ( i != 0 );
        System.out.println("boolean b = " + b);
        System.out.println("max value of integer = " + i);
        System.out.println("min value of double = " + d);
    }
}
```

제11장

실행결과

```
boolean b = true
max value of integer = 2147483647
min value of double = 4.9E-324
```

예제 11.6 클래스 Double의 활용(2)

```
public class MakeDoubleObj {
      public static void main(String[] args) {
            double d = 12.5;
            Double dd = new Double(d);
            System.out.println(d);
            System.out.println(dd);
      }
}
```

실행결과

```
12.5
12.5
```

Double형도 내장된 클래스이므로 toString 메소드가 정의되어 있다. 따라서 println에서 매개변수로 Double형 객체 dd를 사용하였다. 실제로 Double 클래스에 toString 메소드가 있는지 확인하기 위하여 자바 API 문서를 살펴보자.

(4) Character 클래스

다음은 Character 클래스의 생성자이다.

- Character(char c)

다음은 Character 클래스에 속한 메소드의 일부이다.

- static boolean isDigit(char ch) : 문자 ch가 숫자 문자이면 참
- static boolean isLetter(char ch) : 문자 ch가 영문자이면 참
- static boolean isLowerCase(char ch) : 문자 ch가 소문자이면 참
- static boolean isUpperCase(char ch) : 문자 ch가 대문자이면 참
- static char toLowerCase(char ch) : 문자 ch가 대문자이면 소문자로 변환
- static char toUpperCase(char ch) : 문자 ch가 소문자이면 대문자로 변환

예제 11.7 클래스 Character의 활용

```
public class CharacterClass {
    static void charInfo(char c) {
        if (Character.isDigit(c)) System.out.println(c + " is a digit.");
        else if (Character.isLetter(c)) System.out.println(c + " is a letter.");
    }
    public static void main(String[] args) {
        char a = 'a';
        charInfo(a); charInfo('5');
    }
}
```

실행결과

```
a is a letter.
5 is a digit.
```

(5) Boolean 클래스

다음은 Boolean 클래스에 속한 메소드의 일부이다.

- static Boolean valueOf(String boolString): 스트링 boolString를 boolean형의 객체로 변환
- boolean booleanValue(): boolean형의 객체를 원시형 boolean형으로 변환

11.3.3 Math 클래스

Math 클래스에는 수학함수에 관련된 메소드와 상수가 정의되어 있다. 다음은 그 일부이다.

```
public static final double PI = 3,14...
```

- static double sin(double arg)
- static double cos(double arg)
- static double exp(double arg)
- static double log(double arg)
- static double sqrt(double arg)
- static double pow(double x, double y): x^y
- static double random(): 0과 1사이의 임의의 double 값을 반환

제11장

예제 11.8 클래스 Math의 활용

```
class MathDemo {
  public static void main(String[] args) {
    double a;
    if(args.length == 1) {
       a = Double.parseDouble(args[0]);
       System.out.println("sqrt = " + Math.sqrt(a));
       System.out.println("random number = " + Math.random());
    }
  }
}
```

"C:₩>java MathDemo 10"와 같이 실행한 경우의 실행결과

```
sqrt = 3.1622776601683795
random number = 0.9391876397105361
```

11.4 java.util 패키지

11.4.1 Random 클래스

앞에서 java.lang.Math 클래스에 난수를 생성하는 메소드 random()이 있었다. 이 메소드는 0이상 1미만의 난수를 생성한다. 만약 0에서 9 사이의 난수를 생성하기 위해서는 다음과 같이 작성한다.

```
int k = (int)((Math.random() * 10)
```

이 보다 더 다양한 난수 생성 기능을 가진 클래스가 있는데, java.util 패키지에 속한 클래스 Random이다. 다음은 Random 클래스의 생성자이다.

Random()
Random(long seed): seed 값을 반영한 난수를 생성한다.

다음은 Random에서 제공하는 일부 메소드이다.

int nextInt(): int형 난수를 반환
int nextInt(int n): 0 이상 n 미만의 난수를 반환
float nextFloat(): 0 이상 1 미만의 float형 난수를 반환
double nextDouble(): 0 이상 1 미만의 double형 난수를 반환

예제 11.9 클래스 Random의 활용

```
import java.util.Random;
class RandomEx {
  public static void main(String[] args) {
    Random r = new Random();

    System.out.println(r.nextInt(100));
  }
}
```

실행결과

```
0에서 99 사이의 임의의 정수를 출력
```

11.4.2 StringTokenizer 클래스

StringTokenizer 클래스는 스트링을 토큰(token) 단위로 분리하는 방법을 제공한다. 토큰이란, 의미를 가지는 문자열의 단위를 말한다. 예를 들어, 다음 문장은 sum, =, sum, +, k, ;, 등 6개의 토큰으로 구성된다.

```
sum = sum + k;
```

다음은 StringTokenizer 클래스의 생성자이다.

- StringTokenizer(String str): 공백, 탭, 새 줄을 구별자로 사용하여, str로부터 토큰을 생성하기 위한 생성자
- StringTokenizer(String str, String del): 스트링 del을 구별자로 사용하여, str로부터 토큰을 생성하기 위한 생성자

이 클래스에는 다음과 같은 메소드가 정의되어 있다.

- boolean hasMoreTokens(): 스트링에 토큰이 더 있으면 참, 아니면 거짓을 돌려준다.
- String nextToken(): 다음 토큰을 돌려준다

다음 예제는 토큰 구별자로서 '='와 ';'을 사용한 프로그램이다.

예제 11.10 클래스 StringTokenizer의 활용

```
import java.util.StringTokenizer;
class TokenDemo {
  public static void main(String[] args) {
    String s = "title=Java;author=Hong;date=2001;";
    StringTokenizer st = new StringTokenizer(s, "=;");

    while(st.hasMoreTokens()) {
       String key = st.nextToken();
       String value = st.nextToken();
       System.out.println(key + "\t" + value);
    }
  }
}
```

실행결과

```
title   Java
author  Hong
date    2001
```

11.4.3 Vector 클래스

Vector 클래스는 java.util 패키지에 속해있다. 이는 배열과 유사한 것인데, 그 크기가 수행 중에 변할 수 있다. 즉, 동적 배열을 구현한 것이다. 벡터에는 임의의 객체가 저장될 수 있다. 그러나 배열에는 원시형과 참조형(객체) 모두를 저장할 수 있는 반면에, Vector 형에는 원시형이 저장될 수 없고 참조형(객체)만 저장할 수 있다. Vector형의 객체에 원시형을 저장하기 위해서는 wrapper 클래스를 사용해서 원시형을 객체로 변환해서 저장해야 한다.

다음은 그 생성자의 일부이다.

- Vector(): 디폴트로 10개의 방을 가진 벡터를 생성한다.
- Vector(int size): size개의 방을 가진 벡터를 생성한다.
- Vector(int size, int increment): size개의 방을 가진 벡터를 생성하고, 수행 중에 방이 모자라면 increment 만큼씩 방의 크기가 증가한다.

Vector 클래스에 속한 몇 가지 메소드를 소개하면 다음과 같다.

- final void addElement(Object elt): Vector 객체에 객체 elt를 추가
- final Object elementAt(int index): Vector 객체의 index 위치에 있는 객체를 반환
- final void insertElementAt(Object elt, int at): Vector 객체의 at 위치에 객체 elt를 추가
- final void removeElementAt(int at): Vector 객체의 at 위치에 있는 원소를 삭제

이들 메소드의 매개변수와 결과형이 Object 인 것에 유의하자. 예를 들어 addElement (Object elt)를 사용하려면 Vector형 객체 v가 있을 때, v.addElement(a)로 호출한다. 이때 매개변수 a는 임의의 객체이면 된다. 왜냐하면 형식매개변수 Object형은 모든 클래스의 슈퍼클래스이므로 임의의 객체를 모두 받을 수 있다. 따라서 클래스 Vector형 객체에는 모든 형의 객체를 저장할 수 있다. 그러나 원시형은 객체가 아니므로 Vector형 객체에 저장할 수 없다.

한편 메소드 Object elementAt(int index) 경우 반환형이 Object형이므로 임의의 객체가 결과 값을 받기 위해서는 반드시 적절한 형으로 캐스트(cast) 시켜야 한다. 예를 들어 다음 예에서 Vector에 있는 값을 가져와서 변수 s에 값을 저장하기 위해서는 String으로 캐스트 시켜야 한다.

```
Vector v = new Vector();
for(int k = 1; k <= 10; k++)
        v.addElement(new String(k));
String s = (String)(v.elementAt(2);
```

예제 11.11 클래스 Vector의 사용 예

```
import java.util.Vector;
class VectorDemo {
   public static void main(String[] args) {
   Vector v = new Vector();
   for(int k = 1; k <= 10; k++)
      v.addElement(new Integer(k)); //원시형을 객체로 변환해서 Vector에 저장함
   System.out.println(v);

   v.insertElementAt(new Integer(30), 3);
   v.removeElementAt(5);
   System.out.println(v);
  }
}
```

제11장

실행결과

```
[1, 2, 3, 4, 5, 6, 7, 8, 9, 10]
[1, 2, 3, 30, 4, 6, 7, 8, 9, 10]
```

11.4.4 Stack 클래스

클래스 Stack은 Vector 클래스의 서브클래스인데, 다음은 이 클래스가 제공하는 메소드의 일부이다.

```
Object push(Object obj)
Object pop()
boolean empty()
```

[예제 11.12]는 클래스 Stack을 사용하는 간단한 예이다.

예제 11.12 클래스 Stack 활용

```
import java.util.*;
class StackDemo {
  public static void main(String[] args) {
    Stack s = new Stack();
    for(int k = 1; k <= 10; k++)
      s.push((new Integer(k));
    Integer k;
    while(!s.empty()){
      k = (Integer)s.pop();
      System.out.println(k);
  }
}
```

실행결과

```
10
9
...
1
```

11.4.5 ArrayList 클래스

ArrayList는 Vector 클래스와 유사하게, 수행 중에 배열의 크기가 자동으로 변할 수 있는 동적배열이다. 클래스 Vector는 자바 초기 버전부터 있었는데, 나중에 자바 Collection 프레임워크가 정의되면서 ArrayList가 포함되었다. 클래스 Vector는 다수의 스레드가 동시에 접근할 때 동기화가 자동으로 이루어지지만 ArrayList는 그렇지 않다. 동기화 오버헤드는 크기 때문에, 스레드 동기화가 필요 없는 경우에는 ArrayList를 사용하는 것을 권장한다.

다음은 ArrayList에 있는 메소드 일부이다.

```
boolean add(Object o)          // 객체 o를 ArrayList의 끝에 추가
void add(index, Object o)      // 객체 o를 ArrayList의 index 위치에 추가
Object get(int index)          // index 위치에 있는 객체를 반환
int indexOf(Object o)          // 객체 o가 있는 첫 번째 위치를 반환. 없으면 -1을 반환
int size()                     // 리스트의 크기를 반환
```

[예제 11.13]은 이러한 메소드를 활용해서 ArrayList에 값을 저장하고 출력하는 프로그램이다.

예제 11.13 ArrayList 사용 예

```
import java.util.*;
class ArrayListDemo {
  public static void main(String[] args) {
    ArrayList list = new ArrayList(); // ArrayList 객체 생성
    list.add("Kim");
    list.add("Park");
    list.add("Lee");
    for(int k = 0; k < list.size(); k++){
      String str = (String) list.get(k); // 캐스트 필요.
      System.out.println(str);
    }
  }
}
```

실행결과

```
Kim
Park
Lee
```

11.4.6 LinkedList 클래스

다음은 클래스 LinkedList를 사용한 프로그램이다. 프로그램에서 보는 것처럼, ArrayList와 프로그램이 거의 같다. 즉, 단어 ArrayList를 LinkedList로 대체시킨 것 이외에는 코드가 같다.

예제 11.14 LinkedList 사용 예

```
import java.util.*;
class LinkedListDemo {
  public static void main(String[] args) {
    LinkedList list = new LinkedList();
    list.add("Kim");
    list.add("Park");
    list.add("Lee");
    for(int k = 0; k < list.size(); k++){
       String str = (String) list.get(k);
       System.out.println(str);
    }
  }
}
```

실행결과

```
Kim
Park
Lee
```

11.5 Collection 프레임워크

자바 Collection은 자료를 여러 개 모아 놓은 자료구조를 통칭한 것이다. 예를 들어, 앞에서 나온 ArrayList, LinkedList, Vector, Stack과 같이 자료가 모여 있는 구조를 말한다. 자바 Collection을 체계적으로 제공하기 위하여 자바에는 Collection이라는 인터페이스가 있고, Collection 인터페이스의 서브 인터페이스로 Set, List, Queue 등이 있다. ArrayList, LinkedList, Vector 등은 인터페이스 List를 구현한 클래스이다. 실제로, 11.4.5 ArrayList 클래스에서 보인 메소드들은 인터페이스 List에서 선언된 메소드이기 때문에, [예제 11.13]과 [예제 11.14]에서 ArrayList와 LinkedList 객체에 대하여 동일한 메소드를 사용하였다.

ArrayList와 LinkedList 같은 Collection에 해당하는 클래스에 대하여 두 가지 특별한 내용이 있다. 그 첫 번째는 포괄형(Generics) 클래스 혹은 메소드이고 다음 하나는 Iterator 인터페이스이다.

11.5.1 포괄형 클래스

초창기 고급언어에서 부프로그램의 알고리즘은 같고, 매개변수가 다를 때, 별도의 부프로그램을 정의해야 했다. 예를 들어, 정수형 배열을 분류하는 부프로그램과 실수형 배열을 분류하는 부프로그램은 다음과 같이 별도로 정의해야 했다.

```
void int_sort(int[] a)  // 정수형 배열을 분류하는 부프로그램
void float_sort(float[] a)  // 실수형 배열을 분류하는 부프로그램
```

여기서 정수형 배열을 분류하는 부프로그램 이름은 int_sort이고, 실수형 배열을 분류하는 부프로그램 이름은 float_sort이다.

이와 같이 부프로그램의 알고리즘은 같고 매개변수 형이 서로 다를 때, 하나의 부프로그램만 정의함으로써, 중복 코딩을 피하는 메커니즘이 포괄형 부프로그램인데, 이 개념을 자바에서 클래스에 적용한 것이 포괄형 클래스이다.

먼저 예제를 통해서 포괄형 클래스의 필요성을 살펴보자. [예제 11.15]에서 다음과 같이 객체를 생성한다.

```
Vector v = new Vector();
```

계속해서 v에 다음의 세 개 문장으로 String형, Integer형, Person형을 저장한다.

```
v.add("Hello");
v.add(new Integer(3));
v.add(new Person());
```

클래스 Vector형 객체는 임의의 모든 객체를 저장할 수 있음을 상기하자. 계속해서 객체 v에 저장된 값을 가져올 때에는 [예제 11.15]에서 캐스트 연산자를 사용하는 것을 볼 수 있다. 그 이유는 11.4.3의 Vector 클래스에서 이미 설명하였다.

예제 11.15 클래스 Vector 사용

```
public class VectorEx{
    public static void main(String [] args){
        Vector v = new Vector();
        v.add("Hello");
        v.add(new Integer(3));
        v.add(new Person());
        int n = v.size(); //n은 3
        for(int i = 0; i<n; i++){
            if(v.get(i) instanceof String)
                String s = (String)v.get(i);
```

```
                    else if(v.get(i) instanceof Integer)
                            int n = ((Integer)v.get(i)).intValue();
                    else if(v.get(i) instanceof person)
                            Person p = (Person)v.get(i);
                }
        }
}
```

그런데 객체를 다음과 같이 생성하면 객체 v에는 오로지 Integer 형의 객체만 저장할 수 있다.

```
Vector<Integer> v = new Vector<Integer>();
v.add(new Integer(5));
v.add(new Integer(55));
v.add(new Integer(23));
```

이렇게 Vector형 객체를 생성하면, 나중에 v에 저장된 값을 가져올 때에는 더 이상 캐스트를 할 필요가 없다. 이때 〈Integer〉를 타입 파라미터(type parameter)라고 한다.

```
Integer n = v.get(0);          // 캐스트 불필요
Integer m = v.get(1);          // 캐스트 불필요
Integer k = v.get(2);          // 캐스트 불필요
```

객체 v에 다음과 같이 Integer형이 아닌 객체를 저장하면 컴파일 오류가 발생한다.

```
myVector.add("hello");                // 컴파일 오류
myVector.add(new Double(3.5));        // 컴파일 오류
myVector.add(new Person());           // 컴파일 오류
```

앞에서 List에 있는 메소드 일부를 보인 바 있는데 이들은 실제로 다음과 같이 객체를 추가하는 메소드에 대해서는 타입 파라미터 E를 사용한다.

```
boolean add(E o)              // 객체 o를 ArrayList의 끝에 추가
void add(int index, E o)      // 객체 o를 ArrayList의 index 위치에 추가
Object get(int index)         // index 위치에 있는 객체를 반환
int indexOf(Object o)         // 객체 o가 있는 첫 번째 위치를 반환. 없으면 -1을 반환
int size() // 리스트의 크기를 반환
```

결론적으로 말해서, ArrayList, Vector 등의 클래스와 같이 Collection 인터페이스에 속한 클래스에 대한 객체를 생성할 때에는 타입 파라미터를 사용함으로써 저장하는 객체의 형을 제한할 수 있다.

사용자가 클래스나 메소드를 새로 정의할 때 포괄형으로 정의할 수 있는데, 이에 관한 내용은 생략한다.

[예제 11.16]은 타입 파라미터를 사용하여 ArrayList 객체를 만들고, 그곳에 String형 객체를 저장한 후, 순서대로 출력하는 프로그램이다. list.get(k) 부분에서 캐스트가 없음에 유의하자. 또한, 이 예에서는 메소드 size()와 get()을 사용하고 있는데, [예제 11.17]에서 사용하는 Iterator와 각사 비교해 보사.

예제 11.16 타입 파라미터를 사용한 ArrayList 객체 생성과 처리

```
import java.util.*;
class ArrayListDemo {
  public static void main(String[] args) {
    ArrayList<String> list = new ArrayList<String>();
    list.add("Kim");
    list.add("Park");
    list.add("Lee");
    for(int k = 0; k < list.size(); k++){
       String str = list.get(k);
       System.out.println(str);
    }
  }
}
```

실행결과

```
Kim
Park
Lee
```

11.5.2 Iterator

Iterator는 java.util 패키지에 속한 인터페이스로서, Collection 인터페이스에 속한 클래스의 객체를 순차적으로 반복 처리하는 것을 편리하게 해 주는 인터페이스이다.

Collection 인터페이스에는 다음과 같이 iterator() 메소드가 있는데, 이는 Iterator형의 객체를 반환한다.

```
Iterator<E> iterator()
```

Iterator 객체를 생성할 때에도 타입 파라미터를 사용할 수 있다.

인터페이스 Iterator에는 다음의 메소드가 있다.

boolean hasNext(): Iterator 객체에 다음 요소(객체)가 있으면 참, 아니면 거짓
Object next(): 다음 요소(객체)를 리턴
void remove(): 다음 요소(객체)를 삭제

예를 들어 ArrayList와 같은 임의의 Collection 객체 obj가 있다면, 다음과 같이 iterator() 메소드를 호출해서 Iterator 객체 i1을 생성할 수 있다.

```
Iterator i1 = obj.iterator();
```

그리고 이 Iterator 객체 i1로써 다음과 같이 Collection에 있는 객체를 반복 처리할 수 있다. 이때 메소드 next()를 사용할 때 캐스트가 필요하다.

```
while(i1.hasNext()) {
        AnyObj a = (AnyObj)i1.next();          // 캐스트 필요
        ...
}
```

만약 Iterator 객체를 생성할 때 다음과 같이 타입 파라미터를 사용하면 next()를 사용할 때 캐스트가 필요없다.

```
Iterator<String> i1 = obj.iterator();
while(i1.hasNext()) {
        String a = i1.next();                  // 캐스트 불필요
        ...
}
```

[예제 11.17]은 타입 파라미터를 사용하여 Iterator형 객체를 생성하고 이 객체를 사용하여 Collection 객체를 반복 처리하는 예이다.

예제 11.17 Iterator를 사용한 반복 처리

```
import java.util.*;
class ArrayListDemo {
  public static void main(String[] args) {
    ArrayList<String> list = new ArrayList<String>();
    list.add("Kim");
    list.add("Park");
    list.add("Lee");
    Iterator<String> iterator = list.iterator();
    while(iterator.hasNext(){
```

```
            String str = iterator.next();
            System.out.println(str);
        }
    }
}
```

실행결과

```
Kim
Park
Lee
```

과제

1 ArrayList형 객체에 정수값 1, 5, 7 실수값 5.2, 7.5, 문자 'c', 'd'를 섞어서 저장한 후, 그 내용을 차례로 출력하는 프로그램을 작성하라.

2 문자형 배열 char a[]에 임의의 문자를 저장한 후, 배열 a에 있는 값이 대문자이면 "uppercase", 소문자이면 "owercase", 숫자이면 "digit"를 출력하고자 한다.

Character 클래스에서 제공하는 메소드를 사용해서 이를 해결하라.

3 클래스 Stack에 스트링 형의 값을 넣고(push) 가져와서(pop) 출력하는 프로그램을 작성하라. 이때 타입 파라미터를 반드시 사용하라. 필요시 자바 API 문서를 확인하라.

4 ArrayList에 학생의 시험점수(0.0에서 100.0 사이의 점수)를 넣고, 점수의 합과 평균을 출력하는 프로그램을 작성하라. ArrayList 객체를 만들 때에는 반드시 타입 파라미터를 사용하라.

5 가위바위보 게임을 하는 프로그램을 작성하라. 난수를 생성하기 위하여 클래스 Random을 사용하라. 컴퓨터는 0(가위), 1(바위), 2(보) 중의 하나를 Random 객체를 가지고 임의로 생성하며, 사용자가 입력하는 값(0 혹은 1 혹은 2)을 받아서 누가 이겼는지 판정한다. 출력 메시지의 예는 다음과 같다.

```
선택: 0(가위), 1(바위), 2(보): 1
당신은 바위를 내었습니다.
컴퓨터는 가위를 내었습니다.
당신이 이겼습니다.
```

학습정리

1. 패키지(package)는 서로 연관된 클래스를 하나의 단위로 그룹화 한 것이다.
2. 자바 API(Application Program Interface)는 미리 정의되어 있는 다수의 패키지의 집합을 말하는데, 자바 클래스 라이브러리라고도 한다.
3. 자바 API를 잘 활용하는 것은 자바 프로그래밍의 핵심 테크닉 중의 하나이다
4. java.lang에 속한 클래스를 사용할 때에는 import 명령이 필요 없으나, 다른 패키지에 속한 클래스를 사용할 때에는 import 명령이 필요하다.
5. java.lang 패키지에 속한 클래스의 일부로는 Object, Math, Number, String, StringBuffer, System, Thread, Class 등이 있다.
6. Wrapper 클래스는 기본형에 관련된 연산과 상수를 제공하는 클래스이다.
7. java.util 패키지에는 가변배열, 연결리스트, 해시 맵, 집합 등과 같은 자료구조를 포함하고 있다.
8. Random 클래스는 난수 생성을 위한 다양한 메소드를 포함하고 있다.
9. StringTokenizer 클래스는 스트링을 토큰(token) 단위로 분리하는 방법을 제공한다.
10. Vector 클래스는 가변 길이 배열로서 객체만 저장한다.
11. Stack 클래스는 Vector 클래스의 서브클래스이다.
12. Collection Framework는 다양한 자료구조를 일관된 방법으로 지원하는 구조이다.
13. Iterator는 java.util 패키지에 속한 인터페이스로서 Collection 객체를 순차적으로 반복처리를 지원하는 인터페이스이다.
14. ArrayList 클래스는 크기가 변하는 배열로서 객체만 저장한다.
15. List 인터페이스에는 ArrayList, LinkedList와 같은 모든 리스트에 공통적으로 적용되는 메소드를 제공한다.

16 generic subprogram은 알고리즘은 같고 매개변수 형이 서로 다를 때 중복 코딩을 피하는 메커니즘이다.

17 Vector 클래스로 generic를 사용 예는 Vector〈Integer〉 myVector = new Vector〈Integer〉();와 같다.

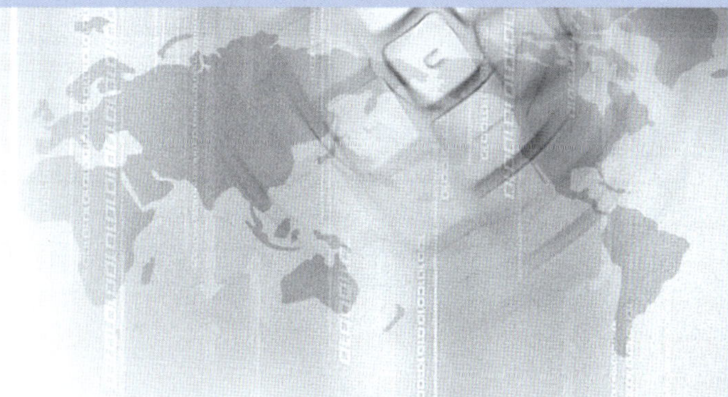

Chapter

12 링크를 이용한 자료구조

이떤 값을 순서대로 나열한 것을 리스트라 한다. 배열은 값을 여러 개 나열한 것이므로 리스트에 해당한다. 일반적으로, 배열은 그 크기가 미리 고정되어 있어서, 프로그램 수행 도중에 그 크기를 변화시킬 수 없다. 따라서 프로그램 수행 도중에 리스트의 크기를 변화시킬 필요가 있을 때는, 리스트 표현을 위하여 배열을 사용하는 것은 적절하지 않다. 또한 프로그램을 수행하는 과정에서 배열의 중간에 어떤 값을 삽입하고자 하면, 그 지점 이후의 값들은 모두 뒤로 밀려야 하므로, 코딩 작업이 번거롭고 실행효율이 떨어진다. 따라서 이 경우에도 배열은 리스트를 표현하는 구조로서 적합하지 않다. 이와 같이 프로그램 수행도중에 리스트의 크기가 변할 수 있거나, 리스트에 있는 값을 삭제하거나, 리스트에 새로운 값을 추가할 경우에는 배열이 아닌 다른 표현법을 사용하는 것이 유리한 경우가 많이 있다. 그 다른 표현법으로서 링크를 이용한 표현이 있다. 본 장에서는 링크를 이용한 자료구조에 대하여 논한다. 우리는 리스트를 표현할 때 배열이 유리한 상황인지 링크가 유리한 상황인지를 판단할 수 있는 능력을 가지고 있어야 한다.

위와 같은 상황은 모두 프로그램 수행도중에 발생하는 것들이다. 프로그램 수행도중에 일어나는 것을 나타낼 때 '동적'이라는 용어를 사용한다. 여기서는 '동적'인 상황에서 적합한 자료의 표현법인 링크를 이용한 표현법을 익힌다. 즉 동적 자료구조를 살펴본다.

12.1 자기 참조 구조

리스트를 표현할 때 링크를 이용하기 위해서는 자기 참조 구조를 정의해야 한다. 다음은 그 선언문의 예이다.

```
class LinkedList {
    int data;
    LinkedList link;
    LinkedList(int v){
        data = v;
    }
}
```

클래스 LinkedList에는 data와 link 두 개의 필드가 있는데, data 필드는 리스트의 원소 값을 의미하고, link 필드는 다음 원소를 지시하는 참조(포인터라고 생각해도 무방함)이다. link의 자료형을 살펴보면 LinkedList인데, 이는 클래스 LinkedList과 동일하다. 즉, 클래스 LinkedList를 정의할 때 LinkedList형을 사용하고 있기 때문에 이를 자기 참조 구조라 한다. 지금, 만들고자하는 자료구조는 다음 그림과 같다.

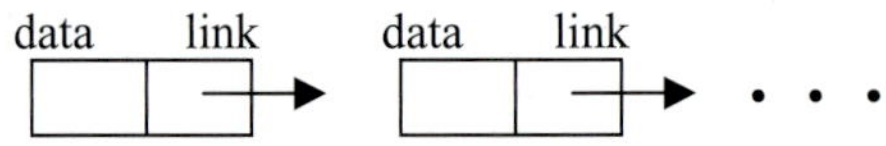

그림에서, 하나의 노드의 형은 LinkedList형이다. 그런데 link 필드가 참조하는 노드의 형 역시 LinkedList형이어야 한다. 따라서 link의 자료형은 LinkedList형이 되어야하며, 이것이 자기 참조 구조를 만들게 된다.

다음은 두 개의 노드를 만드는 문장이다.

```
LinkedList a = new LinkedList(1);
LinkedList b = new LinkedList(2);
```

link 필드의 값은 디폴트값인 null이 주어진다. 다음으로 이 두 노드를 연결시키고자 한다.

```
a.link = b;
```

위 문장이 실행되면 다음 그림과 같이 된다.

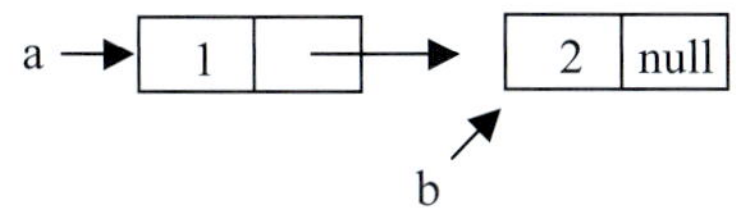

여기서 a.link.data의 값은 b.data 값과 동일하며, 그 값은 2이다.

12.2 링크를 이용한 스택의 구현

[예제7.14]에서 우리는 배열을 이용해서 스택을 구현한 적이 있다. 다음은 링크를 이용해서 스택을 구현한 예이다.

예제 12.1 링크를 이용한 스택 구현(linked stack)

```
class Node {
      int data;
      Node next;
      Node(int value) { data = value; }
}

class LinkedStack {
  private Node top = null;

  int top() { //스택의 top 원소를 return함. 빈 스택이면 0을 return하기로 약속함.
      if(top != null) return top.data;
      else return 0;
  }

  void push(int value) { //스택에 값을 저장함.
      if(top == null) { //스택이 비어있을 때와 아닐 때 저장할 때 할 일이 다름.
        top = new Node(value);
      }
      else {
        Node temp = new Node(value);
        temp.next = top;
        top = temp; //새로 만들어진 노드를 top이 지시해야 함.
      }
  }
```

```
    int pop() { //스택에 있는 내용을 가져감.
        int result = top();
        if( top != null)
                top = top.next; // top은 다음 원소를 지시해야 함
        return result;
    }

    boolean empty() { return top == null; } //스택이 비어 있는지 확인

    public static void main(String args[]) {
        LinkedStack a = new LinkedStack();
        System.out.println("Stack createded");

        for(int i=0; i<10; i++)
          a.push(i);

        System.out.println("pop : " + a.pop());
        System.out.println("pop : " + a.pop());
        System.out.println("pop : " + a.pop());
        System.out.println("Stack top : " + a.top());
    }
}
```

실행결과

```
Stack created
pop : 9
pop : 8
pop : 7
Stack top : 6
```

12.3 범용스택

앞의 예제들은 리스트에 저장되는 원소의 형이 int형이었다. 만약에 double형의 리스트나, char형의 리스트, 혹은 스트링형의 리스트 등도 필요하다면, 프로그램 구조는 같으면서 자료형만 틀린 코드를 새로 작성해야 한다. 범용리스트는 이들을 하나의 코드로 작성할 수 있는 방법을 제공한다.

다음은 스택의 원소의 형이 임의의 형이 되도록, 그 원소의 형을 정의한 것이다. 아래 클래스에서 데이터의 형이 Object로 변해 있음에 유의하자.

```
class GList {
        Object data;
        GList next;
        GList(Object value) {
                data = value;
        }
}
```

Object라는 클래스는 미리 정의되어 있는 클래스로서, 모든 클래스의 슈퍼클래스이다. 그런데, 슈퍼클래스형 참조변수는 자기의 서브클래스형 객체를 참조할 수 있으므로, 위의 스택은 모든 참조형을 저장할 수 있다.

자바 자료형은 원시형과 참조형, 두 가지의 형으로 나누어짐을 다시 한 번 상기하자. 또한, 원시형이란, int, char, double과 같은 형이고, 참조형은 클래스 인스턴스, 즉, 객체에 대한 참조임을 상기하자. 따라서 위의 Object형의 변수는 모든 객체를 참조할 수 있는 것이지, int나 double과 같은 원시형을 참조할 수 있는 것이 아니다.

따라서 위의 스택에는 int형 값이나, char형 값 등을 저장할 수 없다. 그러면 이들 원시 데이터형은 위의 스택에 어떻게 저장해야 하는가? 각 원시형에 대해서는 이에 대응되는 클래스, 즉, wrapper class가 있다는 것을 알고 있을 것이다. 따라서 원시형에 대응되는 wrapper class형의 객체를 먼저 생성하고, 그것을 스택에 저장하면 된다.

예를 들어, int형에 대응되는 클래스는 Integer이다. 원시형 값 3에 대응되는 객체를 생성하기 위해서는 new Integer(3);이다. 그러면, 3을 저장하는 GList형의 객체를 생성하는 문장은 다음과 같다.

```
GList e1 = new GList(new Integer(3));
```

비슷하게, float형 값 1.25를 저장하는 문장은 다음과 같다.

```
GList e2 = new GList(new Float(1.25f));
```

스트링은 그 자체가 참조형이므로, 다음의 문장으로써 스트링을 스택에 기억시킬 수 있다.

```
GList e3 = new GList("generic");
```

이번에는 GList에 저장된 값을 가져와서, 그 값에 대응되는 원시형 값을 구하고자 한다. 예를 들어, 위의 e2를 통해서 저장된 내용을 가져오기 위해서는 다음의 문장을 사용하면 된다.

```
Float x = (Float)e2.data;
float v = x.floatValue();
```

여기서, e2.data는 Object형이므로 Float형으로 캐스트되어야 하고, Float형의 객체를 원시형으로 변환시키기 위해서는 앞에서 배운 floatValue() 메소드를 사용한다. 그래서 변수 v 값은 1.25가 된다. 다른 형에 대해서도 비슷하다. 만약, GList에 현재 어떤 형이 기억되어 있는지를 알지 못할 때는, instanceof라는 연산자를 사용해서 형을 조사할 수 있다.

다음은 범용스택을 구현한 프로그램이다.

예제 12.2 범용스택의 구현

```
class GenericStackTest {
        public static void main(String args[]) {
                Stack stack = new Stack();

                stack.push(new Double(1.111));
                stack.push(new Double(2.222));
                stack.push(new Double(3.333));

                while(!stack.empty()) {
                    double temp = ((Double)stack.pop()).doubleValue();
                    System.out.println(temp);
                }
        }
}

class Stack {
        private GList top = null;

        Object top() {
                if(top != null)
                    return top.data;
                else
                    return null;
        }

        void push(Object value) {
                if(top == null) {
                    top = new GList(value);
                }
                else {
```

```
            GList temp = new GList(value);
                temp.next = top;
                top = temp;
            }
    }

    Object pop() {
            Object result = top();
            if(top != null)
                top = top.next;
            return result;
    }

    boolean empty() { return top == null; }
}
```

실행결과

```
3.333
2.222
1.111
```

12.4 큐(Queues)

큐는 last-in-first-out(FIFO) 자료구조이다. [예제 12.3]은 큐를 링크 기반으로 구현하되 범용 큐로 구현한 것이다. 큐를 배열로 구현하는 것은 과제로 돌린다. 배열로 구현한 큐의 경우에는 반드시 환형 큐(circular queue)이어야 의미가 있다.

예제 12.3 범용 큐의 구현

```
class QueueTest {
    public static void main(String args[]) {
            Queue queue = new Queue();
            queue.add(new Double(1.111));
            queue.add(new Double(2.222));
            queue.add(new Double(3.333));
            while(!queue.empty()) {
                double temp = ((Double)queue.pop()).doubleValue();
```

제12장

```
                    System.out.println(temp);
                }
            }
}

class Queue {
        private GList head = null;
        private GList tail = null;

        Object front() {
                if(head != null)
                        return head.data;
                else
                        return null;
        }

        void add(Object value) {
                if(head == null) {
                        head = tail = new GList(value);
                }
                else {
                        tail.next = new GList(value);
                        tail = tail.next;
                }
        }

        Object pop() {
                Object result = front();
                if(head != null)
                        head = head.next;
                return result;
        }
        boolean empty() { return head == null; }
}
```

실행결과

```
1.111
2.222
3.333
```

과제 |

1 다음과 같은 doubly linked list를 만들기 위한 클래스를 정의하고 3개의 객체를 생성시켜서 그림의 내용과 같이 정수 값을 부여한 후 데이터 값을 아래와 같이 출력시키는 프로그램을 작성하라.

1 2 3

3 2 1

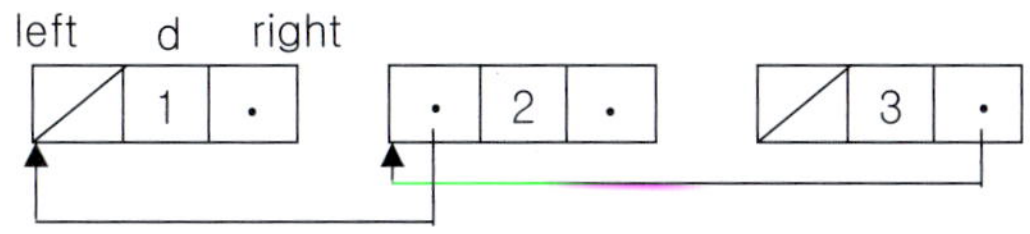

2 1번 프로그램을 수정하여, 정수형 데이터를 저장하는 리스트가 아닌, 임의의 객체를 저장할 수 있는 리스트를 만들고, 그 값을 출력하도록 하라. 이때, 예를 들어, 다음과 같이 문자열이나 실수형도 출력되도록 하라.

(출력 예) 1 ab 1.5

1.5 ab 1

3 배열을 이용하여 환형(circular) 큐를 구현하라. 배열에서 환형 큐란 마지막 방의 다음 방은 첫 번째 방인 큐를 말한다.

학습정리

1 자기 참조 구조는 다음의 선언문을 가진다.

```
class LinkedList {
    int data;
    LinkedList link;
}
```

2 모든 자료구조는 순차적으로 구현될 수도 있고(배열 사용) 비순차적으로 구현될 수도 있다. (연결리스트 사용)

3 수행 도중에 리스트의 자료에 삽입과 삭제가 일어난 경우는 연결리스트가 효율적이다.

4 배열을 이용한 스택과 연결리스트를 이용한 스택을 명확히 구별할 수 있어야 한다. 이는 모든 자료구조에 비슷하게 적용된다.

5 리스트 원소의 형이 Object이면 임의의 객체를 수용할 수 있다.

Chapter

13 예외처리

프로그램이 실행하는 동안에 발생될 수 있는 비정상적인 조건을 예외(Exception)라고 한다. 여기서 무엇이 비정상적 조건인지 알아야 한다. 무엇이 비정상적 조건인지, 즉 무엇이 예외인지를 자바에서 미리 정의해 둘 수도 있고, 사용자가 정의할 수도 있다. 예를 들어, 프로그램 수행 도중에 0으로 나누는 일이 발생하는 것을 자바에서는 0으로 나누는 예외로 정의해 두고 있다. 또한, 디스크에서 파일 읽으려고 하는데 지정한 파일이 없어서 읽어 들일 수가 없는 경우도 자바에서 예외로 정의해 두고 있다. 그냥 보통 번역시의 에러가 아닌 실행 시의 에러라고 생각해도 된다.

예외가 발생하면 자바는 예외처리기를 이용하여 예외처리를 하는데, 프로그램 수행을 계속하게 할 수도 있고, 프로그램의 비정상적인 종료와 함께 오류 메시지를 출력할 수도 있다.

자바에서는 예외처리기를 프로그래머가 직접 작성할 수 있도록 하기 위한 별도의 문법적 구조를 제공한다. 여기서는 그 문법적 구조를 살펴본다.

13.1 예외 발생의 예

다음은 0으로 나누는 연산에 의한 예외 발생의 예이다. 이 프로그램은 번역시에 에러가 발생하는 것이 아니라 실행 시에 에러가 발생한다.

예제 13.1 0으로 나누는 예외 발생

```
class A {
	public static void main(String[] args) {
		int a = 0, b;
		b = 100 / a;
		System.out.println("Printed?");
	}
}
```

실행결과

```
java.lang.ArithmeticException: / by zero at A.main(A.java:4)
```

해설

"java.lang.ArithmeticException: / by zero"는 0으로 나누는 ArithmeticException이 발생했음을 알리고, 그것은 "A.main" 메소드에서 발생했으며, 원시파일명인 "A.java"의 4번째 줄에서 예외가 발생했음을 의미한다. 예외가 발생하면 더 이상 다음 문장을 실행하지 않는다.
위와 같은 실행결과는 예외처리기에 의해서 제시된 결과이다. 그런데, [예제 13.1]에서는 예외처리기에 대한 코드가 없다. 프로그램에서 예외처리기를 제공하지 않으면 자바 런타임시스템에서 제공하는 디폴트처리기에 의해서 예외가 처리된다. 따라서 위의 실행결과는 자바 런타임시스템에서 제공하는 디폴트예외처리기에 의해서 생성된 것이다.

디폴트 예외처리기에 의해서 예외를 처리하지 않고, 프로그래머가 작성한 대로 예외를 처리할 수 있는 문법적인 구조가 있다. 프로그램에서 예외가 발생했는지 검사하고 발생된 예외를 처리하기 위한 문법적 구조로는 try-catch 구문이 있다. [예제 13.2]는 try-catch를 사용하여 예외를 잡고 처리하는 코드를 프로그래머가 제공하는 방법에 대한 예이다.

예제 13.2 try-catch의 의미 이해

```
class C {
      public static void main(String[] args) {
            int a = 0, b;
            try {
              b = 100 / a;
              System.out.println("Printed?");
            } catch (ArithmeticException e) {
              b = 1;
              System.out.println("Division by 0 : I will set the b by 1");
            }
            System.out.println("I will be printed.");
      }
}
```

실행결과

```
Division by 0 : I will set the b by 1
I will be printed
```

해설

try블록을 수행하는 도중에 ArithmeticException이 발생하면 더 이상 try 내부의 문장을 실행하지 않고, catch 블록이 수행된다. 그리고 프로그램은 계속해서 정상적으로 다음 문장을 수행한다. 어떠한 상황에서 ArithmeticException이 발생하는가 하는 것은 자바 실행시스템에서 미리 정해져 있다. 예외가 발생하면 발생된 예외에 대한 객체가 생성된다. 예를 들어, 0으로 나눈 예외가 발생하면 ArithmeticException형의 객체가 자동 생성되어서 throw된다. 사용자 프로그램은 이 객체를 catch해서 예외처리기를 작성한다. 위의 경우에는 변수 e가 catch 했다. catch 문에서 사용될 수 있는 미리 정의된 예외의 종류는 ArithmeticException형 이외에도 다양하게 정의되어 있다. 다음 절에서 그 일부를 보일 것이다.

한 번 더 반복해서 설명하면, 자바에서는 예외의 종류가 미리 정의해져 있고, 각 예외마다 대응되는 클래스(예외 클래스)가 정의되어 있다. 그래서 예외가 발생하면 그 예외에 대한 클래스 인스턴스(객체)가 자동으로 생성되어서 catch 절로 전달된다.

자바에서 예외를 검사하고 처리하는 데 사용하는 일반적인 구문은 try-catch-finally이며 그 형태와 의미는 다음과 같다.

```
try {
        // 프로그램 로직을 쓰는 부분
        // 예외가 발생할 수 있는 코드가 포함될 수 있음
```

```
} catch (ExceptionType name) { // 예외 발생 감지를 원하는 예외 타입 지정
        // 해당 예외 발생시 처리 코드
} catch (ExceptionType name) {
        //...
} finally {
        // 예외의 발생과 상관없이 항상 실행되는 코드
}
```

이와 같이 일상적인 프로그램 로직 부분(여기에는 예외가 발생할 수 있는 코드들을 포함할 수 있음)을 try{ } 블록으로 묶고 발생 가능한 예외 조건에 대하여 catch{ } 블록을 이용하여 예외를 처리한다. finally{ }블록은 어떤 종류의 분기상황(예외의 발생, continue, break, return)에서도 항상 실행되며 생략해도 된다. [예제 13.2]는 시스템 정의 예외인 ArithmeticException 예외에 대해 프로그래머가 예외를 처리하는 예이다.

예제 13.3 try-catch-finally 구문 사용 예

```
class ExceptionExm {
    public static void main(String args[]) {
        int result;
        int count = 0;
        while(true) {
            try {
                result = 3 / count++;
                if(count == 3) break;
                System.out.println( count + ") No Exception");
            } catch (ArithmeticException e) {
                System.out.println( count + ") Error : 0으로 나누기 에러");
            } finally {
                System.out.println( count + ") Finally block 수행");
            }
        } // end of while
    } // end of main
} // end of class
```

실행결과

```
1) Error : 0으로 나누기 에러
1) Finally block 수행
2) No Exception
2) Finally block 수행
3) Finally block 수행
```

13.2 예외의 종류

예외의 종류에는 시스템에서 미리 정의된 예외와 프로그래머에 의해 정의되는 프로그래머 정의 예외가 있다. 여기서는 프로그래머가 새로 정의하는 예외에 대해서는 논하지 않고, 시스템에서 미리 정의된 예외에 대해서만 살펴본다.

자바에서는 예외처리를 프로그래머가 반드시 해 주어야 하는 경우와 하지 않아도 되는 경우가 있는데, 이를 구별하기 위하여, 다음의 [예제 13.4]를 [예제 13.1]과 비교하여 보자.

예제 13.4 예외처리 문제로 번역시 에러가 발생하는 예

```
class Checked1 {
      public static void main(String[] args) {
            int a;

            a = System.in.read() - '0';
            System.out.println(a);
      }
}
```

[예제 13.4]를 번역하면 컴파일러에 의해서 에러 메시지가 생성되어서 정상적으로 번역이 되지 않는다. 이는 프로그램에서 예외처리를 하지 않았기 때문이다. 반면에 [예제 13.1]은 예외처리를 하지 않았음에도 불구하고, 번역이 정상적으로 되어서 실행된다. 실행 결과, 예제에서 제시된 바와 같이 0으로 나누는 런타임 에러(예외)가 발생하였다. (System.in.read()는 표준입력으로부터 하나의 문자를 읽어서 그 코드 값을 int형으로 반환하는 메소드이다) [예제 13.4]가 정상적으로 번역되도록 하기 위해서는 다음 [예제 13.5]와 같이 예외처리에 관련된 코드를 추가하여야 한다.

예제 13.5 [예제 13.4]를 올바로 수정한 예(1)

```
class Checked2 {
      public static void main(String[] args) throws java.io.IOException {
            int a;

            a = System.in.read() - '0';
            System.out.println(a);
      }
}
```

java.io 패키지를 import해서 다음 [예제 13.6]과 같이 작성해도 된다.

예제 13.6 [예제 13.4]를 올바로 수정한 예(2)

```
import java.io.*;
class Checked2 {
        public static void main(String[] args) throws IOException {
                int a;

                a = System.in.read() - '0';
                System.out.println(a);
        }
}
```

실행결과

키보드에서 5를 입력하면 5가 출력된다.

위의 예에서 예외가 발생할 수 있는 메소드의 머리 부분에 'throws'를 쓰고, 발생할 수 있는 예외의 형을 적어둠으로서 번역시의 에러를 방지하였다. 일반적으로, 메소드를 정의할 때, 몸체 부분에서 예외가 발생할 수 있으면 위의 예와 같이 메소드의 머리 부분에 'throws'를 쓰고, 발생할 수 있는 예외의 형을 적어주어야 한다. 그런데, 앞에서 제시된 많은 예제 프로그램에서 그것을 적어 주지 않았지만 문제가 없었다. 단지 [예제 13.4]에서만 문제가 발생하였다. 그러면 어떤 경우에 'throws'를 표시해야 하는가?

이를 이해하기 위하여 [그림 13.1]의 자바의 예외타입 계층도를 살펴보자. 모든 예외타입은 Exception 클래스나 RunTimeException 클래스에 속한다. 그림에서 보는 바와 같이 예외에는 checked exception과 unchecked exception, 두 종류가 있음을 알 수 있다.

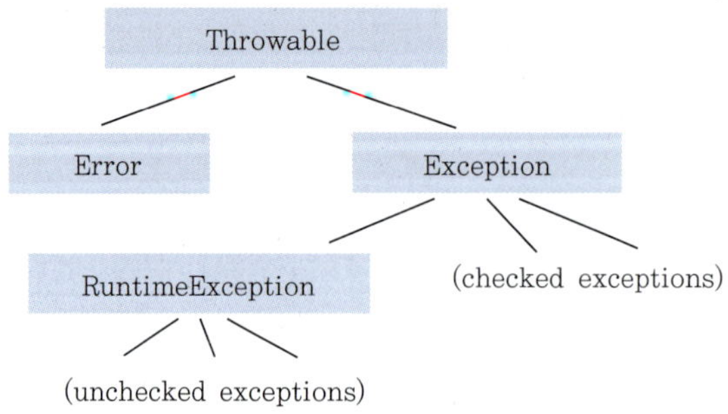

| 그림 13.1 | 예외 타입 계층도

Exception 클래스의 서브클래스이면서 RunTimeException 클래스의 서브클래스가 아닌 예외클래스는 checked exception에 속한다. 반면에, RunTimeException 클래스의 서브클래스인 예외클래스는 unchecked exception에 속한다. (여기서는 논하지 않지만, 사용자정의예외를 정의할 때 Exception의 서브클래스로 정의하면 checked exception이 되고, RuntimeException의 서브클래스로 정의하면 unchecked exception이 된다)

0으로 나눌 때 발생하는 ArithmeticException 객체, 빈 객체에 참조할 때 발생하는 NullPointerException 객체, 배열의 첨자의 범위를 넘을 때 발생하는 ArrayIndexOutOfBoundsException 객체 등은 클래스 RuntimeException에 속하기 때문에 unchecked exception이다.

RuntimeException에 속하는 예외에 대하여 컴파일러는 소스코드에 예외 처리기가 존재하는지 검사하지 않는다. 여기에 속한 예외를 unchecked exception이라 부른다. [예제 13.1]과 같이 0으로 나눌 때 발생되는 ArithmeticException은 RunTimeException의 서브클래스에 속하는 예외 클래스이기 때문에, 이는 unchecked exception이므로, 예외에 대한 아무런 조치를 취하지 않아도 무방하다. 따라서 [예제 13.1]은 정상적으로 번역이 되었다. (**참고** 나열된 예외클래스들은 모두 패키지 java.lang에서 정의되어 있기 때문에 import문이 필요 없다)

런타임예외가 아닌 예외(Exception 클래스의 서브클래스)는 컴파일러가 소스코드에 예외처리기가 존재하는지 검사한다. 여기에 속한 예외를 checked exception이라 한다. java.lang에 속한 checked exception의 예로는 ClassNotFoundException 등이 있다.

한 메소드 내부에서 Checked Exception이 발생할 수 있으면, 그 메소드 내부에, 앞 절에서 논한 try-catch 문장으로 작성된 예외처리기를 가지고 있든지, 아니면 [예제 13.6]과 같이 throws 절을 메소드 선언부에 명시함으로서 자신을 호출한 메소드가 예외 처리를 하도록 넘겨야 한다.

[예제 13.4]에서 System.in.read()는 IOException 예외객체를 발생시킬 수 있다. 이는 checked exception이다. 따라서 [예제 13.5]와 [예제 13.6]처럼, 이 문장을 포함하고 있는 메소드인 main()메소드 선언부에서 throws 절을 사용해서 예외를 넘겨주는 문장을 작성하든지, 아니면 main()메소드 내부에서 try-catch문을 사용하여 예외처리를 명시적으로 표시해야 한다. [예제 13.5]의 경우에는 main()메소드 자신이 예외처리를 직접하지 않고, main() 메소드를 호출한 자바 런타임 시스템에서 제공하는 디폴트 처리기로 예외를 넘겼으므로(throws 사용), 실행 도중에 만약 입출력 예외가 발생하면 디폴트예외처리기에 의해서 예외가 처리되도록 하였다.

만약 [예제 13.5][예제 13.6]과 같이 디폴트 처리기로 예외를 넘기지 않고, main() 메소드 자신이 예외처리를 직접 처리하도록 하려면 다음과 같이 수정하면 된다.

```
import java.io.*;
class Checked2 {
        public static void main(String[] args) {
                int a;
                try {
                    a = System.in.read() - '0';
                    System.out.println(a);
                } catch(IOException e) {
                    System.out.println("스스로 예외처리를 함");
                }
        }
}
```

예외를 잘 활용하기 위해서는 시스템에서 이미 제공하는 예외의 종류를 알아야 한다. 그런데, 프로그래머는 checked exception을 발생시킬 수 있는 메소드는 어떤 것이 있으며, 그들은 어떠한 예외객체를 발생시키는지에 유의해야 한다. 그래야만, 프로그램 상에서 예외처리에 대한 코드를 작성할지 아닐지를 결정할 수 있기 때문이다. 그렇다고 해서 프로그래머는 위와 같은 내용을 찾아서 암기할 필요는 없다. 미리 정의된 메소드에 대한 소개를 할 때, 만약 그 메소드가 checked exception을 발생시킬 수 있으면, 항상 그것을 표시하기 때문이다. 예를 들면 다음과 같다.

```
void close() throws IOException
int read() throws IOException
static void sleep(long m) throws InterruptedException
```

위 문장들의 의미는 close(), read(), sleep()과 같은 메소드를 사용할 때는 반드시 대응되는 예외를 try-catch 구문으로 처리하든지, 아니면 이들 메소드를 사용하는 메소드의 머리부분에 throws 절을 표기하라는 뜻으로 습관적으로 생각하는 것이 좋다.

다음은 java.lang에서 정의된 클래스 RunTimeException의 서브클래스인 unchecked exception에 속한 예외클래스들의 일부이다. 각 예외클래스에 대응되는 예외가 발생하면 자동으로 예외객체가 생성되어서 throw된다. 이를 catch 절에서 객체 e가 받으면, 이 e를 이용해서 각각의 예외클래스에서 제공되는 메소드를 이용해서 예외처리기를 작성할 수 있다.

- ArithmeticException: 0으로 정수를 나누거나, 0으로 정수를 나눈 나머지를 취할 때 발생하는 예외
- NullPointerException: NULL 객체에 변수나 메소드를 액세스하려 할 때 발생하는 예외

- ClassCastException: 클래스의 형 변환을 잘못한 경우 발생하는 예외
- NegativeArraySizeException: 배열의 크기를 음수로 지정하였을 때 발생하는 예외
- ArrayIndexOutOfBoundsException: 배열, 스트링, 벡터 등과 같이 인덱스를 사용하는 객체에서 인덱스의 범위를 벗어난 요소를 참조하려 할 때 발생하는 예외
- OutOfMemoryException: 메모리가 부족한 상태에서 새로운 객체를 생성하려 할 때 발생하는 예외

다음은 java.lang에 정의된 checked exception의 일부이다. 반복해서 설명하면, 이 예외들을 생성시킬 수 있는 코드를 작성할 때에는 예외처리기를 만들어 넣든지, 아니면 메소드 header에 throws절을 명시해 주어서 자신을 호출한 메소드가 그 예외를 처리하도록 예외객체를 넘겨주어야 한다.

- IOException
- ClassNotFoundException: Class not found
- IllegalAcessException: 클래스에 대한 접근이 금지된 경우

13.3 명시적 예외 발생 및 예외객체의 출력

예외를 명시적으로(강제로) 발생시킬 수 있는데, 그 형식은 다음과 같다.

```
throw ThrowableInstance;
```

ThrowableInstance는 Throwable형의 예외객체이다. [그림 13.1]에서 보는 바와 같이, 모든 예외클래스는 클래스 Throwable의 서브클래스이다. 따라서 임의의 예외객체를 쓰면 된다.

예제 13.7 잘못된 예외생성 프로그램

```
class IllegalExcept {
  public static void main(String[] args) {
    except();
  }
  static void except() {
    System.out.println("Throw an exception object");
    throw new IllegalAcessException("A");
  }
}
```

제13장

메소드 except()에는 명시적으로 예외를 발생시키는 문장이 있다. 그런데, throw되는 예외객체(이름은 A임)의 형이 IllegalAcessException인데, 이는 checked exception에 속하는 것이다. 따라서 메소드 except()에서 예외처리를 하든지, 아니면 메소드 헤더 부분에 throws절을 명시하여 그 메소드를 호출한 메소드 즉 main() 메소드에서 예외처리를 하도록 해야 한다. 따라서 위의 코드는 번역시 에러가 발생할 것이다. 다음은 이를 수정한 코드이다.

예제 13.8 [예제 13.7]을 올바로 수정한 프로그램

```
class LegalExcept {
  public static void main(String[] args) {
    try {
       except();
    } catch (IllegalAccessException e) {
       System.out.println(e);
    }
  }
  static void except() throws IllegalAccessException {
    System.out.println("Throw an exception object");
    throw new IllegalAccessException("A");
  }
}
```

실행결과

```
Throw an exception object
java.lang.IllegalAccessException: A
```

해설

메소드 except는 예외처리를 하지 않고 자기를 호출한 메소드로 IllegalAccessException형 예외객체를 던졌다. 이를 받은 main 메소드는 받은 예외객체를 다른 곳으로 던지지 않고 자신이 직접 예외를 처리하였다.

참고로 System.out.println(e);처럼, 예외객체도 미리 정의된 클래스 인스턴스이므로 출력문에서 그대로 사용될 수 있다.

과제

1 임의의 배열을 만들어서 첨자의 범위를 넘어서는 연산을 포함시켜서 오류가 발생하는 프로그램을 작성하라. 이때 오류 메시지를 반드시 출력하라.

2 배열의 첨자 범위를 넘을 때 발생하는 예외 객체는 ArrayIndexOutOfBoundsException 형의 객체이다. 임의의 배열을 만들어서 배열 연산을 할 때, 이 예외를 처리하는 임의의 프로그램을 작성하라. 프로그램을 테스트 할 때에는 배열 첨자범위를 넘는 연산과 넘지 않는 연산을 반드시 포함시켜라.

학습정리

1. 예외(Exception)란 프로그램이 실행하는 동안에 발생될 수 있는 비정상적인 조건을 말하는데, 비정상적인 조건의 대표적인 예로서 실행 시의 오류가 있다.

2. 프로그래머가 예외를 처리할 수 있는 문법적인 구조는 try-catch-finally 구문이다.

3. RunTimeException의 서브클래스에 속하는 예외 클래스는 예외처리를 안 해도 컴파일 오류가 발생하지 않는다.

4. RunTimeException을 제외한 Exception의 서브클래스에 속하는 예외 클래스는 예외처리를 안하면 컴파일 오류가 발생한다.

5. 예외처리는 try-catch-finally 구문을 사용해서 자신이 직접 하든지, 아니면 자신을 호출한 메소드에게 예외를 던져야 한다.

Chapter

14 입력/출력

자바 입출력문은 다른 언어에 비하여 조금 복잡한 편이다. 여기서는 주로 파일 입출력에 관하여 간단한 소개한다.

14.1 스트림(Stream)

자바 입출력은 스트림을 통해서 수행된다. 스트림이란 입출력 데이터의 양식이나 길이가 정해져 있지 않고, 데이터가 일렬로 이동하는 것을 말한다. 스트림 개념을 사용하면, 실제 물리적인 입출력장치가 키보드이든 디스크이든 소켓이든 관계없이, 응용에 따라서 동일한 개념으로 가공될 수 있다.

자바에서는 스트림을 java.io 패키지에서 구현하고 있다. 따라서 입출력 관련 문장을 쓰기 위해서는 이 패키지에서 제공하는 클래스와 메소드를 사용해야 하기 때문에, 이 패키지를 import시키는 문장을 써 주어야 한다.

자바 입출력에는 두 가지 형의 스트림이 있다: 바이트(byte)스트림, 문자(character)스트림. 바이트스트림은 모든 형의 입출력에 사용될 수 있지만, 주로 바이트 혹은 이진데이터 입출력에 사용된다. 문자스트림은 문자 입출력에 사용된다. 문자스트림은 단지 문자처리의 편의성과 효율성을 위하여 제공되는데, 특히 유니코드의 목적에 맞게, 한글을 포함한 세계의 언어에 대한 지원을 편리하게 한다.

14.2 텍스트 기반 키보드 입력

파일 입출력에 들어가기 이전에 먼저, 텍스트 기반의 키보드 입력에 대한 예를 살펴보자. 다음은 키보드로부터 값을 읽을 수 있는 자바 입력문 중의 하나이다.

```
import java.io.*;
int System.in.read() throws IOException
```

메소드 System.in.read()의 반환형이 int임에 유의하자.

다음은 키보드에서 읽은 문자를 그대로 출력하는 프로그램이다. 키보드 입력을 표준입력이라 하고, 모니터 출력을 표준출력이라고 한다.

예제 14.1-1 표준입출력(1)

```
import java.io.*;
class Key {
  public static void main(String args[]) throws IOException {
    char c;
    System.out.print("Enter chars : "); // Input prompt
```

```
        do {
          c = (char) System.in.read();
          System.out.println(c);
        } while(c != 'q');
    }
}
```

실행결과

```
Enter chars : 12ABCq
1
2
A
B
C
q
```

메소드 read()는 int형을 return하기 때문에 이를 문자형 변수로 받기 위해서는 반드시 캐스트 시켜야 한다. 입출력문을 사용할 때는 반드시 예외 처리를 하거나 호출 메소드로 넘겨야 한다.

예제 14.1-2 표준입출력(2)

```
import java.io.*;
public class ReadChar {
  public static void main(String[] args) throws IOException {
        int k1, k2;

        System.out.print("Enter a digit: ");
        k1 = System.in.read();
        k2 = k1 - '0'; //혹은 k2 = k1 - 48;
        System.out.println("k1 = " + k1);
        System.out.println("k2 = " + k2);
  }
}
```

입력자료

```
2
```

실행결과

```
k1 = 50
k2 = 2
```

키보드에서 2를 입력하면 k1에는 문자 '2'에 대한 코드 값 50이 기억됨에 유의하자. 그래서 k2 값은 2가 된다.

다음 프로그램은 키보드로부터 임의의 정수를 읽는 프로그램 예이다.

예제 14.1-3 표준입출력(3)

```
import java.io.*;
public class ReadInt {
  static int readInt() throws IOException { //하나의 정수 값을 읽음.
      char ch;
      int n = 0;

      while (!Character.isDigit(ch = (char) System.in.read())) ; //숫자가 아니면
skip.
      do {
              n = n * 10 + (ch - '0');
              ch = (char) System.in.read();
      } while (Character.isDigit(ch));
      return n;
  }
  public static void main(String[] args) throws IOException {
      int k1, k2, k3;

      System.out.print("Enter integers: ");
      k1 = readInt(); k2 = readInt();
      k3 = k1 + k2;
      System.out.println(k1 + "  + " + k2 + " = " + k3);
  }
}
```

입력자료

```
Enter integers: 234 567
```

실행결과

```
234 + 567 = 801
```

14.3 File 클래스

자바 입출력에 들어가기 전에 우선 File 클래스를 소개한다. File 클래스는 파일을 읽고 쓰기 위한 클래스가 아니라, 디스크파일에 관련된 정보(예: permission, time, directory path 등)를 얻는데 이용되는 클래스이다.

생성자:

```
File(String directoryPath)
[예] File f1 = new File("/");
File(String directoryPath, String filename)
[예] File f2 = new File("/", "autoexec.bat");
File(File dirObj, String filename)
[예] File f3 = new File(f1, "autoexec.bat");
```

다음은 클래스 File에 관련 메소드들의 일부이다.

- getName(): 파일 이름 반환
- getParent(): 부모 디렉토리의 이름 반환
- exists(): 파일 존재 여부 확인(true or false)
- isAbsolute(): 만일 파일이 절대 경로를 가지고 있다면 true를 상대적이라면 false를 반환한다.
- boolean renameTo(File newName): 지정된 파일이름은 파일의 새 이름이 된다. 성공 시에 true를 반환한다.
- boolean delete(): File 객체에만 사용, 삭제 성공 시 true를, 실패 시 false를 반환한다.
- String[] list(): 디렉토리 아래에 있는 파일 혹은 디렉토리 이름을 반환한다.

다음은 디렉토리 내의 파일명을 추출하는 프로그램이다. 클래스 File에서 제공하는 메소드 list()는 현재 디렉토리 아래에 있는 파일과 자식디렉토리 이름을 스트링형 배열로 넘긴다.

예제 14.2 파일명 추출

```
import java.io.File;
class DirList {
  public static void main(String args[]) {
    String dirname = "c/testDir";
    File f1 = new File(dirname);
    String s[] = f1.list();
    for(int k = 0 ; k < s.length ; k++) {
       System.out.println(s[k]);
    }
```

```
  }
}
```

다음은 클래스 File에 속한 메소드를 사용한 예이다. 소개되지 않은 메소드도 포함되어 있지만 메소드 이름 자체로 설명이 가능한 것으로 보고 생략한다.

예제 14.3 클래스 File 활용

```
import java.io.File;

class FileDemo {
  public static void main(String args[]) {
    String name = "c/testDir";
    File f1 = new File(name);
    String[] s = f1.list();
    for(int k = 0 ; k < s.length ; k++) {
      File f2 = new File(name + "/" + s[k]);
      System.out.println("파일명 : " + f2.getName());
      System.out.println("부모디렉토리: " + f2.getParent());
      System.out.println("쓰기 권한? : " + f2.canWrite());
      System.out.println("읽기 권한? : " + f2.canRead());
      System.out.println("디렉토리? : " + f2.isDirectory());
      System.out.println("최종수정일 : " + f2.lastModified());
      System.out.println("파일 크기: " + f2.length() + " Bytes");
  }
}
```

14.4 바이트스트림 클래스

바이트스트림 클래스 최상위에 두개의 추상 클래스 InputStream과 OutputStream이 있고, 그 서브클래스로서 아래와 같은 클래스들이 있다. 파일입출력을 하기 위해서, 프로그래머는 이 클래스들의 용도와 사용법을 알아야 한다. 여기서는 그 일부에 대하여 사용법을 보일 것이다.

```
InputStream과 OutputStream의 서브클래스의 일부:
ByteArrayInputStream,        ByteArrayOutputStream
FileInputStream,             FileOutputStream
FilterInputStream,           FilterOutputStream
```

FilterInputStream과 FilterOutputStream의 서브클래스의 일부:

BufferedInputStream,	BufferedOutputStream
DataInputStream,	DataOutputStream
	PrintStream

최상위 추상 클래스인 InputStream과 OutputStream에는 아래의 read(), write() 등 많은 추상메소드를 선언하고 있고, 앞에서 제시된 각각의 서브클래스들은 이 추상메소드들을 각각 자신의 목적에 맞게 구현하고 있기 때문에, 위에서 제시된 모든 클래스형의 객체는 다음 메소드를 불러 쓸 수 있다.

다음은 InputStream에서 선언된 메소드의 일부이다.

- int read() : 다음 입력 바이트 값에 대한 int형을 반환함. 파일의 끝인 경우는 -1을 반환한다.
- int read(byte buffer[]) : buffer로 buffer.length 바이트까지 읽으려고 시도하고 실제로 읽은 바이트 수를 반환한다. 매개변수형이 byte임에 유의
- int read(byte buffer[], int offset, int numBytes) : buffer[offset]에 numBytes 바이트만큼 읽으려고 시도한다. 읽은 바이트 수를 반환한다.
- int skip(long numBytes) : 입력에서 numBytes 바이트를 건너뛴다. 실제로 건너뛴 바이트 수를 반환
- void close() : 파일을 닫는다. 더 읽을려는 시도를 하면 IOException이 발생한다.

다음은 OutputStream의 메소드이다.

- void write(int b) : 한 바이트 내용 b를 출력 스트림에 쓴다. 매개변수형이 int임에 유의
- void write(byte buffer[]) : buffer 내용을 출력. 매개변수형이 byte임에 유의
- void write(byte buffer[], int offset, int numBytes) : buffer[offset]에서 시작하는 배열 buffer로부터 numBytes 바이트 만큼 출력
- void flush() : 버퍼를 출력
- void close() : 쓰기를 위한 파일을 닫는다.

그러면 앞에서 제시된 입출력 클래스에 대한 사용법을 알아보자.

(1) FileInputStream

FileInputStream은 파일로부터 바이트로 읽어 들일 때 사용된다. 임의의 이신파일을 읽을 때 사용되는 클래스라고 생각하면 된다. 모든 파일은 입출력을 할 때 파일열기(open)를 해야 한다. C언어 경우는 파일열기 함수(fopen)를 제공하여 그 함수를 호출함으로써 파일열기를 하는데, 자바에서 파일을 열기 위해서는 해당 클래스의 객체를 생성하면 된다. 객체를 생성하려면 생성자의 양식을 알아야 한다. 다음은 FileInputStream의 생성자 일부이다.

```
(생성자 1) FileInputStream(String filepath) throws FileNotFoundException
        (파일열기 예)
        FileInputStream f = new FileInputStream("/a.txt");

(생성자 2) FileInputStream(File fileObj) throws FileNotFoundException
        (파일열기 예)
        File f = new File("/a.txt");
        FileInputStream f1 = new FileInputStream(f);
```

디스크로부터 텍스트 파일을 읽어서 화면에 출력하는 프로그램을 작성해 보자. 파일을 읽고 쓰는 메소드는 다음과 같이 정의되어 있기 때문에, 항상 예외처리를 해야 한다.

```
int read() throws IOException
void close() throws IOException
void write(int v) throws IOException
```

예제 14.4 FileInputStream의 활용

```
import java.io.*;

class ShowFile {
  public static void main(String args[]) throws IOException {
      int i;
      FileInputStream fin;

      try {
        fin = new FileInputStream(args[0]);
      } catch(FileNotFoundException e) {
        System.out.println("File Not Found");
        return;
      } catch(ArrayIndexOutOfBoundsException e) {
        System.out.println("Usage: ShowFile File");
        return;
      };
      do {
              i = fin.read();
              if(i != -1) System.out.print((char) i);
      } while(i != -1);
      fin.close();
  }
}
```

읽어들인 파일

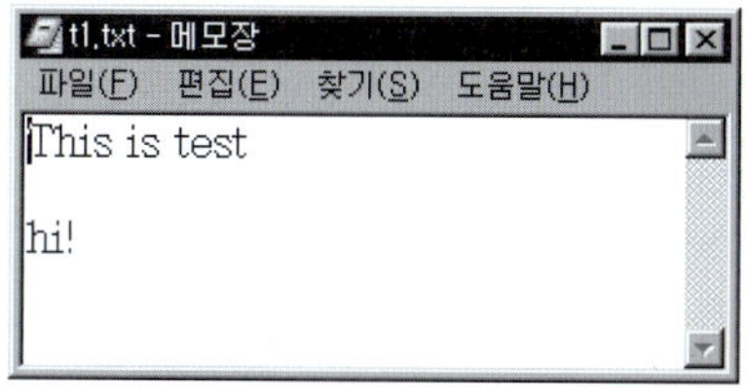

실행결과

```
This is test

hi!
```

위 프로그램에서 ArrayIndexOutOfBoundsException은 언제 발생하겠는가? 위 프로그램을 실행시킬 때의 명령어는 "ShowFile 파일명"으로 주어야 하고, '파일명'은 args[0]에 기억될 것인데, 만약 사용자가 파일명을 주지 않았다면 args[0]라는 방은 존재하지 않는다. 그럼에도 불구하고 try 문에서 args[0]를 사용하고 있기 때문에 args 배열의 첨자 범위가 넘어선 결과가 되어서 ArrayIndexOutOfBoundsException 예외가 발생한다. 두 번째 catch 문은 이때 발생되는 오류를 처리하는 문장이다.

(2) FileOutputStream

FileOutputStream은 이진파일로 출력할 때 사용된다. 생성자 양식은 다음과 같다.

```
FileOutputStream(String filePath) throws IOException
FileOutputStream(String filePath, boolean append) throws IOException
FileOutputStream(File fileObj) throws IOException
```

두 번째 생성자에서 append가 true이면, 파일 내용을 추가하기 위해서 open한다는 것을 의미한다.

다음은 한 파일(main 메소드의 첫 번째 매개변수로 지정된 파일)을 다른 파일(main 메소드의 두 번째 매개변수로 지정된 파일)에 복사하는 프로그램이다.

예제 14.5 파일 복사

```
import java.io.*;
class Copyfile {
   public static void main(String args[]) throws IOException {

      int i;
      FileInputStream fin;
```

```
        FileOutputStream fout;
        try {
          fin = new FileInputStream(args[0]);
          fout = new FileOutputStream(args[1]);
        } catch(FileNotFoundException e) {
          System.out.println("File not found");
          return;
        } catch(ArrayIndexOutOfBoundsException e) {
          System.out.println("사용법: java CopyFile From To");
          return;
        };
        try {
              do {
                  i = fin.read();
                  if(i != -1) fout.write(i);
              } while(i != -1);
        } catch(IOException e) {
              System.out.println("I/O Error");
        };
        fin.close();
        fout.close();
    }
}
```

실행결과

```
C:\to>java Copyfile t1.txt t2.txt

C:\to>type t2.txt
This is test

hi!
C:\to>
```

(3) ByteArrayInputStream

ByteArrayInputStream은 디스크 파일로부터 입력하는 것이 아니라, 바이트형 배열로부터 입력하고자 할 때 사용하는 클래스이다. 자바 네트워크 프로그래밍을 할 때 종종 사용된다. 그 생성자는 다음과 같다.

```
ByteArrayInputStream(byte array[])
ByteArrayInputStream(byte array[], int start, int numbytes)
```

첫 번째 생성자는 입력될 배열을 지정하는 것이고, 두 번째 생성자는 입력될 배열의 범위를 지정하는 것이다. 즉 배열의 start 위치부터 numbytes 만큼의 내용만 입력자료로 사용하겠다는 뜻이다.

스트링형과 바이트형 배열은 서로 다른 형임에 유의하자. 만약 스트링을 입력자료 스트림으로 사용하기를 원할 때는, String형에서 제공하는 메소드인 getBytes()를 사용해서 스트링을 바이트형 배열로 변환한 후 ByteArrayInputStream을 활용한다. 다음은 이에 대한 예이다.

```
String tmp = "My Java";
byte b[] = tmp.getBytes();// String을 byte형 배열로 변환
ByteArrayInputStream input1 = new ByteArrayInputStream(b);
```

다음 예제는 바이트형 배열을 읽어서 대문자로 바꾸어서 출력하는 프로그램이다. [예제 14.6-1]은 바이트형 배열의 초기화가 잘못된 예이다. 'a', 'b', 'c'와 같은 문자형은 byte형으로 자동 변환되지 않는다.

예제 14.6-1 바이트형 배열의 초기화가 잘못된 프로그램

```
import java.io.*;

class ByteArrayInput {
  public static void main(String args[]) throws IOException {
    byte b[] = {'a', 'b', 'c'};//오류. 문자형은 byte형으로 자동 변환되지 않는다.
    int c;
    ByteArrayInputStream in = new ByteArrayInputStream(b);

      while ((c = in.read()) != -1) {
        System.out.print(Character.toUpperCase((char) c));
      }
  }
}
```

예제 14.6-2 ByteArrayInputStream의 활용(1)

```
import java.io.*;

class ByteArrayInput {
  public static void main(String args[]) throws IOException {
    byte b[] = {97, 98, 99}; // 'a', 'b', 'c'에 대한 코드 값
    int c;
    ByteArrayInputStream in = new ByteArrayInputStream(b);

      while ((c = in.read()) != -1) { // 바이트 배열을 입력스트림으로 읽음.
```

제14장

```
            System.out.print(Character.toUpperCase((char) c)); //대문자로 변환
        }
    }
}
```

실행결과

```
ABC
```

예제 14.7 스트링에 대한 ByteArrayInputStream의 활용(2)

```
import java.io.*;

class ByteArrayInput {
   public static void main(String args[]) throws IOException {
     String tmp = "My Java";
     byte b[] = tmp.getBytes(); //String형을 바이트형 배열로 변환하는 메소드
     int c;
      ByteArrayInputStream in = new ByteArrayInputStream(b);

        while ((c = in.read()) != -1) {
           System.out.print(Character.toUpperCase((char) c));
        }
   }
}
```

실행결과

```
MY JAVA
```

(4) ByteArrayOutputStream

ByteArrayOutputStream은 디스크 파일로 출력하는 것이 아니라, 바이트형 배열로 출력하고자 할 때 사용하는 클래스이다. 그 생성자는 다음과 같다.

```
ByteArrayOutputStream() // 32 바이트의 버퍼 자동생성
ByteArrayOutputStream(int numBytes)// 버퍼크기 지정
```

첫 번째 생성자는 출력될 배열의 크기가 자동으로 결정되고, 필요시 확장된다. 두 번째 생성자는 프로그래머가 그 크기를 지정하는 것이다.

예제 14.8 ByteArrayOutputStream의 활용

```
import java.io.*;

class ByteArrayOutput {
  public static void main(String args[]) throws IOException {
    ByteArrayOutputStream f = new ByteArrayOutputStream();
    String s = "My Java";
    byte buf[] =  s.getBytes();

    f.write(buf); // buf 내용을 f가 참조하고 있는 자동 할당된 버퍼에 write함.
    System.out.println(f.toString()); //바이트형 배열을 스트링으로 변환하여 출력

    OutputStream f2 = new FileOutputStream("test.txt");
    f.writeTo(f2); //f가 참조하는 자동 할당된 버퍼의 내용을 디스크 파일 test.txt에 저장
    f2.close();
    System.out.println("Done");
  }
}
```

실행결과

```
My Java
Done
test.txt 파일 생성 (파일 내용은 앞 두 줄과 동일)
```

(5) 필터 입출력 스트림

이 이전까지 나온 스트림을 기반(underlying) 스트림이라고 한다. 이들은 파일에 직접 연결하여 바이트데이터를 송수신한다. 반면에 필터스트림은 기반 스트림에 연결하여 기능이 추가된 스트림을 얻을 때 사용한다.

필터 스트림의 생성자는 다음과 같다. 기반스트림 클래스의 생성자와 주요 차이점은 생성자의 매개변수가 바이트스트림 클래스 InputStream과 OutputStream 객체임에 유의해야 한다.

```
FilterInputStream(InputStream in)
FilterOutputStream(OutputStream in)
```

다음은 필터 스트림의 사용 예이다. 생성자의 매개변수를 눈여겨보자. 모두 InputStream과 OutputStream의 서브클래스임에 유의하자.

```
FilterInputStream fin = new FilterInputStream(new FileInputStream("sample.txt"));
FilterOutputStream fout =
        new FilterOutputStream(new FileOutputStream("sample.txt"));
```

제14장

다음은 FilterInputStream과 FilterOutputStream의 서브클래스이다.

```
BufferedInputStream, BufferedOutputStream
DataInputStream,     DataOutputStream
                     PrintStream
```

여기서는 사용 빈도가 높은 BufferedInputStream, BufferedOutputStream에 대해서만 살펴본다.

BufferedInputStream와 BufferedOutputStream는 입출력의 속도를 향상시키기 위하여 사용된다. 다음은 그 생성자이다. 역시 매개변수에 유의해야 한다.

```
BufferedInputStream(InputStream in)
BufferedInputStream(InputStream in, int size)
BufferedOutputStream(OutputStream in)
BufferedOutputStream(OutputStream in, int size)
```

[예제 14.9]는 이를 활용하여 from.txt 파일을 to.txt 파일로 복사하는 프로그램이다.

예제 14.9 필터스트림의 활용

```
import java.io.*;

public class BufferedIO {
  public static void main(String[] args) throws Exception {
    byte[] buffer = new byte[256];

    try {
      InputStream in = new FileInputSteam("from.txt");
      OutputStream out = new FileOutputSteam("to.txt");
      BufferedInputStream bin = new BufferedInputStream(in);
      BufferedOutputStream bout = new BufferedOutputStream(out);
    } catch (FileNotFoundException e) {
      System.out.println(e);
    }
    while(true) {
      int data = bin.read(buffer);
      if(data == -1) break; // 파일의 끝을 의미한다.
      bout.write(buffer);
    }
    bout.flush(); // 명시적으로 버퍼의 내용을 flush() 해야 한다.
    in.close(); out.close();
  }
}
```

먼저 기반 스트림 객체인 InputStream in과 OutputStream out를 먼저 생성한 뒤에 이 기반 스트림 객체를 필터 스트림 생성자의 매개변수로 사용함에 유의해야 한다.

14.5 문자스트림 클래스

문자스트림의 최상위에는 두개의 추상 클래스 Reader와 Writer가 있다. 문자스트림은 세계 각국의 언어에 대한 텍스트 파일을 효과적으로 지원하기 위하여 사용된다. 다음 클래스들은 그 서브클래스의 일부이다.

```
BufferedReader,          BufferedWriter,
FileReader,              FileWriter,
InputStreamReader,       OutputStreamWriter,
CharArrayReader,         CharArrayWriter
```

다음은 Reader에서 선언된 메소드의 일부이다.

- int read(): 다음 입력 문자 값에 대한 정수를 반환함. 파일의 끝인 경우는 -1을 반환한다.
- int read(char buffer[]): buffer로 buffer.length개의 문자를 읽으려고 시도하고 실제로 읽은 바이트 수를 반환한다.
- int read(char buffer[], int offset, int numBytes): buffer[offset]에 numBytes 바이트만큼 읽으려고 시도한다. 읽은 바이트 수를 반환한다. 파일의 끝인 경우는 -1을 반환한다.
- int skip(long numChars): 입력에서 numChars개의 문자만큼 건너뛴다. 실제로 건너뛴 바이트 수를 반환.
- void close(): 파일을 닫는다. 더 읽으려는 시도를 하면 IOException이 발생한다.
- void reset(): 마지막으로 마크한 위치로 입력 포인터를 리셋한다.

다음은 Writer의 메소드이다.

- void write(int ch): 한 문자를 출력 스트림에 쓴다. 파라미터가 int임에 유의.
- void write(char buffer[]): buffer 내용을 출력.
- void write(char buffer[], int offset, int numChars): buffer[offset]에서 시작하는 배열 buffer로부터 numChars개의 문자를 출력.
- void flush(): 모든 버퍼를 출력.
- void close(): 쓰기를 위한 파일을 닫는다.

제14장

(1) InputStreamReader와 OutputStreamWriter

바이트스트림을 문자스트림으로 변환하는 클래스이다. 생성자는 다음과 같다.

```
InputStreamReader(InputStream is)
InputStreamReader(InputStream is, String encoding)

OutputStreamWriter(OutputStream os)
OutputStreamWriter(OutputStream os, String encoding)
```

위에서 첫 번째 매개변수는 바이트스트림임에 유의해야 한다. 즉 매개변수 InputStream과 OutputStream(바이트스트림)을 문자스트림으로 변환한다. 두 번째 매개변수 encoding은 문자에 대한 인코딩 방식을 나타낸다. 예를 들어 한글의 경우에는 ISO2022KR, euc-kr 등으로 지정한다.

(2) FileWriter 클래스와 FileReader 클래스

보통의 텍스트 파일 입출력에 가장 많이 사용되는 클래스이다. FileReader와 FileWriter 클래스는 InputStreamReader와 OutputStreamWriter의 서브클래스이다. 이때 한글 인코딩 방법은 InputStreamReader와 OutputStreamWriter에서 디폴트로 주어진 방법을 사용한다. 만약 디폴트 인코딩 방법이 여러분들의 환경에 맞지 않다면, FileWriter와 FileReader 대신 InputStreamReader와 OutputStreamWriter를 사용해야 한다.

생성자는 다음과 같다. 이들은 IOException을 생성시킬 수 있다.

```
FileWriter(String filePath)
FileWriter(String filePath, booean append)
FileWriter(File fileObj)
```

다음 생성자는 FileNotFoundException을 생성시킬 수 있다.

```
FileReader(String filePath)
FileReader(File fileObj)
```

모두 생성자의 매개변수의 형에 유의해야 한다.

예제 14.10 FileWriter 활용

```
import java.io.*;

class Char1 {
  public static void main(String args[]) throws IOException {
    FileWriter fw = new FileWriter(args[0]);
```

```
    for(int k = 1; k <= 5; k++)
      fw.write("line" + k + "\n");
    fw.close();
  }
}
```

실행

```
java Char1 c1.txt
```

실행결과

c1.txt 파일이 생긴다. 파일의 내용은 다음 [예제 14.11]의 실행결과와 같다.

[예제 14.11]은 [예제 14.10]에서 생성한 텍스트 파일을 읽어서 화면에 출력하는 프로그램이다.

예제 14.11 FileReader 활용

```
import java.io.*;

class Char2 {
  public static void main(String args[]) throws IOException {
    FileReader fr = new FileReader(args[0]);
    int c;
    while((c = fr.read()) != -1)
      System.out.print((char) c);
    fr.close();
  }
}
```

실행

```
java Char2 c1.txt
```

실행결과

```
line1
line2
line3
line4
line5
```

제14장

다음 [예제 14.12]는 명령어 라인에서 주어진 파일을 복사하는 프로그램이다. 명령어 라인에서 매개변수를 주지 않으면 키보드에서 읽은 자료를 모니터로 복사(출력)한다.

예제 14.12 FileReader와 FileWriter의 활용

```
import java.io.*;
class TextFileCopy {
  public static void copy(InputStreamReader f1, OutputStreamWriter f2)
                                                          throws IOException {
    int c = 0;
    while ((c = f1.read()) != -1) {
       f2.write(c);
    }
  }

  public static void main(String args[]) {
    InputStreamReader f1;
    OutputStreamWriter f2;
    try {
      if (args.length == 0) { // 매개변수를 주지 않으면 표준 입출력 사용
        f1 = new InputStreamReader(System.in); // 바이트스트림을 문자스트림으로
        f2 = new OutputStreamWriter(System.out); // 변환
        copy(f1, f2);
      }
      if(args.length == 2) {
        f1 = new FileReader(args[0]); // InputStreamReader를 사용하지 않은 이유는?
        f2 = new FileWriter(args[1]);
        copy(f1, f2);
       }
      }
    } catch (IOException e) {
      return;
    }
  }
}
```

[예제 14.12]의 main 메소드에서, 표준입력 스트림인 System.in과 표준 출력 스트림인 System.out은 모두 바이트스트림이다. 여기서는 표준입출력에 대하여 문자스트림을 사용할 것이기 때문에, System.in과 System.out을 문자스트림으로 변환하기 위하여 InputStreamReader와 OutputStreamWriter를 활용하여 문자스트림을 생성하였다. 계속해서메인 메소드의 매개 변수 args[0]와 args[1]에서 주어진 디스크 파일에서 파일 입

출력을 해야 하는데, InputStreamReader와 OutputStreamWriter의 생성자 매개변수의 형은 모두 바이트스트림이고, args[0]와 args[1]의 형은 String형이기 때문에, InputStreamReader와 OutputStreamWriter을 사용해서 파일을 열 수 없고, 그 대신에 생성자 매개변수의 형이 String인 FileReader와 FileWriter를 사용하여 파일 열기를 한다. 메소드 copy를 호출 할 때, copy의 매개변수 InputStreamReader는 FileReader의 슈퍼클래스이기 때문에, InputStreamReader형의 참조변수 f가 FileReader 객체 f에 대한 참조를 가질 수 있음에 유의하자.

(3) BufferedReader와 BufferedWriter 클래스

BufferedReader와 BufferedWriter 클래스는 입출력의 성능향상을 위해서 사용된다. 생성자의 형식은 다음과 같다.

```
BufferedReader(Reader is)
BufferedReader(Reader is, int bufSize)

BufferedWriter(Writer os)
BufferedWriter(Writer os, int bufSize)
```

매개변수의 형이 최상위 문자스트림 Reader와 Write 임에 유의한다. 생성자 매개변수에서 버퍼의 크기를 명시하지 않으면 디폴트 크기의 버퍼가 할당된다. 이 클래스에서만 사용할 수 있는 메소드로서 readLine()이 있다.

```
String readLine() throws IOException
```

이는 입력스트림으로부터 버퍼에 한 줄을 읽어오는 메소드이다.

예제 14.13 BufferedReader의 활용

```
import java.io.*;

class Buffered1 {
  public static void main(String args[]) throws Exception {
    FileReader fr = new FileReader(args[0]);
    BufferedReader br = new BufferedReader(fr);
    String s;

    while((s = br.readLine()) != null)
      System.out.println(s);
    fr.close();
  }
}
```

제14장

해설

텍스트 파일을 읽어서 그대로 화면에 출력하는 프로그램이다. FileReader의 생성자 매개변수의 args[0]형은 String이고, BufferedReader의 생성자 매개변수 fr의 형이 문자스트림인 FileReader임에 유의한다.

다음 [예제 14.14]는 파일을 읽어서 줄 번호를 붙여서 출력하는 프로그램이다.

예제 14.14 줄 번호 출력

```
import java.io.*;

class Buffered2 {
  public static void main(String args[]) throws Exception {
    BufferedReader br = new BufferedReader(new FileReader(args[0]));
    BufferedWriter bw = new BufferedWriter(new FileWriter(args[1]));
    String s, tmp;
    int line=0;
    while((s = br.readLine()) != null) {
       tmp = "line " + ++line + ":\t" + s + "\n";
       bw.write(tmp);
    }
    bw.close();
    br.close();
  }
}
```

14.6 표준입출력에서의 문자스트림 사용법

System.in은 InputStream형의 객체이고, System.out은 OutputStream의 서브클래스인 PrintStream형의 객체이다. 이들은 모두 바이트스트림 클래스이다. 따라서 이들을 사용하면 각 국가의 문자형(16비트 유니코드)으로 자동으로 변환되지 않는다. 디스크 파일에 대하여 문자입출력을 편리하게 하는 문자스트림이 존재하듯이, 표준입출력에 대해서도 문자입출력을 편리하게 하는(internationalize) 문자스트림이 필요할 것이다. 이러한 문제는 바이트스트림을 문자스트림으로 포장하는 방법으로 해결한다.

앞에서, 바이트스트림을 문자스트림으로 변환하는 클래스가 있음을 보았다. 그것은 InputStreamReader와 OutputStreamWriter이다. 다음 문장을 보자.

```
BufferedReader br = new BufferedReader(new InputStreamReader(System.in));
```

각 클래스 생성자의 매개변수의 형에 유의해서 살펴보기 바란다. 이렇게 하면, br을 사용하여 키보드 입력을 받아서 문자스트림으로 읽을 수 있다. 예를 들어 키보드 입력을 스트링으로 저장하기를 원할 때는 다음과 같이 사용하면 된다.

```
String str;
str = br.readLine();
```

예제 14.15 표준입력에서의 문자스트림 활용 예(1)

```
import java.io.*;

class CharRead1 {
  public static void main(String args[]) throws IOException {
    char c=' ';

    BufferedReader br = new BufferedReader(new InputStreamReader(System.in));
    while(c != 'q') {
       c = (char) br.read();
       System.out.println(c);
    }
  }
}
```

실행결과

```
입력자료: abc12q
a
b
c
1
2
```

예제 14.16 표준입력에서의 문자스트림 활용 예(2)

```
import java.io.*;

class CharRead2 {
  public static void main(String args[]) throws IOException {
    BufferedReader br = new BufferedReader(new InputStreamReader(System.in));
    String str[] = new String[10];

    for(int k = 0; k < 10; k++){
       str[k] = br.readLine();
```

```
            if(str[k].equals("q")) break;
        }
        for(int k = 0; k < 10; k++){
            if(str[k].equals("q")) break;
            System.out.println(str[k]);
        }
    }
}
```

실행

```
abc12
q
```

실행결과

```
abc12
```

표준입력과 마찬가지로, 표준출력에 대해서도 문자스트림을 사용하는 방법을 살펴보자. System.out은 바이트스트림인 PrintStream형이라고 하였다. 표준출력에 대해서도 문자스트림을 사용하기 위해서는 PrintStream형 대신에 문자스트림인 PrintWriter 스트림 클래스를 사용하면 된다. 다음은 그 생성자 중의 하나이다.

```
PrintWriter (OutputStream os, boolean on)
```

생성자 매개변수 os는 OutputStream형의 객체임에 유의한다. 즉, 바이트스트림이다. (on이 참이면 '₩n' 문자가 출력될 때마다 자동으로 출력스트림을 실제 출력장치로 출력함을 의미한다) 따라서 다음과 같이 바이트스트림인 System.out을 PrinterWriter의 생성자 매개 변수로 사용하여 문자스트림 객체 pw를 생성한다.

```
PrintWriter pw = new PrintWriter(System.out, true);
```

PrintWriter에서도 print()와 println() 메소드가 있다. 이를 이용해서 문자열을 모니터에 출력하려면, pw.println("문자열")과 같이 사용하면 된다.

System.out은 바이트스트림인 PrintStream형이라고 하였다. 이 클래스가 제공하는 연산인 println() 메소드는 간단한 프로그램을 작성할 때, 디버깅 목적으로 주로 사용된다. 그러나 표준입출력은 기본적으로 문자를 다루는 것이므로, 바이트스트림인 System.out보다는 문자스트림인 PrintWriter 객체를 사용하는 것이 더 바람직하다.

예제 14.17 표준출력에 대한 문자스트림 사용

```
import java.io.*;

class CharRead3 {
  public static void main(String args[]) throws IOException {
    PrintWriter pw = new PrintWriter(System.out, true);
// 숫자나 문자열을 모니터로 출력
    pw.println("PrintWrite test");
    int k = 23;
    pw.println(k);
  }
}
```

실행결과

```
PrintWriter test
23
```

과제

1 10장 인터페이스의 [과제 2]와 같은 일을 하되, 텍스트 파일로부터 배열 a에 문자열을 읽어 들여라.

2 8장 문자열의 [과제 1]와 같은 일을 하되, 텍스트 파일로부터 입력된 단어들에 대하여 정렬하는 프로그램을 작성하라.

3 텍스트 파일로부터 정수 집합을 읽어서 이를 int형으로 변환하여 내림차순으로 정렬해서 출력하는 프로그램을 작성하라.

4 [예제 14.12] 파일 복사 프로그램에서 main의 매개변수가 다음과 같을 때 올바로 처리 되도록 프로그램을 수정하라.

```
실행: C:\> TextFileCopy
실행결과: 표준입력을 표준출력으로 복사
실행: C:\> TextFileCopy from.txt to.txt
실행결과: from.txt를 읽어서 to.txt로 복사
실행: C:\> TextFileCopy con to.txt
실행결과: 표준입력으로 읽어서 to.txt로 복사
실행: C:\> TextFileCopy from.txt con
실행결과: from.txt를 읽어서 표준출력으로 복사
```

5 [예제 14.2]와 [예제 14.3]에 대하여

(1) 여러분의 컴퓨팅 환경에서 이 프로그램을 실행시킨 결과를 제출하라.

(2) 디렉토리의 경우에는 그 하위 파일과 디렉토리도 모두 출력하는 프로그램을 작성하라.

학습정리

1. 자바 입출력 스트림의 종류로는 바이트스트림과 문자스트림이 있다.
2. 바이트스트림은 모든 형의 입출력에 사용 가능하지만 주로 이진데이터 입출력에 사용한다.
3. 문자스트림은 문자 입출력을 편리하게 해 주는 스트림이다.
4. File 클래스는 디스크파일에 관련된 정보(예: permission, time, directory path 등)를 얻는데 이용되는 클래스이다.
5. InputStream과 OutputStream는 바이트스트림의 최상위 클래스이다.
6. InputStream과 OutputStream에서 선언된 메소드는 모든 서브클래스에서 공통으로 사용할 수 있다.
7. FileInputStream과 FileOutputStream는 파일로부터 바이트로 읽어 들일 때 사용한다.
8. 모든 형태의 입출력을 할 때 파일열기(open)를 해야 하는데 이를 위해서 해당 클래스의 객체 생성하면 된다.
9. ByteArrayInputStream과 ByteArrayOutputStream는 바이트형 배열로 입출력할 때 사용하는 클래스이다.
10. 필터스트림은 기반 스트림에 연결하여 기능이 추가된 스트림을 얻을 때 사용한다.
11. 문자스트림 클래스는 한글과 같은 문자를 효과적으로 지원하는 클래스이다.
12. 문자스트림 InputStreamReader와 OutputStreamWriter는 생성자 매개변수를 바이트스트림으로 받아서 문자스트림으로 변환하는 클래스이다.
13. FileWriter 클래스와 FileReader 클래스는 텍스트 파일 입출력에 보편적으로 사용되는 클래스이다.
14. BufferedReader와 BufferedWriter 클래스를 사용할 때에는 생성자 매개변수의 형에 유의해야 한다.

15 System.in과 System.out는 모두 바이트스트림 클래스이다.

16 표준입출력 System.in과 System.out에 대한 문자입출력을 하기 위해서는 InputStreamReader와 OutputStreamWriter를 사용하여 바이트스트림을 문자스트림으로 포장하는 방법으로 해결할 수 있다. 이때 Reader와 Writer의 메소드 read와 write 등을 사용할 수 있다.

17 표준출력인 System.out에 대하여 문자스트림인 PrintWriter 클래스을 사용하면, PrintWriter 클래스에서 제공하는 메소드 print()와 println()를 사용할 수 있다.

Chapter

15 스레드(Thread)와 병행프로그래밍

하나의 프로그램에서 여러 가지 일을 동시에 해야 할 경우가 있다. 이를 위하여 자바는 언어 자체에서 스레드라는 개념을 지원한다. 여기서는 스레드를 만들어서 실행시키는 방법을 소개하고, 스레드 동기화에 대하여 그 기본 개념을 소개한다.

15.1 개요

한 순간에 다수의 프로그램이 동시에 실행되는 경우가 흔히 있다. 예를 들어 컴퓨터에서 음악을 들으면서 워드프로세서 작업을 할 수 있다. 이 경우 음악을 플레이시키는 프로그램과 워드프로세서 프로그램이 동시에 수행된다. 이렇게 여러 개의 프로그램이 동시에 수행되기 위해서는 운영체제가 그 기능을 지원해야 한다. 즉 서로 다른 프로그램들이 동시에 수행되는 것은 프로그래머의 관심사가 아니라 운영체제 설계자의 관심사이다.

반면에 하나의 프로그램이 여러 개의 작업으로 나뉘어져서, 각각의 작업을 동시에 실행시키는 경우가 있다. 예를 들면, 내가 만든 메타검색기에 'java' 단어에 대한 검색질의를 한다면, 이 검색기는 yahoo와 naver에 동시에 'java' 검색질의를 보낸 후, 각 검색기에서 보내온 결과를 하나로 통합하여 사용자에게 검색결과를 보여준다고 하자. 이 메타검색기 프로그램은 yahoo에 질의하여 검색결과를 모으는 작업과, naver에 질의하여 검색결과를 모으는 작업 두 개로 나누어서 동시에 수행시키는 것이 자연스러울 것이다. 이때 동시에 수행되는 두 개의 작업을 만들 수 있는 방법이 필요한데, 자바는 이 두개의 작업을 각각 스레드로 만들어서 두 개의 스레드를 동시에 수행시킬 수 있는 방법을 제공한다. 각 스레드는 동시에 수행될 수 있기 때문에, 다수의 스레드를 이용한 프로그래밍을 병행프로그래밍(concurrent programming) 이라 한다.

자바는, 프로그램의 일부 작업을 다수의 스레드로 만들고, 각 스레드를 동시에 실행 가능하게 해 주는 병행프로그래밍 기능을 언어 자체에서 제공한다. 병행프로그래밍을 지원하기 위해서는 다음의 기능을 기본적으로 제공해야 한다.

(1) 다수의 스레드를 생성할 수 있는 기능

(2) 두 스레드가 필요시에 서로 순서를 지켜가며 수행하도록 하는 동기화(synchronization) 기능

(3) 두 스레드가 서로 정보를 교환할 수 있도록 대화하는 기능(inter-thread communication)

본 장에서는 이들 기능에 대하여 살펴본다.

15.2 main 스레드

자바 프로그램을 수행시키면 main 스레드가 자동으로 생성되어서 곧바로 실행된다. 지금까지 앞에서 작성된 모든 프로그램은 main 스레드만으로 구성된 단일 스레드 프로그램

이었다. 이 스레드로부터 자식스레드를 생성할 수 있다. 또한, 이 스레드의 실행이 끝나는 것이 프로그램 실행 종료를 의미한다.

클래스 Thread에는 다음의 메소드가 정의되어 있어서, 이를 사용해서 main 스레드를 사용자프로그램에서 제어할 수 있다.

```
public static Thread currentThread() //현재 스레드 객체를 반환
final void setName(String threadName) //스레드 이름 변경
```

main 스레드의 이름은 디폴트로 main인데, 다음 프로그램은 그 이름을 변경시키는 예이다.

예제 15.1 스레드 이름 변경

```
class MainThread {
  public static void main(String args[]) {
    Thread t = Thread.currentThread(); //현재스레드 객체를 얻어서

      //현재 스레드의 이름을 출력.
      System.out.println("현재 스레드: "+ t);

       // 스레드 이름 변경 후 출력
      t.setName("홍길동");
      System.out.println("스레드 이름 변경 후: "+ t);
  }
}
```

실행결과

```
현재 스레드: Thread[main, 5, main]
스레드 이름 변경 후: Thread[홍길동, 5, main]
```

해설

클래스 Thread에서 정의된 toString()는 스레드 객체를 출력할 때 [스레드 이름, 스레드 우선순위, 스레드그룹 이름]의 형태로 출력한다. 현재 객체의 디폴트 스레드 이름은 main이고 디폴트 우선순위는 5이며 디폴트 스레드 그룹이름도 main이다. 여기서는 스레드 그룹에 대해서는 더 이상 언급하지 않는다.

15.3 스레드 생성

자바 스레드는 java.lang 패키지에 있는 클래스 Thread의 인스턴스로 표현된다. 즉, 자바에는 미리 정의된 클래스 Thread가 있는데, 이 클래스 Thread의 객체를 만드는 것이 바로 스레드를 만드는 것이다.

클래스 Thread의 객체를 만들기 위해서는 (즉 스레드를 만들기 위해서는) 그 생성자를 알아야 한다. 다음은 그 생성자의 일부이다.

```
Thread(String name)
Thread(Runnable threadObj)
Thread(Runnable threadObj, String threadName)
```

첫 번째 생성자에서의 매개변수 name은 생성될 스레드에 이름을 부여하는 것이다. 두 번째와 세 번째 생성자의 매개변수 threadObj는 Runnable 인터페이스를 구현한 객체를 의미한다. 이는 뒤에서 설명된다.

다음의 메소드들은 클래스 Thread에서 정의되어 있다.

```
static void sleep(long milliseconds) throws InterruptedException
static void sleep(long milliseconds, int nanosec) throws InterruptedException
final void setName(String threadName) //스레드 이름 지정
final String getName() //스레드 이름을 가져옴
```

메소드 sleep()은 스레드의 실행을 잠시 중단하도록 하는 것이다. 이 메소드에서 발생할 수 있는 InterruptedException은 checked exception이기 때문에, 프로그래머가 반드시 예외처리를 해 주어야 한다. 예를 들어, 0.1초씩 쉬게 하는 sleep()의 사용 예는 다음과 같다. sleep()은 정적(static)메소드이기 때문에, 그것이 속한 클래스이름 Thread를 사용해서 호출한다.

```
try {
    for (int i = 0; i < 3; i++) {
        System.out.println(i);
        Thread.sleep(100);
    }
} catch (InterruptedException e) {
    System.out.println("Interrupted!");
}
```

새로운 스레드를 만들기 위해서는 Thread 형 객체를 만들어야 하는데 생성자 Thread (String name)로써 객체를 생성하는 경우와 Thread(Runnable threadObj)로써 객체를 생성하는 경우를 살펴보자.

(1) 생성자 Thread(String name)를 이용한 스레드 생성

클래스 Thread에서는 메소드 run()이 포함되어 있다. 스레드가 해야 할 일은 메소드 run()에서 정의되어야 하기 때문에 사용자는 반드시 이 메소드를 정의해야 한다. 사용자가 이 메소드를 정의하기 위해서 클래스 Thread를 직접 수정할 수는 없으므로, 클래스 Thread를 상속받아서 그 서브클래스에서 메소드 run()을 재정의(overriding)하면 된다.

```
class MyThread extends Thread {
  MyThread(String str) {
    super(str); //자식 스레드 이름 부여
  }
  public void run() {
    자식 스레드가 할 일을 정의함
  }
}
```

클래스 MyThread는 클래스 Thread를 확장한 클래스이다. 스레드 이름을 부여하기 위하여 super(str); 문장을 사용하였다. super(str)는 자기 슈퍼클래스의 생성자를 호출하는 것인데, 클래스 MyThread의 슈퍼클래스의 이름은 Thread이고, 클래스 Thread의 생성자 중에는 다음과 같은 생성자가 있음을 앞에서 보았다.

```
Thread(String name) // name은 스레드 이름
```

따라서 super(str)로써 스레드 이름을 부여할 수 있다.

스레드가 해야 할 일을 정의하기 위해서 run() 메소드를 overriding(재정의)해야 한다. run() 메소드는 보통 프로그램의 main() 역할과 유사하다. main()의 수행이 완료되면 프로그램 수행이 종료하듯이, 자식스레드에서 run() 수행이 완료되면 그 스레드의 수행이 종료된다.

[예제 15.2]에서 자식 스레드가 하는 일은 0부터 2까지의 정수 값을 자기 이름과 함께 출력하는 것이다. 한번 출력한 뒤에는 0.05초씩 기다린다. 이는 클래스 SimpleThread1에서 정의된다. 클래스 ThreadDemo는 자식 스레드를 생성하고 실행시키는 main() 스레드를 정의한 것이다. 먼저, 클래스 Thread를 확장한 클래스인 SimpleThread1형의 객체 t1과 t2를 생성한다. 이 t1과 t2가 바로 생성된 스레드이다. (정확히 말하면 스레드에 대한 참조이다) 각 자식 스레드의 이름을 생성자의 실인자로 주었다.

스레드 t1과 t2를 실행시키기 위해서, SimpleThread1에서 정의된 run()을 직접적으로 호출하면 안되고, start()를 호출해야 한다. start()는 메소드 run()을 자동으로 호출하기 때문에, 프로그래머는 start()를 통해서 간접적으로 run()을 호출하게 한다. 이는 자바 실행시스템이 start()를 통해서 새로 생긴 스레드를 지원하기 위한 내부적인 작업을 해야 하기 때문이다. 이렇게 두 개의 자식스레드를 생성하고 실행시킨 다음에, 자신은 계속해서 0부터 2까지의 정수를 0.1초씩 쉬어가면서 출력한다.

예제 15.2 상속을 이용한 스레드 객체생성

```
class SimpleThread1 extends Thread {
  SimpleThread1(String str) {
    super(str);
  }
  public void run() {
    try {
       for (int i = 0; i < 3; i++) {
         System.out.println(getName() + ": " + i);
         Thread.sleep(50);
       }
    } catch (InterruptedException e) {
       System.out.println(getName() + "interrupted.");
    }
    System.out.println(getName() + " Exiting");
  }
}
class ThreadDemo {
  public static void main(String args[]) {
     //스레드 생성(자식스레드)
    SimpleThread1 t1 = new SimpleThread1("Kim");
    SimpleThread1 t2 = new SimpleThread1("Hong");
    t1.start();
    t2.start();

    try {
       for (int i = 0; i < 3; i++) {
               System.out.println(Thread.currentThread() + ": " + i);
               Thread.sleep(100);
       }
    } catch (InterruptedException e) {
       System.out.println("Interrupted in the main thread");
    }
  }
}
```

실행결과 **중의 하나**

```
Child thread Kim is created
Child thread Hong is created
Thread[main,5,main]: 0
Kim: 0
Hong: 0
Kim: 1
Hong: 1
Thread[main,5,main]: 1
Kim : 2
Hong : 2
Kim Exiting
Hong Exiting
Thread[main,5,main]: 2
```

여기서 반드시 유의해야 할 사항이 있다. 비록 수행결과가 위와 같이 나왔다고 해서 항상 위와 같은 수행결과가 나온다고 판단하면 안된다. 즉, 메인스레드와 두 개의 자식 스레드 Kim과 Hong, 총 3개의 스레드는 동시에 서로 간섭 받지 않고 수행된다고 생각해야 한다. 각 스레드의 수행속도와 수행순서에 대한 가정을 하면 안된다. 수행결과는 항상 임의로 섞일 수 있다.

(2) 생성자 Thread(Runnable threadObj)를 이용한 스레드 생성

스레드를 만드는 방법은 기본적으로 클래스 Thread형의 객체를 생성하는 것이라고 하였다. 그러면 Thread형의 객체를 생성하기 위하여 앞에서 보인 그 생성자의 일부를 다시 한 번 살펴보자.

```
Thread(Runnable threadObj)
Thread(Runnable threadObj, String threadName)
```

생성자의 매개변수 threadObj의 형이 Runnable 인터페이스임에 주의하자. 이에 대응되는 실인자는 Runnable 인터페이스를 구현한 객체이어야 한다.

따라서 Runnable 인터페이스를 이용해서 스레드를 만들기 위해서는 먼저, Runnable 인터페이스를 구현한 클래스를 만들고, 구현된 클래스에 대한 객체를 생성한 다음, 생성된 객체를 클래스 Thread 생성자의 매개변수로 사용해서 스레드를 생성하면 된다.

Runnable 인터페이스를 구현하기 위해서는 그 인터페이스에 무엇이 선언되어 있는지를 알아야 한다. 다음은 Runnable 인터페이스의 내용이다.

```
public interface Runnable {
        public abstract void run();
}
```

인터페이스 Runnable에 메소드 run()이 선언되어 있으므로 이를 구현해야 한다.

자바는 다중상속을 지원하지 않기 때문에, 이미 어떤 클래스를 상속받은 클래스가 스레드를 정의하고자 할 때, 앞에서 논한 방법처럼, 클래스 Thread를 또 다시 상속받을 수가 없다. (예를 들어, 애플릿을 만들 때 클래스 Applet을 상속받아야 하는데, 애플릿에서 스레드를 만들기를 원할 때, 클래스 Thread를 또 상속받을 수가 없다) 이때는 Runnable 인터페이스를 이용해서 스레드를 만들 수 있다.

예제 15.3 Runnable 인터페이스를 이용한 스레드 생성 예(1)

```
class Run1 implements Runnable { // Runnable 인터페이스 구현
  public void run() {
    System.out.println("자식스레드1");
  }
}

public class MainThread {
  public static void main(String[] args) {

/*  Runnable 인터페이스를 구현한 클래스 Run1에 대한 객체를 생성하고
    그것을 Thread 생성자의 매개변수로 넘김 */

    Thread t = new Thread(new Run1());
    System.out.println("지점1");
    t.start(); // 스레드 실행
    System.out.println("지점2");
  }
}
```

실행결과 **중의 하나**

```
지점1
지점2
자식스레드1
```

문장 Thread t = new Thread(new Run1());에서 보는 것처럼, Thread의 생성자 매개변수가 new Run1()로서, 이는 Runnable 인터페이스를 구현한 클래스 Run1의 객체임에 유의하자.

앞에서 설명한 바와 같이 두 스레드에 대한 속도(수행순서)에 대한 가정을 하면 안 됨을 다시 한 번 유의하자.

다음 [예제 15.4]는 [예제 15.3]과 같은 내용인데, 문법만 바꾼 것이다.

예제 15.4 Runnable 인터페이스를 이용한 스레드 생성 예(2)

```
class Run2 implements Runnable {
  public void run() {
    System.out.println("자식스레드1");
  }
}

public class MainThread {
  public static void main(String[] args) {

// Runnable 인터페이스를 구현한 클래스 Run2에 대한 객체 생성
    Run2 th = new Run2();

    System.out.println("지점1");
    new Thread(th).start();// 그것을 Thread 객체생성의 매개변수로 사용
    System.out.println("지점2");
  }
}
```

실행결과 중의 하나

```
지점1
지점2
자식스레드1
```

Runnable 인터페이스를 구현한 클래스 Run2의 객체를 생성하여 변수 th에 저장한 후, 이를 매개변수로 하여 스레드 객체를 만들고(스레드를 생성하고) 곧바로 실행 시킨 것이다.

[예제 15.5]는 Run3의 생성자에서 스레드를 생성하여 실행시키는 예이다. 문장 t = new Thread(this, "홍길동");에 유의하자. 여기서 Runnable인터페이스를 구현한 클래스는 Run3 자신이므로, 즉 this 이므로, this를 Thread 생성자 매개변수로 사용함에 유의하자.

예제 15.5 Runnable 인터페이스를 이용한 스레드 생성 예(3)

```
class Run3 implements Runnable {
  Thread t;
  Run3() {
    t = new Thread(this, "홍길동"); /* Runnable인터페이스를 구현한 클래스는 Run3 자신
                             이므로 자신의 객체인 this를 사용함. */
    t.start(); // 스레드 수행 시작
  }

  public void run() {
       System.out.println("자식스레드: " + Thread.currentThread());
       for (int k = 1; k <= 3; k++)
         System.out.println("자식스레드 " + t.getName() + " 1부터 3까지 출력: " + k);
  }
}
class ThreadDemo {
  public static void main(String args[]) {
       new Run3();
       System.out.println("Main Thread: " + Thread.currentThread());
       for (int i = 3; i > 0; i--) {
         System.out.println("main thread: "+ i);
       }
  }
}
```

실행결과 중의 하나

```
Main Thread: Thread[main,5,main]
자식스레드: Thread[홍길동,5,main]
main thread: 3
자식스레드 홍길동 1 부터 3까지 출력: 1
main thread: 2
자식스레드 홍길동 1 부터 3까지 출력: 2
main thread: 1
자식스레드 홍길동 1 부터 3까지 출력: 3
```

메소드 join()은 호출되는 스레드가 종결될 때까지 기다리는 메소드이다.

```
final void join() throws InterruptedException
```

[예제 15.6]은 이를 사용한 예제이다.

예제 15.6 join() 활용

```
class Join implements Runnable {
	String threadName;
	Thread t;

	Join(String threadName) {
		this.threadName = threadName;
		t = new Thread(this, threadName);
		System.out.println("생성된 스레드: " + t);
		t.start(); // 스레드의 시작
	}

	public void run() {
		try {
			for (int i = 5; i > 0; i--) {
				System.out.println(threadName + " : " + i);
				Thread.sleep(1000);
			}
		} catch (InterruptedException e) {
			System.out.println(name + "예외 발생");
		}
		System.out.println("스레드" + threadName + "끝");
	}
}

class DemoJoin {
	public static void main(String args[]) {
		Join ob1 = new Join("one");
		Join ob2 = new Join("two");
		Join ob3 = new Join("three");
		try {
			System.out.println("자식스레드가 끝나길 기다림.");
			ob1.t.join(); // 스레드 one의 종결 기다림
			ob2.t.join(); // 스레드 two의 종결 기다림
			ob3.t.join(); // 스레드 three의 종결 기다림
		} catch (InterruptedException e) {
			System.out.println("Main thread Interrupted");
		}
		System.out.println("메인 스레드 끝");
	}
}
```

제15장

실행결과 중의 하나

```
Join: Thread[one,5,main]
Join: Thread[two,5,main]
Join: Thread[three,5,main]
자식스레드가 끝나길 기다림.
one: 5
two : 5
three : 5
...
one: 1
two : 1
three : 1
Two 끝
Three 끝
One 끝
메인 스레드 끝
```

ob1.t.join()를 살펴보자. 클래스 NewThread에서는 생성자에서 스레드를 생성하여 필드 t에 저장하고 있다. 생성자에서 생성된 객체를 자기 필드에 저장하는 이유는 그 객체를 자기 메소드나 다른 클래스에서 사용하기 위해서이다. 메소드 join()은 클래스 Thread에 정의된 메소드이다. 따라서 객체 ob1의 필드인 t(Thread 형 객체)로써 join()를 호출하였다.

15.4 스레드 우선순위

운영체제는 다음에 수행할 스레드를 결정한다. 이때 우선순위가 높은 스레드에게 CPU를 오랫동안 점유할 수 있도록 해 준다. 자바 프로그램에서 스레드에게 우선순위를 부여하거나, 우선순위 값을 가져오는 메소드는 다음과 같다.

```
final void setPriority(int p)
final int getPriority()
```

이 메소드들은 클래스 Thread에 속한 메소드이다. 매개변수 p값은 1에서 10까지의 값을 가질 수 있는데, 다음과 같이 미리 정의된 상수도 있다.

```
MIN_PRIORITY : 1
MAX_PRIORITY: 10
NORM_PRIORITY:5
```

[예제 15.7]은 우선순위가 높은 스레드와 낮은 스레드를 하나씩 생성하여, 각 스레드가 CPU를 어느 정도 점유하는지 알아보는 프로그램이다. 두 개의 스레드가 실행되는 시간은 메인 스레드에서 sleep() 메소드로써 조절하고 있다. 각 스레드는 자신의 필드 count 값을 무한 반복해서 1씩 증가시킨다. 따라서 CPU를 더 오랫동안 점유하는 스레드의 count 값이 더 클 것이다.

각자는 이 프로그램을 자기 컴퓨터에서 실행시켜서 그 결과를 살펴보자. 우선순위가 낮은 스레드를 먼저 실행시키기 때문에, 메소드 sleep()의 매개변수 값을 변경시켜가면서 실습하면 더 현실적인 값을 얻을 수 있다.

예제 15.7 스레드 우선순위

```
class Priority implements Runnable {
  int count = 0;
  Thread t;
  volatile boolean running = true;

  public Priority(int p) {
    t = new Thread(this);
    t.setPriority(p);
  }

  public void run(){
    while(running){ count++;}
  }

  public void stop(){ running = false;}
  public void start() { t.start(); }
}

class HiLoPri {
  public static void main(String args[]) {
    Thread.currentThread().setPriority(Thread.MAX_PRIORITY);
    Priority hi = new Priority(Thread.NORM_PRIORITY + 2);
    Priority lo = new Priority(Thread.NORM_PRIORITY - 2);
    lo.start();
    hi.start();
    try {
       Thread.sleep(50000);
    } catch(InterruptedException e) {
       System.out.println(" Main thread interrupted. ");
    }
```

제15장

```
        lo.stop();
        hi.stop();
        try {
            hi.t.join();
            lo.t.join();
        }catch (InterruptedException e) {
            System.out.println(" InterruptedException caught ");
        }
        System.out.println(" Low-priority thread: "  + lo.count);
        System.out.println(" High-priority thread: "  + hi.count);
    }
}
```

실행결과 중의 하나

```
Low-priority thread: 1251
High-priority thread: 9078
```

이 예에서 키워드 volatile은 자바 컴파일러가 변수 running에 대하여 코드 최적화를 못하게 하여 while문이 실행될 때 마다 반복해서 변수 running 값이 참인지 거짓인지 체크하도록 하기 위하여 사용되었는데, 이는 컴파일러를 배워야 더 잘 알 수 있다.

15.5 동기화(Synchronization)

동기화란 두 개 이상의 스레드가 공유 자원을 엑세스해야 할 때, 공유자원이 한 번에 한 스레드에 의해서만 사용되도록 하는 것을 말한다. 은행에서 돈을 입금하고 인출하는 경우를 예를 들어보자. 스레드 A는 한 고객에 대하여 입금업무를 담당하고, 스레드 B는 인출업무를 담당한다고 하자. 이때 두 개의 스레드 A, B는 고객의 '잔고'를 공유하고 있다. (이 '잔고'는 스레드 A와 B가 공유하고 있는 공유변수가 된다. 이를 일반적으로는 공유자원이라 부른다) 두 스레드가 하는 일은 다음과 같을 것이다.

스레드 A의 동작과정:

- 단계1: 고객의 잔고를 읽는다.
- 단계2: 합 = 잔고 + 입금액
- 단계3: 잔고 = 합

스레드 B의 동작과정:

- 단계1': 고객의 잔고를 읽는다.
- 단계2': 차액 = 잔고 − 인출액
- 단계3': 잔고 = 차액

현재 고객의 잔고가 2000원이라 가정하고, 한 곳에서는 1000원을 입금하고, 다른 한 곳에서는 1000원을 인출한다고 가정하자. (그 결과는 원래의 잔고 2000원이 남아야 한다) 이 두 가지 일이 거의 동시에 이루어졌다고 하자. 그러면 스레드 A와 B가 거의 동시에 수행될 것이다. 이때 두 스레드의 동작과정이 다음과 같이 이루어졌다고 가정하자.

(1) 스레드 A가 단계1 수행: 2000원을 읽음
(2) 스레드 B가 단계1' 수행: 2000원을 읽음
(3) 스레드 A가 단계2 수행: 합 = 2000원 + 1000원
(4) 스레드 B가 단계2' 수행: 차액 = 2000원 − 1000원
(5) 스레드 A가 단계3 수행: 잔고 = 합 3000원
(6) 스레드 B가 단계3' 수행: 잔고 = 차액 1000원

결국, 잔고가 2000원이 안되고, 1000원이 되었다. 이는 두 스레드가 공유자원(잔고)에 동시에 접근하였기 때문에 발생된 일이다. 위의 입출금 과정이 올바르게 진행되기 위해서는, 각 단계가 서로 섞이지 않도록 해야 한다. 예를 들어, A가 단계1부터 단계3까지 수행하는 동안에는 스레드 B가 자신의 각 단계를 수행 못하게 막아야 한다. 즉 다음과 같은 순서대로 실행되어야 한다.

(1) 스레드 A가 단계1 수행: 2000원을 읽음
(2) 스레드 A가 단계2 수행: 합 = 2000원 + 1000원
(3) 스레드 A가 단계3 수행: 잔고 = 합 3000원
(4) 스레드 B가 단계1' 수행: 3000원을 읽음
(5) 스레드 B가 단계2' 수행: 차액 = 3000원 − 1000원
(6) 스레드 B가 단계3' 수행: 잔고 = 차액 2000원

스레드는 기본적으로는 서로의 간섭을 받지 않고, 마음대로 수행한다. 그러나 위와 같은 경우에는, 한 스레드가 공유자원인 '잔고'에 대한 작업을 완료한 이후에, 다른 스레드가 '잔고'에 접근하도록 서로 조정이 되어야 한다. 이렇게 순서를 조정하는 것을 동기화라 한다.

동기화가 필요한 경우는 두 가지 형태로 나누어진다. 첫 번째는 위의 예와 같이 공유자원에 대하여 오직 하나의 스레드만 접근하도록 하는 것인데, 이를 상호배제(혹은, 경쟁 동기화)라 한다. 두 번째는 한 스레드에서 특정 사건이 일어나야만 다른 스레드가 수행을 계속할 수 있는 경우인데 이를 협동 동기화 혹은 그냥 동기화라고 한다.

다음은 앞의 입출금 예제에서 상호배제가 이루어지지 않아서 잘못된 결과가 나오는 프로그램의 예이다. 컴퓨터의 성능에 따라서 결과가 다르게 나오기 때문에 여러 번 반복해서 실행시켜보자. 그리고 for문에서 반복횟수를 10을 100 등으로 수정해서 여러 번 반복 실행시켜 보자. 때로는 올바른 결과가 나오고 때로는 잘못된 결과가 나오는 것을 확인하자.

예제 15.8 입출금 프로그램: 잘못된 프로그램

```
class Account {
  private int balance;

  Account(int amt) {
    balance = amt;
  }

  int currentBalance() {
    System.out.print(" 잔고를 반환함. ");
    return balance;
  }

  void add(int amt) {
    int tmp, sum;

    tmp = amt;
    System.out.print(" 입금액을 가져옴. ");
    sum = tmp + balance;
    System.out.print(" 잔고에 더함. ");
    balance = sum;
  }

  void sub(int amt) {
    int tmp, sum;

    tmp = amt;
    System.out.print(" 인출액을 가져옴. ");
    sum = balance - tmp;
    System.out.print(" 잔고에서 뺌. ");
    balance = sum;
```

```
  }
}

class Deposit implements Runnable {
  Account name;
  Thread t;
  Deposit(Account act) {
    name = act;
    t = new Thread(this, "Deposit");
    t.start();
  }

  public void run() {
    for(int k = 0; k < 10; k++) {
      name.add(1000);
      System.out.println("입금 후 잔고: " + name.currentBalance());
    }
  }
}

class Withdraw implements Runnable {
  Account name;
  Thread t;
  Withdraw(Account act) {
    name = act;
    t = new Thread(this, "Withdraw");
    t.start();
}

  public void run() {
    for(int k = 0; k < 10; k++) {
      name.sub(1000);
      System.out.println("인출 후 잔고: " + name.currentBalance());
    }
  }
}

class MutualExclusion {
  public static void main(String[] args) {
    Account kim = new Account(10000);
    Deposit d = new Deposit(kim);
    Withdraw w = new Withdraw(kim);
    try {
```

```
            d.t.join();
            w.t.join();
        }
        catch(InterruptedException e) {
            System.out.println(e);
        }
        System.out.println("Balance = " + kim.currentBalance());
    }
}
```

실행결과 중의 하나

```
입금액을 가져옴. 잔고에 더함. 잔고를 반환함. 입금 후 잔고: 11000
입금액을 가져옴. 잔고에 더함. 잔고를 반환함. 입금 후 잔고: 12000
인출액을 가져옴. 입금액을 가져옴. 잔고에서 뺌. 잔고에 더함. 잔고를 반환함. 잔고를 반환함. 인출 후
 잔고: 13000
입금 후 잔고: 13000
인출액을 가져옴. 입금액을 가져옴. 잔고에서 뺌. 잔고에 더함. 잔고를 반환함. 잔고를 반환함. 인출 후
 잔고: 14000
입금 후 잔고: 14000
인출액을 가져옴. 입금액을 가져옴. 잔고에서 뺌. 잔고에 더함. 잔고를 반환함. 잔고를 반환함. 인출 후
 잔고: 15000
입금 후 잔고: 15000
인출액을 가져옴. 입금액을 가져옴. 잔고에서 뺌. 잔고에 더함. 잔고를 반환함. 잔고를 반환함. 인출 후
 잔고: 16000
입금 후 잔고: 16000
인출액을 가져옴. 입금액을 가져옴. 잔고에서 뺌. 잔고에 더함. 잔고를 반환함. 잔고를 반환함. 인출 후
 잔고: 17000
입금 후 잔고: 17000
인출액을 가져옴. 입금액을 가져옴. 잔고에서 뺌. 잔고에 더함. 잔고를 반환함. 잔고를 반환함. 인출 후
 잔고: 18000
입금 후 잔고: 18000
인출액을 가져옴. 입금액을 가져옴. 잔고에서 뺌. 잔고에 더함. 잔고를 반환함. 잔고를 반환함. 인출 후
 잔고: 19000
입금 후 잔고: 19000
인출액을 가져옴. 입금액을 가져옴. 잔고에서 뺌. 잔고에 더함. 잔고를 반환함. 잔고를 반환함. 인출
 후 잔고: 20000
입금 후 잔고: 20000
인출액을 가져옴. 잔고에서 뺌. 잔고를 반환함. 인출 후 잔고: 19000
인출액을 가져옴. 잔고에서 뺌. 잔고를 반환함. 인출 후 잔고: 18000
잔고를 반환함. Balance = 18000
```

입금액과 인출액이 동일하기 때문에, 프로그램 수행 결과 값은, 최초의 금액 10000이 되어야 함에도 불구하고 다른 결과 값이 나왔다. 이 프로그램을 여러 번 반복해서 수행시키면 여러 가지 다른 결과가 나오는 것을 볼 수 있을 것이다. 이는 공유자원 '잔고'에 대한 상호배제가 이루어지지 않았기 때문이다. 즉, 공유자원(잔고)의 값을 변경시키거나 가져오는 메소드인 add()의 실행이 끝나기 전에 sub()가 실행될 수 있었기 때문이다.

[예제 15.9] 프로그램이 올바른 결과가 나오도록 하기 위해서는, add()가 실행 중일 때는 sub()가 실행되지 못하도록 하고, 반대로 sub()가 실행 중일 때는 add()가 실행되지 못하도록 해야 한다. 이를 위하여, 공유자원을 가진 클래스에 속한 메소드 중에서 공유자원에 접근하는 메소드인 add()와 sub()를 다음과 같이 수정하면 된다.

```
synchronized void add(int amt) {
    동일
}
synchronized void sub(int amt) {
    동일
}
```

위의 add()와 sub()를 동기화된 메소드(Synchronized method)라 부른다. 이렇게 메소드 이름 앞에 키워드 synchronized를 붙이면 add()가 실행되는 동안에는 sub()가 실행되지 않고 대기하고 있으며, sub()가 실행되는 동안에는 add()가 실행되지 않고 대기한다. 즉 공유변수 '잔고'에 대하여 상호배제가 이루어진다. 그래서 잔고에 대하여 스레드 A와 B사이에 상호배제가 이루어져서 올바른 결과가 나온다.

한편, 다중 스레드를 목적으로 만들지 않은 클래스가 있을 때, 예를 들어, 한 사람이 만든 클래스를 다른 사람들이 공유하고 있는데, 자기는 그 클래스를 동기화 시켜서 사용해야 할 때, 클래스 정의부분은 건드리지 않고(즉 동기화된 메소드를 만들지 않고), 자기 프로그램의 한 부분에서 그 클래스에 대한 멤버들에 대하여 동기화하기를 원할 수 있다. 이 때는 동기화 문장(Synchronized Statement)을 사용한다.

동기화 문장을 사용할 때, 위의 경우에는 [예제 15.9]를 다음과 같이 수정하면 된다. 이렇게 하면 메소드 add()와 sub() 앞에 키워드 synchronized를 붙일 필요가 없다. 즉 클래스 Account를 변경할 필요가 없다.

```
public void run() {
  for(int k = 0; k < 10; k++) {
       synchronized(name) { name.add(1000); }
       System.out.println("After deposit: " + name.currentBalance());
  }
}
```

제15장

```
public void run() {
  for(int k = 0; k < 10; k++) {
        synchronized(name) { name.sub(1000); }
        System.out.println("After withdraw: " + name.currentBalance());
  }
}
```

15.6 생산자-소비자 문제

공유자원에 대한 상호배제 뿐 아니라, 한 스레드에서 특정 사건이 일어나야만 다른 스레드가 수행을 계속할 수 있는 경우가 있다. 그 대표적인 문제가 생산자-소비자 문제이다. 이 문제의 정의는 다음과 같다.

생산자 스레드가 데이터 값을 생산해서 버퍼에 저장해 두어야, 소비자 스레드가 그 데이터 값을 가져갈 수 있다. 버퍼에 가져갈 데이터가 없으면 생산자 스레드가 데이터를 버퍼에 저장할 때까지 소비자 스레드는 기다려야 한다. 또한, 생산자 스레드가 데이터 값을 버퍼에 저장하려 해도 버퍼가 꽉 차 있으면 버퍼에 저장할 수 없다. 이때는 소비자 스레드가 버퍼에서 데이터를 가져갈 때까지 생산자 스레드는 기다려야 한다.

생산자가 버퍼에 데이터를 저장했으면, 데이터가 없어서 기다리고 있는 소비자에게 통지를 해야 한다. 또한 소비자가 데이터를 하나 가져갔으면, 버퍼에 빈 방이 없어서 기다리는 생산자에게 데이터를 저장하라고 통지를 해야 한다.

다음은 스레드 사이의 통신을 위한 메소드이다. 이들은 Object 클래스에서 정의된 메소드이며, 동기화된 메소드 안에서만 호출이 가능하다.

- `final void wait() throws InterruptedException`
  자신이 처리하던 공유자원을 포기함으로서 다른 스레드가 공유자원을 사용할 수 있도록 하고, 자신은 특정 사건이 일어나기를 기다리는 대기 상태로 간다.
- `final void notifyAll()`
  같은 객체에서 `wait()`를 호출한 모든 스레드들을 실행가능 상태로 만든다. 가장 높은 우선 순위의 스레드가 먼저 실행한다.

다음 [예제 15.9]는 잘못된 생산자/소비자 프로그램이며, 이를 수정하여 스레드 사이의 통신을 통하여 올바르게 고친 프로그램은 [예제 15.10]이다. 둘 다 무한 루프로 수행되기 때문에 수행을 멈추기 위해서는 ^C를 입력해야 한다.

예제 15.9 생산자/소비자 문제: 잘못된 프로그램

```
class Q {
      private int [] q;
      private int rear,
              front,
              filled,
              qSize;

      public Q (int size) {
             q = new int [size];
             filled = 0;
             rear = 0;
             front = 0;
             qSize = size;
      }

      public synchronized void put(int item) {
                  q [rear] = item;
                  rear = (rear + 1) % qSize;
                  filled++;
                  System.out.println("Put: "+ item);

      }

      public synchronized int get() {
             int item = 0;
                  item = q[front];
                  front = (front + 1) % qSize;
                  filled--;
                  System.out.println("Gott: "+ item);

             return item;
      }
}

class Producer extends Thread {
      private Q buffer;
      public Producer (Q que) {
             buffer = que;
      }
      public void run() {
             int d = 0;
             while (true) {
```

```
                buffer.put(d++);
            }
        }
}

class Consumer extends Thread {
        private Q buffer;
        public Consumer (Q que) {
                buffer = que;
        }
        public void run() {
                int d;
                while (true) {
                     buffer.get();
                }
        }
}

class PC {
        public static void main(String[] args) {
                Q q = new Q(2);
                Producer producer = new Producer(q);
                Consumer consumer = new Consumer(q);
                producer.start();
                consumer.start();
                System.out.println("Press Control-C to stop.");

        }
}
```

[예제 15.9]에서 큐 크기를 2로 하였기 때문에 생산자는 오직 두 개의 자료만 버퍼에 넣은 후 소비자가 그 값을 가져가기를 기다려야 하는데, 여기에는 그러한 코드가 없기 때문에, 생산자는 버퍼에 계속해서 덮어 쓰게 된다. 따라서 많은 데이터가 유실된다. 한편, 소비자가 수행될 때, 두 개의 값을 가져간 후에는 생산자가 새 값을 넣을 때까지 기다려야 하는데, 그러한 코드가 없기 때문에, 가져갔던 자료 값을 반복해서 가져간다.

예제 15.10 생산자/소비자 문제: 올바른 프로그램

```
class Q {
        private int [] q;
        private int rear,
```

```
            front,
            filled,
            qSize;

    public Q (int size) {
            q = new int [size];
            filled = 0;
            rear = 0;
            front = 0;
            qSize = size;
    }

    public synchronized void put(int item) {
            try {
                while (filled == qSize)
                        wait();
                q [rear] = item;
                rear = (rear + 1) % qSize;
                filled++;
                System.out.println("Put: "+ item);
                notifyAll();
            }
            catch (InterruptedException e) {}
    }

    public synchronized int get() {
            int item = 0;
            try {
                while (filled == 0)
                        wait();
                item = q[front];
                front = (front + 1) % qSize;
                filled--;
                System.out.println("Got: "+ item);
                notifyAll();
            }
            catch (InterruptedException e) {}
            return item;
    }
}

class Producer extends Thread {
    private Q buffer;
```

```
        public Producer (Q que) {
                buffer = que;
        }
        public void run() {
                int d = 0;
                while (true) {
                     buffer.put(d++);
                }
        }
}

class Consumer extends Thread {
        private Q buffer;
        public Consumer (Q que) {
                buffer = que;
        }
        public void run() {
                int d;
                while (true) {
                     buffer.get();
                }
        }
}

class PC {
        public static void main(String[] args) {
                Q q = new Q(2);
                Producer producer = new Producer(q);
                Consumer consumer = new Consumer(q);
                producer.start();
                consumer.start();
                System.out.println("Press Control-C to stop.");
        }
}
```

이제 이 프로그램은 wait()와 notifyAll 메소드를 사용해서 두 개, 혹은 한 개의 값을 정확히 넣고 가져감을 확인할 수 있을 것이다.

과제 |

1 [예제 15.6]을 실행시킨 결과를 제출하라.

2 [예제 15.7]에서 두 스레드가 실행되는 시간을 변경시켜가면서 실행시킨 결과를 제출하라. 그리고 실행 결과를 분석하라.

3 각자의 컴퓨터에서 [예제 15.8]의 실행결과를 확인하라. 이때 반드시 여러 번 반복해서 실행시켜서 그 결과를 분석하라.

4 동기화된 메소드를 사용한 경우와 동기화된 문장을 사용한 경우 각각에 대하여 [예제 15.8]이 올바른 프로그램이 되도록 수정하라.

5 [예제 15.9]와 [예제 15.10]의 실행결과를 분석하라.

6 [예제 15.10]에서 스레드를 생성할 때, Runnable 인터페이스를 활용하여 스레드를 생성하도록 프로그램을 수정하라.

학습정리

1 프로그램이 동시에 수행된다는 개념은 CPU 개수와 무관하게 각 스레드가 CPU의 시간을 공유한다는 개념이다.

2 스레드를 만든다는 것은 Thread형 객체를 만드는 것이다.

3 클래스 Thread의 생성자로는 Thread(String name)와 Thread(Runnable threadObj) 등이 있다.

4 스레드가 해야 할 일은 메소드 run()에 적어준다.

5 Runnable 인터페이스를 이용해서 스레드를 생성하는 단계는 (1) Runnable 인터페이스를 구현한 클래스를 만들고, (2) 구현된 클래스에 대한 객체를 생성한 다음, (3) 이 객체를 클래스 Thread 생성자의 매개변수로 사용해서 스레드 객체를 생성한다.

6 메소드 join()은 호출되는 스레드가 종결될 때까지 기다리는 메소드이다.

7 setPriority(int p)와 getPriority()를 사용해서 우선순위를 조정할 수 있다. 이때 운영체제마다 CPU 할당시간이 다르다.

8 메소드 join(), setPriority(int p), getPriority() 등은 모두 클래스 Thread에 속한 메소드이다.

9 상호배제를 구현하는 방법은 synchronized method와 synchronized block(혹은 statement)이 있다.

10 협동동기화의 대표적인 문제는 생산자 소비자 문제이다.

11 협동동기화를 구현하기 위한 메소드는 wait, notify, notifyAll 등이 있다.

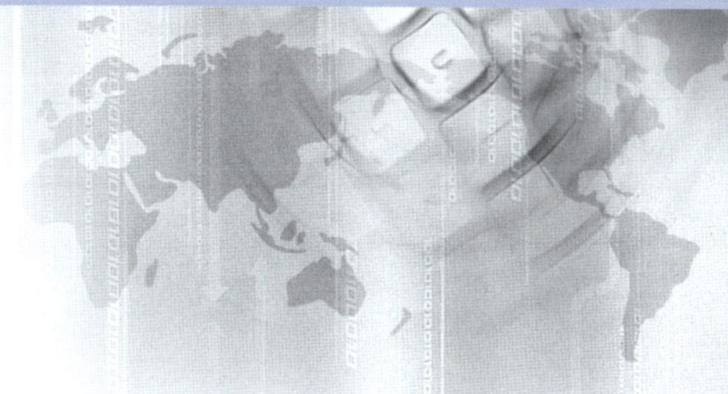

Chapter

16 GUI 프로그래밍

임의의 프로그램을 개발하여 일반 사용자가 그 프로그램을 사용하도록 하기 위해서는 프로그램을 사용하기 편리해야 한다. 즉 사용자 인터페이스를 잘 만들어야 한다. 여기에서는 사용자가 그래픽 화면을 통해서 컴퓨터와 대화하는 그래픽 유저 인터페이스(Graphic User Interface: GUI) 프로그램을 만드는 방법을 간단히 알아본다.

AWT(Abstract Windows Toolkit)는 GUI를 만드는데 필요한 클래스 라이브러리의 집합이다. AWT는 java.awt 패키지에서 정의되어 있다. 자바 스윙(Swing)은 AWT의 단점을 개선하고 AWT의 기능을 확장한 GUI 클래스 라이브러리의 집합이다. 스윙은 javax.swing 패키지에서 정의되어 있다. 본 장에서는 스윙을 이용한 GUI 프로그램을 소개한다. AWT와 스윙 라이브러리는 방대하여 여기서 모두 다룰 수는 없기 때문에 GUI 프로그래밍을 할 수 있는 기본 개념을 파악하는 데에 주안점을 둔다.

16.1 소개

GUI 프로그래밍을 하기 위해서는 GUI 컴포넌트를 알아야 한다. GUI 컴포넌트를 이해하기 위해서는 그 클래스 체계를 어느 정도 이해할 필요가 있다. [그림 16.1]은 AWT와 Swing 컴포넌트의 상속체계이다. 최상위에 있는 java.awt.Component는 추상 클래스로서 클래스 Object의 서브클래스이다. 그 아래에 Button, CheckBox, ... 등의 클래스가 있는데 이를 컴포넌트 혹은 컴포넌트클래스라고 한다. [그림 16.1]에서 J로 시작하는 컴포넌트는 스윙컴포넌트이고, 그 외는 AWT 컴포넌트이다. [그림 16.1]에서 보는 것처럼 스윙컴포넌트는 AWT를 확장했음을 알 수 있다.

컴포넌트 중에서 특히 Container 컴포넌트에 대한 이해가 필요하다. 컨테이너는 다른 컴포넌트를 담을 수 있는 컴포넌트이다. 예를 들어, 스티커를 여러 장 가지고 있을 때, 이를 붙일 수 있는 도화지가 필요하다. 이때, 도화지가 컨테이너에 해당된다. 컨테이너가 없으면 스티커를 붙일 수 없다는 것에 유의해야 한다. 따라서 스티커 객체를 붙이려면 프로그래머는 반드시 컨테이너 객체부터 만들어야 한다.

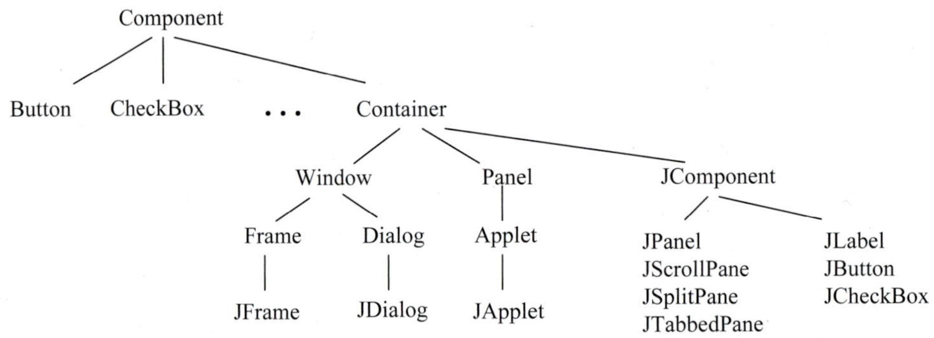

| 그림 16.1 | AWT와 Swing 컴포넌트의 상속도

스윙컨테이너는 최상위컨테이너, 중간컨테이너, 최하위컨테이너로 구분할 수 있다. 그림에서 JComponent 왼쪽에 있는 JFrame, JDialog(대화상자), Japplet은 최상위컨테이너이다(스윙컴포넌트만 고려하고 있음). 이는 도화지 같은 역할로서 다른 컴포넌트들을 붙일 바탕 역할을 한다.

JComponent 밑에 있는 컴포넌트들은 중간/최하위컨테이너들이다. 중간컨테이너란, 도화지위에 몇 장의 색종이를 붙이고, 색종이 위에 스티커를 붙일 때, 색종이 역할을 하는 것이라 생각하면 된다. 색종이(중간컨테이너)를 사용하는 이유는, 스티커가 많이 있을 때, 이 스티커들을 도화지(최상위컨테이너)에 바로 붙이면, 스티커를 보기 좋게 원하는 위치에 배치하기가 어렵다. 서로 관련된 기능을 가진 여러 스티커를 한 색종이에 붙이고, 각 색종이를 도화지에 배치시키는 것이 더 쉬울 것이다. 또한, 큰 색종이 위에 작은 색종이들을 여러 장 붙일 수 있는데, (즉, 중간 컨테이너 위에 중간 컨테이너를 붙일 수 있음을 말한다) 이는 중간컨테이너의 기능을 강력하게 만드는 수단이 된다.

중간컨테이너에는 JPanel, JScrollPane, JTabbedPane 등이 있다. [그림 16.1]에서 JComponent의 왼쪽 아래에 있는 컴포넌트들이다. JPanel은 화면상에 나타나는 모양은 없는데, 보이지 않는 색종이라 생각하면 된다. JTabbedPane은 여러 컴포넌트가 화면상의 일정영역을 공유하게 할 수 있는 것인데, 사용자가 탭을 누르면 대응되는 컴포넌트를 볼 수 있도록 한다.

최하위컨테이너는 스티커 역할을 하는 컴포넌트이다. 여기에는 JButton, JLabel, JCheckBox 등 많은 컴포넌트가 있는데, [그림 16.1]에서 JComponent의 오른쪽 아래에 있는 컴포넌트들이다. 그런데, 스티커 위에 스티커를 붙이는 것은 가능하지만 의미가 없다. 그래서 이들은 컨테이너 역할은 하지 않고, 컴포넌트 내용을 보여주는 역할을 한다. [그림 16.1]에서 보는 것처럼 AWT에서는 이들에 대응되는 컴포넌트는 컨테이너가 아니다.

16.2 스윙 예제

다음은 스윙 프로그램의 기본 구조를 나타내는 프로그램이다. 이 프로그램은 프레임을 만들어서 버턴 컴포넌트를 붙이는 예이다.

예제 16.1 스윙 프로그램의 기본 구조

```
import java.awt.*;
import javax.swing.*;

class Hello {
  public static void main(String[] args) {
    JFrame frame = new JFrame("Hello");
    JButton b1 = new JButton("OK");
    frame.add(b1);
    frame.pack();
    frame.setVisible(true);
  }
}
```

실행결과

해설

- import java.awt;
  import javax.swing;
  스윙을 사용한 GUI 프로그램을 작성할 때 AWT에서 제공하는 기능도 많이 사용하기 때문에 이 두 패키지를 항상 import시키는 것이 좋다.
- JFrame frame = new JFrame("Hello");
  하위 컴포넌트를 붙일 수 있는 바탕을 만든다. 즉 앞 설명에서 도화지를 만드는 것에 대응된다. 이때 매개변수는 타이틀을 나타내기 때문에 실행결과 그림에서 보는 바와 같이 타이틀이 Hello인 프레임을 만든다. 프레임은 위의 [실행결과] 그림과 같은 창을 의미한다.
- JButton b1 = new JButton("OK");
  frame.add(b1);
  OK라고 레이블이 붙은 버튼 컴포넌트를 만들고, 그것을 JFrame에 붙인다. 컴포넌트를 붙일 때는 다음의 메소드를 사용한다.

      void add(Component)

  JButton과 같은 컴포넌트에 대한 구체적인 논의는 뒤에서 다룬다.
- frame.pack();
  frame.setVisible(true);
  프레임 속에 있는 객체의 크기에 맞게 프레임의 크기를 조정한 뒤에, 창이 화면에 보이도록 한다. 만약 창의 크기를 조정하기를 원하면 다음과 같이 쓸 수 있다.

      frame.setSize(300, 200);

  JFrame과 JDialog에 대해서는 반드시 frame.setVisible(true);를 호출해야 화면에 창이 나타난다.

이제 자바스윙을 기반으로 그래픽 프로그래밍을 다루고자 한다.

16.3 그래픽 프로그래밍

여기서는 도형 그리기, 색 조절, 폰트 조절 등의 기능을 살펴본다. java.awt.Graphics 클래스에는 스트링, 선, 사각형, 타원, 다각형 등을 그리기를 위한 메소드를 제공하기 때문에 이를 활용할 것이다. 윈도우에서 왼쪽 윗 모서리의 좌표는 (0, 0)이고, 윈도우에 출력하는 메소드를 사용할 때에는 (0, 0)에 대한 상대적인 위치로써 좌표를 픽셀로 표시한다.

(1) 선

다음은 선을 그리는 프로그램 예이다.

예제 16.2 선 그리기

```
import java.awt.*;
import javax.swing.*;

class MyDrawLine extends JPanel {
      public void paintComponent(Graphics g) {
              super.paintComponent(g);
              g.drawLine(20, 40, 160, 80);
              g.drawLine(180, 20, 50, 90);
      }
}

class LineTest {
      public static void main(String[] args) {
              JFrame f = new JFrame("LineTest");

              MyDrawLine p = new MyDrawLine();
              f.add(p);

              f.setSize(300, 200);
              f.setVisible(true);
      }
}
```

실행결과

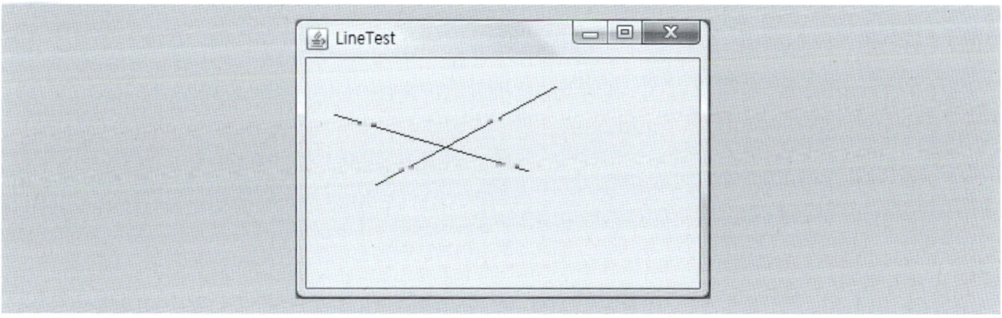

이 예제에서 처음 보는 내용이 많이 포함되어 있다. 이 내용은 반복이 될 것이므로 그 개념을 간단히 살펴본다.

메인 메소드에서 먼저 타이틀이 LineTest인 창을 만든다.

```
JFrame f = new JFrame("LineTest");
```

다음으로 MyDrawLine 객체 p를 만들어서 프레임 f에 붙인다.

```
MyDrawLine p = new MyDrawLine();
f.add(p);
```

여기서 MyDrawLine은 JPanel을 확장한 것이기 때문에 문장 MyDrawLine p = new MyDrawLine();는 패널 객체를 생성하는 문장이다. f는 최상위 컨테이너 객체이고, 그곳에 중간 컨테이너인 패널객체 p를 붙여서 패널에 그림을 그리겠다는 의미이다.

클래스 MyDrawLine를 살펴보면, JPanel를 상속받고, 메소드 public void paint Component(Graphics g)을 포함하고 있다. 이 메소드는 JPanel 클래스에서 필요할 때마다 자동으로 호출된다. 자동으로 호출되는 경우의 예로는 JPanel이 처음으로 화면에 나타날 때와, 화면 크기가 변경되어 윈도우를 새로 그려야 할 때 등이 있다. 그래픽을 그리는 것은 이벤트 기반의 처리로 이루어지기 때문에, 프로그래머가 직접 paintComponent 메소드를 호출하는 일은 거의 없다. 만약 프로그래머가 임의의 시점에서 그래픽을 다시 그리기를 원하면 repaint()를 호출한다.

paintComponent(Graphics g) 메소드를 정의하는 양식을 다시 한 번 확인하자. [그림 16.1]에서 보는 바와 같이 JPanel의 슈퍼클래스는 JComponent 클래스이다. paint Component 메소드는 JComponent 클래스에 포함되어 있다. 이 메소드는 Graphics 객체를 인자로 받는다. 클래스 Graphics에는 많은 그래픽 관련 메소드가 있는데, 이를 한꺼번에 소개하는 것보다는 예제를 통해서 필요할 때마다 하나씩 소개하고자 한다. 본 예에서는 g.drawLine을 사용하였는데 메소드 drawLine는 Graphics 클래스에서 제공하는 메소드 중의 하나임을 알 수 있다.

paintComponent의 첫 번째 문장은 반드시 super.paintComponent(g);이어야 한다. 이는 그리기 전에 패널이 화면에 적절히 랜더링되도록 한다.

다음은 Graphics 클래스에서 제공하는 메소드이다.

```
void void drawLine(int x1, int y1, int x2, int y2)
void drawString(String msg, int x, int y)
```

drawLine(int x1, int y1, int x2, int y2)는 좌표 (x1, y1)에서 (x2, y2)까지 선을 그린다. drawString(String msg, int x, int y)는 좌표 (x, y)에 스트링 msg를 출력한다.

(2) 사각형

다음은 (x, y)로 부터 가로 width, 세로 height 만큼의 사각형을 그린다. fillXXX는 도형의 내부를 채우는 메소드이다.

```
void drawRect(int x, int y, int width, int height)
void fillRec(int x, int y, int width, int height)
```

다음은 모서리가 둥근 사각형을 그린다. rw와 rh는 모서리가 둥근 정도를 나타낸다.

```
void drawRoundRect(int x, int y, int width, int height, int rw, int rh)
void fillRoundRect(int x, int y, int width, int height, int rw, int rh)
```

예제 16.3 사각형 그리기

```
import java.awt.*;
import javax.swing.*;

class MyDrawRect extends JPanel {
      public void paintComponent(Graphics g) {
            super.paintComponent(g);

            g.drawRect(40, 20, 50, 50);
            g.fillRect(100, 20, 50, 50);
            g.drawRoundRect(40, 90, 50, 50, 20, 20);
            g.fillRoundRect(100, 90, 50, 50, 20, 20);
      }
}

class RectangleTest {
      public static void main(String[] args) {
            JFrame f = new JFrame("RectangleTest");
            MyDrawRect p = new MyDrawRect();

            f.add(p);
            f.setSize(300, 200);
            f.setVisible(true);
      }
}
```

실행결과

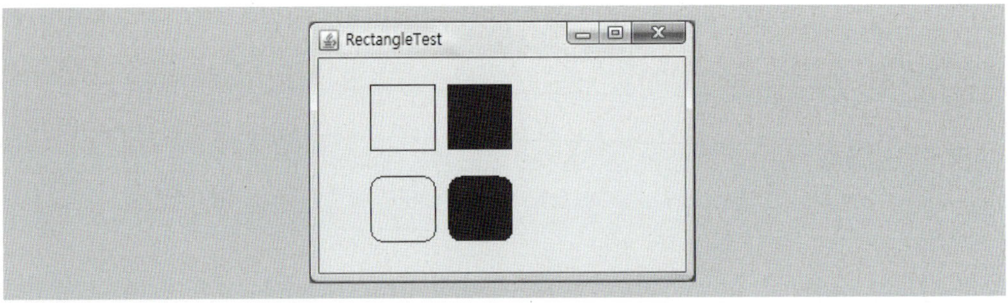

(3) 원, 타원

다음은 (x, y)로 부터 가로 width, 세로 height 크기의 사각형 안에 원이나 타원을 그린다. 정사각형이면 원, 직사각형이면 타원이 된다.

```
void drawOval(int x, int y, int width, int height)
void fillOval(int x, int y, int width, int height)
```

예제 16.4 원과 타원 그리기

```
import java.awt.*;
import javax.swing.*;

class MyDrawOval extends JPanel {
      public void paintComponent(Graphics g) {
            super.paintComponent(g);

            g.drawOval(40, 20, 50, 50);
            g.fillOval(100, 20, 50, 80);
      }
}

class OvalTest {
      public static void main(String[] args) {
            JFrame f = new JFrame("OvalTest");
            MyDrawOval p = new MyDrawOval();

            f.add(p);

            f.setSize(300, 200);
            f.setVisible(true);
      }
}
```

실행결과

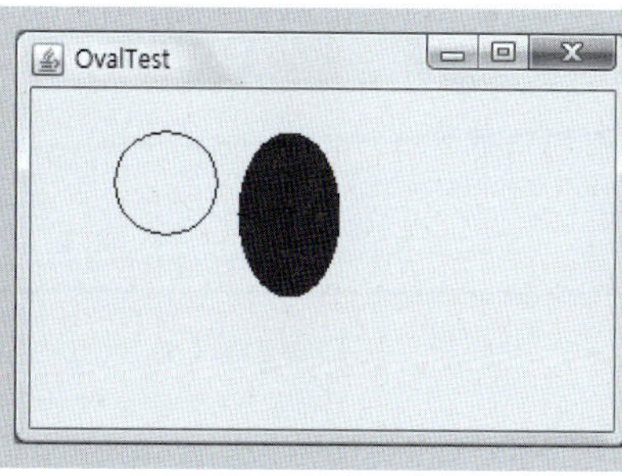

(4) 호

호는 원이나 타원의 일부분을 말한다. 따라서 처음 네 개의 매개변수는 원, 타원을 만드는 파라미터와 동일하다. 마지막 두 개의 매개변수는 호의 범위를 나타낸다.

```
void drawArc(int x, int y, int width, int height, int aDegree, int bDegree)
void fillArc(int x, int y, int width, int height, int aDegree, int bDegree)
```

좌표의 X축을 0도로 해서, 90도 지점부터 그리기 시작해서 180도 만큼 시계 반대 방향으로 그리면 다음 [예제 16.5]의 실행결과 화면의 왼쪽 그림과 같다. 이때 매개변수 aDegree의 값은 시작지점인 90이고, bDegree 값은 시계 반대 방향으로 진행한 값 180이다.

예제 16.5 호 그리기

```
import java.awt.*;
import javax.swing.*;

class MyDrawArc extends JPanel {
      public void paintComponent(Graphics g) {
            super.paintComponent(g);

            g.drawArc(40, 20, 50, 50, 90, 180);
            g.fillArc(100, 20, 50, 80, 45, 240);
      }
}

class ArcTest {
      public static void main(String[] args) {
            JFrame f = new JFrame("ArcTest");
            MyDrawArc p = new MyDrawArc();
```

제16장

```
            f.add(p);

            f.setSize(300, 200);
            f.setVisible(true);
        }
}
```

실행결과

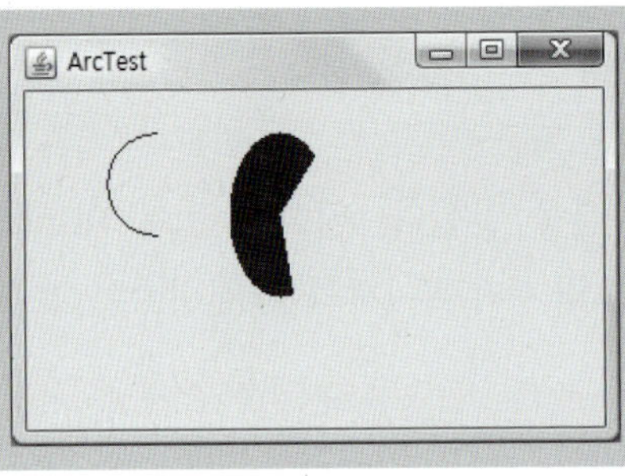

(5) 다각형

```
void drawPolygon(int[] x, int[] y, int nPoints)
void fillPolygon(int[] x, int[] y, int nPoints)
```

다각형은 모서리가 임의의 개수만큼 있으므로, 각 모서리의 x, y 좌표를 각각 배열에 기억시킨다. nPoints는 모서리의 개수를 의미한다.

예제 16.6 다각형 그리기

```
import java.awt.*;
import javax.swing.*;

class MyDrawPolygon extends JPanel {
        public void paintComponent(Graphics g) {
                super.paintComponent(g);

                int [] x1 = {50, 25, 60, 90, 55};
                int [] y1 = {50, 70, 95, 40, 30};
                int n1 = x1.length;

                int [] x2 = {130, 105, 140, 170, 135};
                int [] y2 = {50, 70, 95, 40, 30};
                int n2 = x2.length;
```

```
            int [] x2 = {130, 105, 140, 170, 135};
            int [] y2 = {50, 70, 95, 40, 30};
            int n2 = x2.length;

            g.drawPolygon(x1, y1, n1);
            g.fillPolygon(x2, y2, n2);
      }
}

class PolygonTest {
      public static void main(String[] args) {
            JFrame f = new JFrame("PolygonTest");
            MyDrawPolygon p = new MyDrawPolygon();

            f.add(p);

            f.setSize(300, 200);
            f.setVisible(true);
      }
}
```

실행결과

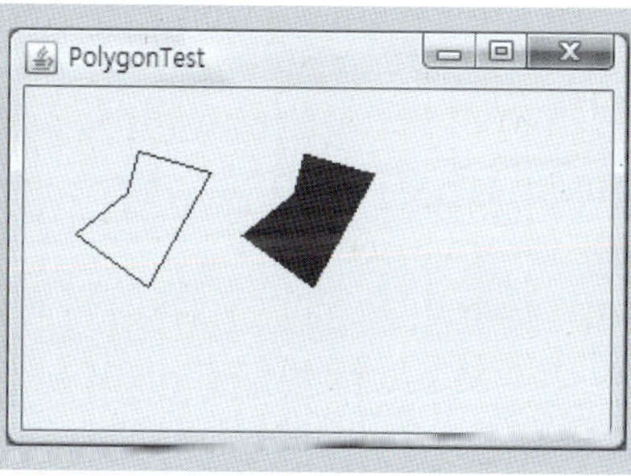

(6) 색

디스플레이 할 그림의 색깔을 지정하기 위해서는 Graphics 클래스에 정의되어 있는 setColor() 메소드를 사용한다.

```
void setColor(Color newColor)
```

매개변수 newColor에는 색이 지정되는데, 자주 사용되는 색은 java.awt.Color 클래스에서 상수로서 미리 정의되어 있다.

```
Color.black     Color.blue     Color.cyan       Color.darkGray
Color.gray      Color.green    Color.lightGray  Color.magenta
Color.orange    Color.white    Color.red        Color.pink       Color.yellow
```

위에서 정의되지 않은 색을 사용하기 위해서는 Color 클래스의 생성자에 RGB 값을 이용한다.

```
Color(int r, int g, int b) /* r, g, b,는 0에서 255 사이의 값 */
Color(float r, float g, float b) /* r, g, b는 0.0에서 1.0 사이의 값 */
```

다음은 윈도우의 배경색과 전경색(글자색)을 설정하는 메소드이다.

```
void setBackground(Color newColor)
void setForeground(Color newColor)
```

예제 16.7 색 지정의 예

```
import java.awt.*;
import javax.swing.*;

class MyDrawString extends JPanel {
      public void paintComponent(Graphics g) {
              super.paintComponent(g);

              for(int i=1; i<6; i++) {
                   switch (i) {
                           case 1 :
                                    g.setColor(Color.red);
                                    break;
                           case 2 :
                                    g.setColor(Color.pink);
                                    break;
                           case 3 :
                                    g.setColor(Color.orange);
                                    break;
                           case 4 :
                                    g.setColor(Color.magenta);
                                    break;
                           case 5 :
                                    g.setColor(new Color(0, 0, 255));
```

```
                                break;
                    }
                    g.drawString("Hello Java", 30, i*20);
            }
        }
}

class ColorTest {
        public static void main(String[] args) {
                JFrame f = new JFrame("ColorTest");
                MyDrawString p = new MyDrawString();

                f.add(p);

                f.setSize(300, 200);
                f.setVisible(true);
        }
}
```

실행결과

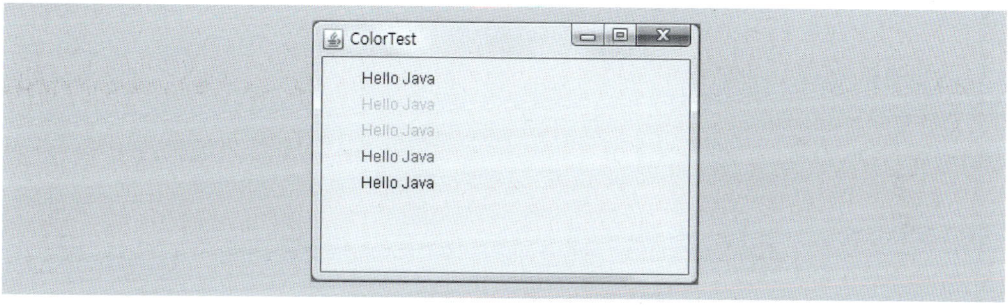

(7) 글꼴 지정

자바에는 지원하는 기본적인 글꼴의 이름은 다음과 같다.

```
Courier         Dialog          DialogInput
Helvetica       TimesRoman      ZapfDingbats
```

그리고 글꼴의 스타일은 다음과 같다.

```
Font.PLAIN
Font.ITALIC
Font.BOLD
Font.BOLD+Font.ITALIC
```

글꼴을 설정하기 위해서, 우선 Font 클래스의 생성자를 사용하여 Font 클래스의 객체를 생성한 다음 생성된 객체로 글꼴을 설정한다. 다음은 Font 클래스의 생성자와 글꼴을 설정하는 메소드의 양식이다.

```
Font(String fontName, int fontStyle. int size)
void setFont(Font fontObject)
```

다음은 TimesRoman 글꼴에 이탤릭체로 크기가 20인 Font의 객체를 생성하고 글꼴을 지정하는 문장이다.

```
Font font = new Font("TimesRoman", Font.ITALIC, 20);
g.setFont(font);  //객체 g는 임의의 Graphics형 객체
```

예제 16.8 글꼴 지정의 예

```
import java.awt.*;
import javax.swing.*;

class MyDrawString1 extends JPanel {
   public void paintComponent(Graphics g) {
      super.paintComponent(g);

      Font fp = new Font("TimesRoman", Font.PLAIN, 17);
      Font fb = new Font("Helventica", Font.BOLD, 17);
      Font fi = new Font("Courier", Font.ITALIC, 17);
      Font fbi = new Font("Dialog", Font.BOLD+Font.ITALIC, 17);

      g.setFont(fp);
      g.setColor(Color.black);
      g.drawString("Font:TimesRoman, Style:Plain, Color:Black", 10, 22);
      g.setFont(fb);
      g.setColor(Color.red);
      g.drawString("Font:Helventica, Style:Bold, Color:Red", 10, 44);
      g.setFont(fi);
      g.setColor(Color.blue);
      g.drawString("Font:Courier, Style:Italic, Color:Blue", 10, 66);
      g.setFont(fbi);
      g.setColor(Color.green);
      g.drawString("Font:Dialog, Style:Bold+Italic, Color:Green", 10, 88);
   }
}
```

```
class FontTest {
   public static void main(String[] args) {
      JFrame f = new JFrame("FontTest");
      MyDrawString1 p = new MyDrawString1();

      f.add(p);

     f.setSize(420, 200);
     f.setVisible(true);
   }
}
```

실행결과

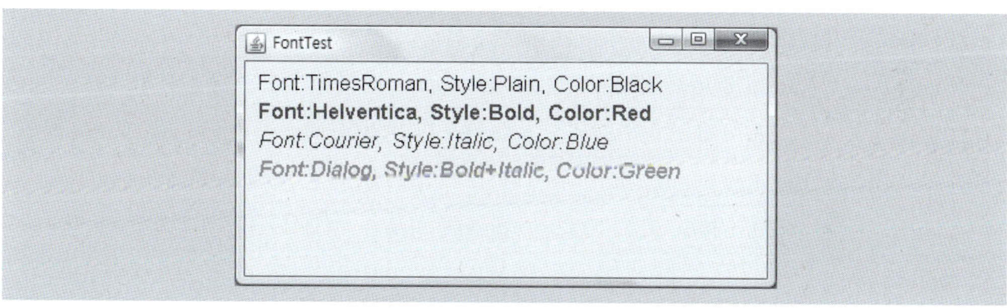

16.4 이벤트 프로그래밍

사용자는 응용프로그램에게 일을 시키기 위하여 종종 GUI와 대화한다. 예를 들어 사용자는 마우스로써 버튼(그래픽)을 클릭하여 대화한다. 버튼을 클릭하면 미리 정해진 이벤트(event)가 발생한다. 그리고 미리 정해진 이벤트 처리기가 미리 지정된 일을 처리한다. 이와 같이 작동하도록 만든 프로그램을 event driven 프로그램이라고 한다. 즉, 응용프로그램이 수행되어 이벤트가 발생하기를 기다리고 있는데, 마우스 클릭과 같은 이벤트가 발생하면 AWT는 이벤트 처리기를 호출하며, 이벤트 처리기에서 적절한 처리를 한 후에 제어권은 다시 AWT로 넘어간다. 공통적인 이벤트의 예로는 마우스로 버튼 클릭하기, 텍스트 필드에 입력하기, 메뉴에서 항목선택하기, 마우스 드래그 하기 등이 있다. 그러면 지금부터 발생할 수 있는 이벤트의 종류 및 이벤트를 처리하는 메커니즘에 대하여 알아본다.

16.4.1 이벤트 모델의 구성요소

이벤트 모델의 구성요소는 이벤트를 발생시킬 수 있는 컴포넌트, 이벤트 클래스, 이벤트 listener 인터페이스, 어댑터 클래스이다. event-driven 프로그래밍을 하기 위해서는 이들에 대한 이해가 필요하다.

(1) 이벤트를 발생시킬 수 있는 컴포넌트

[표 16.1]은 이벤트를 발생시킬 수 있는 사용자 인터페이스 컴포넌트와 이들에 대한 사용자와의 상호작용으로 인하여 발생될 수 있는 이벤트 종류의 일부를 나타낸 것이다.

| 표 16.1 | 이벤트 종류

컴포넌트	발생할 수 있는 이벤트	이벤트 발생시기
Button	action event	버튼을 눌렀을 때
Checkbox	item event	체크박스를 선택하거나 선택해제 할 때
Choice	item event	초이스가 변경될 때
List	action event	리스트 항목을 더블 클릭할 때
	item event	리스트 항목을 선택하거나 선택해제 할 때
MenuItem	action event	메뉴항목을 선택할 때
Scrollbar	adjustment event	스크롤 바가 처리될 때
Window	window event	윈도우가 활성화, 비활성화 될 때, 닫힐 때, 열릴 때, 최소화 될 때, 종료 때

이벤트를 발생시킬 수 있는 컴포넌트의 예로는 Button, Checkbox, Choice, ... 등이 있다. 예를 들어 사용자가 버튼을 누르면 action event가 자동으로 생성된다.

(2) 이벤트 클래스

앞에서 열거된 action event, item event 등 각 이벤트에는 대응되는 이벤트 클래스가 미리 정의되어 있다. 이들 이벤트 클래스에는 다양한 메소드들과 상수들이 정의되어 있어서, 특정 이벤트가 발생하면 프로그래머는 그 이벤트 클래스가 제공하는 메소드들과 상수를 사용해서 이벤트를 처리하는 코드를 작성할 수 있다. 예를 들어 버튼을 클릭하면 ActionEvent형의 객체가 생성되어서 이벤트 처리기의 매개변수로 전달된다. 따라서 이 매개변수로써 ActionEvent가 제공하는 여러 가지 메소드를 사용해서 이벤트 처리기를 구현한다. [표 16.2]는 java.awt.event에 있는 주요 이벤트 클래스의 일부를 나타낸 것이다.

| 표 16.2 | java.awt.event에 있는 주요 이벤트 클래스의 일부

이벤트 클래스 이름	객체 생성 시기
ActionEvent	버튼을 누를 때, 메뉴의 항목을 선택할 때, 리스트 항목을 더블클릭 했을 때
AdjustmentEvent	스크롤 바가 처리될 때
ItemEvent	체크박스나 리스트 항목을 클릭 할 때, 초이스를 선택할 때
KeyEvent	키보드로부터 입력을 받을 때
MouseEvent	마우스를 움직이거나 클릭하거나 누르거나 떼거나 드래그 할 때
TextEvent	text area나 text field가 변경될 때
WindowEvent	윈도우가 활성화, 비활성화 될 때, 닫힐 때, 열릴 때, 최소화 될 때, 종료 때

여기서는 위의 이벤트 클래스에 정의된 메소드와 상수에 대한 소개는 생략하고, 그 대신, 예제에서 이벤트 클래스에 관련된 메소드와 상수를 사용할 때 간단히 소개한다.

(3) 이벤트 listener 인터페이스

이벤트가 발생하면 프로그래머는 발생된 이벤트를 처리하는 코드를 작성해야 한다. 그런데, 특정 이벤트가 발생하면 그 이벤트를 처리하는 메소드를 자바에서 미리 제공하고 있다. 예를 들어, action event를 처리하는 메소드는 actionPerformed(ActionEvent)이다. 따라서 프로그래머가 이 메소드의 바디 부분을 채워 넣는 것이 이벤트 처리기를 구현하는 것이다. 이 메소드는 인터페이스에서 선언되어 있기 때문에 actionPerformed (ActionEvent)가 어느 인터페이스에 선언되어 있는지 확인하면 된다. 이는 Action Listener 인터페이스에 선언되어 있다. [표 16.3]은 이벤트 listener 인터페이스의 종류와 각 인터페이스에 선언되어 있는 메소드의 일부이다.

| 표 16.3 | AWT 이벤트 리스너 인터페이스의 일부

리스너 인터페이스	어댑터 클래스	메소드들
ActionListener	–	actionPerformed(ActionEvent)
AdjustmentListener	–	adjustmentValueChanged(AdjustmentEvent)
ComponentListener	ComponentAdapter	componentHidden(ComponentEvent) componentMoved(ComponentEvent) componentResized(ComponentEvent) componentShown(ComponentEvent)
ContainerListener	ContainerAdapter	componentAdded(ContainerEvent) componentRemoved(ContainerEvent)
FocusListener	FocusAdapter	focusGained(FocusEvent) focusLost(FocusEvent)
ItemListener	–	itemStateChanged(ItemEvent)
KeyListener	KeyAdapter	keyPressed(KeyEvent) keyReleased(KeyEvent) keyTyped(KeyEvent)
MouseListener	MouseAdapter	mouseClicked(MouseEvent) mouseEntered(MouseEvent) mouseExited(MouseEvent) mousePressed(MouseEvent) mouseReleased(MouseEvent)
MouseMotionListener	MouseMotionAdapter	mouseDragged(MouseEvent) mouseMoved(MouseEvent)
TextListener	–	textValueChanged(TextEvent)
WindowListener	WindowAdapter	windowActivated(WindowEvent) windowClosed(WindowEvent) windowClosing(WindowEvent) windowDeactivated(WindowEvent) windowDeiconified(WindowEvent) windowIconified(WindowEvent) windowOpend(WindowEvent)

이제, 특정 이벤트가 발생하면 어느 인터페이스에 속한 어느 메소드를 실행하는 가에 대한 이해를 하고 있어야 한다. 예를 들어, 사용자가 리스트 항목을 선택하면, [표 16.1]에서 item event가 발생함을 알 수 있고, item event를 처리하기 위해서는 [표 16.3]에서 ItemListener에 선언되어 있는 메소드 itemStateChanged(ItemEvent)를 구현해야 한다.

(4) 어댑터 클래스

만약 마우스를 클릭하면 마우스 이벤트가 발생한다. 그런데, [표 16.3]에서 보면 마우스 이벤트를 처리하기 위한 메소드는 다음의 5개가 있고, 이들은 MouseListener 인터페이스에 속해 있음을 알 수 있다.

```
mouseClicked, mouseEntered, mouseExited, mousePressed, mouseReleased
```

인터페이스에서 하나의 메소드라도 구현이 안되면 객체를 생성할 수 없으므로, 프로그래머는 mouseClicked 메소드 하나만 구현하면 될 것을 나머지 4개도 모두 구현해야 한다. 이러한 불편을 없애기 위해서 어댑터 클래스에서 인터페이스에 속한 모든 메소드를 미리 구현해 두었다. 이때, 구현된 메소드는 아무 작업도 하지 않도록 구현해 두고 있기 때문에, 프로그래머는 어댑터 클래스를 상속받아서 자기가 필요한 메소드만을 재정의(overriding)함으로써 원하는 메소드만 구현하면 된다.

[표 16.3]에는 미리 정의된 어댑터 클래스의 종류가 있다. ActionListener 인터페이스나 AdjustmentListener 인터페이스처럼, 그 속에 선언된 메소드가 하나 뿐인 경우는 어댑터 클래스가 필요 없음을 알 수 있다.

16.4.2 이벤트 모델의 구현

앞에서 논한 내용을 바탕으로 이벤트 처리과정을 살펴본다. 이벤트 프로그래밍을 하기 위해서는 첫째, 필요시 컴포넌트를 생성하고, 둘째, 컴포넌트에 대하여 발생되는 이벤트를 받을 수 있는 listener를 컴포넌트에 등록하고, 셋째, 등록된 listener 인터페이스에 속한 메소드를 구현하면 된다.

listener 인터페이스를 등록하기 위해서는 다음의 메소드를 사용한다.

```
addXXXListner(listner 인터페이스를 구현한 클래스형의 객체)
```

여기서 "XXXListner" 이름은 [표 16.3]에서 listener 인터페이스 이름이다.

예를 들어, 윈도우 상에 버튼 컴포넌트를 만들고, 그 버튼을 클릭하면 "버튼을 눌렀습니다"라는 메시지를 화면에 디스플레이 하려 한다고 가정하자. 그러면 우선 버튼 컴포넌트의 인스턴스를 만든다.

```
Button b = new Button("버튼이름");
```

다음으로, 버튼을 클릭할 때 생기는 이벤트인 ActionEvent가 발생할 때 이를 받을 수 있도록 하기 위하여 대응되는 이벤트 listener를 버튼에 등록한다.

```
b.addActionListener(listner인터페이스를 구현한  클래스형 객체);
```

마지막으로 ActionListener 인터페이스에 속한 메소드인 actionPerformed(Action Event e)를 구현한다.

```
public void actionPerformed(ActionEvent e) {
       String s = e.getActionCommand();
       if(s.equals("버튼이름")) {
              msg = "버튼을 눌렀습니다"
       }
       repaint();
}
```

getActionCommand()는 ActionEvent 클래스에서 정의된 메소드이다. 이는 Action Event 객체에 연관된 스트링을 반환한다. 위의 경우는 버튼에 붙은 레이블인 "버튼이름"을 반환한다. 16.4.1의 (2)에서 논한 것처럼 이벤트 클래스에는 getActionCommand()와 같은 다양한 메소드와 상수가 정의되어 있어서 이를 이용해서 이벤트 처리 코드를 작성한다.

[예제 16.9]는 위에서 설명한 예에 대한 완전한 프로그램이다. 이벤트 모델을 사용하기 위해서는 java.awt.event 패키지를 import해야 한다.

예제 16.9 이벤트 프로그래밍의 기초

```
import java.awt.*;
import java.awt.event.*;
import javax.swing.*;

class MyDrawString3 extends JPanel implements ActionListener{
      String msg=""

      public void actionPerformed(ActionEvent e) {
             String s = e.getActionCommand();
             if ( s.equals("OK") ) {
                  msg = "버튼을 눌렀습니다."
                  this.repaint();
             }
      }
```

```
        public void paintComponent(Graphics g) {
                super.paintComponent(g);
                g.drawString(msg, 50, 70);
        }
}

class EventHandling {
        public static void main(String[] args) {
                JFrame f = new JFrame("EventHandling");
                JPanel p1 = new JPanel();
                MyDrawString3 p2 = new MyDrawString3();

                JButton button1 = new JButton("OK");
                p1.add(button1);
                button1.addActionListener(p2);

                f.add(p1, BorderLayout.NORTH); // 레이아웃은 뒤에서 설명함.
                f.add(p2);

                f.setSize(300, 200);
                f.setVisible(true);
        }
}
```

실행결과

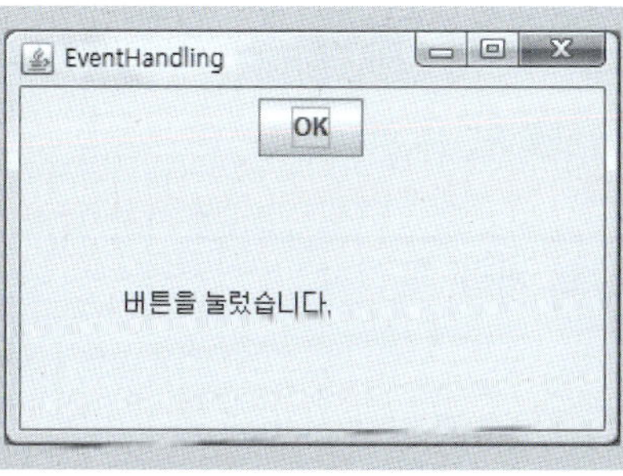

16.4.3 마우스 이벤트 처리

앞에서 논한 버튼이나 체크박스 등 AWT 컨트롤에 대한 이벤트 처리 예는 다음절에서 논하고 여기서는 마우스 이벤트에 관하여 알아본다.

(1) 마우스 이벤트 처리

다음 [예제 16.10]은 마우스를 드래그(mouseDragged)를 하면 "*" 문자를 출력하고, 마우스를 클릭하면(mouseClicked) 왼쪽 상단에 "마우스 클릭"이라 출력하는 프로그램이다.

[표 16.3]에서 보는 바와 같이 마우스 이벤트를 처리하기 위해서는 MouseListener 인터페이스와 MouseMotionListener 인터페이스를 구현해야 한다. 이 두 인터페이스에 속한 메소드들의 매개변수는 모두가 MouseEvent 형임에 유의하자. MouseEvent 클래스에는 마우스의 현재 위치를 알려주는 다음의 두 개의 메소드를 포함하고 있다.

```
int getX()
int getY()
```

[예제 16.10]에서 생성자에는 두 개의 문장, 즉, 패널에 listener를 등록하는 문장이 있다.

```
addMouseListener(this);
addMouseMotionListener(this);
```

본 예제는 매개변수에 대하여 this를 쓴 이유는 매개변수에는 listener 인터페이스를 구현한 클래스 형 객체가 온다고 했는데, listener인터페이스를 구현한 클래스가 자신이므로 자신의 객체인 this를 사용한 것이다.

예제 16.10 마우스 이벤트 처리 예

```
import java.awt.*;
import java.awt.event.*;
import javax.swing.*;

class MyMouseListener extends JPanel implements MouseListener, MouseMotionListener
{
        String msg=""


        int x = 0, y = 0;

        public MyMouseListener() {
```

```
            addMouseListener(this);
            addMouseMotionListener(this);
        }

        public void mouseDragged(java.awt.event.MouseEvent e) {
            x = e.getX();
            y = e.getY();
            msg = "*"
            repaint();
        }

        public void mouseClicked(java.awt.event.MouseEvent e) {
            x = 0;
            y = 10;
            msg = "마우스 클릭"
            repaint();
        }

        public void mouseMoved(java.awt.event.MouseEvent e) {}
        public void mouseEntered(java.awt.event.MouseEvent e) {}
        public void mouseExited(java.awt.event.MouseEvent e) {}
        public void mousePressed(java.awt.event.MouseEvent e) {}
        public void mouseReleased(java.awt.event.MouseEvent e) {}

        public void paintComponent(Graphics g) {
            super.paintComponent(g);
            this.setBackground(Color.WHITE);

            g.drawString(msg, x, y);
            g.drawString("("+ x + ", "+y+":)" + "에서 드래그", 0, 160);
        }
}

class MouseEvent {
        public static void main(String[] args) {
            JFrame f = new JFrame("MouseEvent");
            MyMouseListener p = new MyMouseListener();

            f.add(p);

            f.setSize(300, 200);
            f.setVisible(true);
        }
}
```

실행결과

이 [예제 16.15]에는 빈 몸체를 갖는 메소드를 많이 포함하고 있다. 이것을 피하기 위해서는 뒤에서 논할 어댑터 클래스를 사용한다.

16.4.4 어댑터 클래스

[예제 16.10]에서 우리는 많은 메소드를 빈 몸체로 둔 채로 구현하였다. 이를 피하기 위하여 어댑터 클래스를 사용한다. 어댑터 클래스는 이벤트 listener인터페이스에 속한 모든 메소드를 내용 없이 빈 몸체로 구현해 둔 것이다. 따라서 프로그래머는 한 인터페이스에 속한 모든 이벤트 처리 메소드를 구현할 필요 없이, 어댑터를 클래스를 상속받아서 필요한 메소드만을 재정의(Overriding)해서 이벤트 처리기를 구현할 수 있다.

다음은 마우스 어댑터를 사용한 예이다. [예제 16.11]에서 보는 바와 같이, MouseMotion-Adapter와 MouseAdapter를 상속받아서, 프로그래머에게 관심 있는 이벤트인 mouseClicked와 mouseDragged만을 구현하였다. 어댑터 클래스 사용 시에는 중첩된 클래스를 사용하는 것이 편리하다.

예제 16.11 어댑터 클래스 활용

```
import java.awt.*;
import java.awt.event.*;
import javax.swing.*;

class MyMouseListener1 extends JPanel {
      String msg="";

      public MyMouseListener1() {
            this.addMouseListener(new MyMouseAdapter());
            this.addMouseMotionListener(new MyMotionAdapter());
      }

      class MyMotionAdapter extends MouseMotionAdapter {
```

```
            public void mouseDragged(java.awt.event.MouseEvent e) {
                msg = "마우스를 드래그했습니다.";
                repaint();
            }
        }

        class MyMouseAdapter extends MouseAdapter {
            public void mouseClicked(java.awt.event.MouseEvent e) {
                msg = "마우스 클릭";
                repaint();
            }
        }

        public void paintComponent(Graphics g) {
            super.paintComponent(g);
            g.drawString(msg, 0, 10);
        }
}

class AdapterClass {
        public static void main(String[] args) {
            JFrame f = new JFrame("AdapterClasses");
            MyMouseListener1 p = new MyMouseListener1();

            f.add(p);

            f.setSize(300, 200);
            f.setVisible(true);
        }
}
```

실행결과

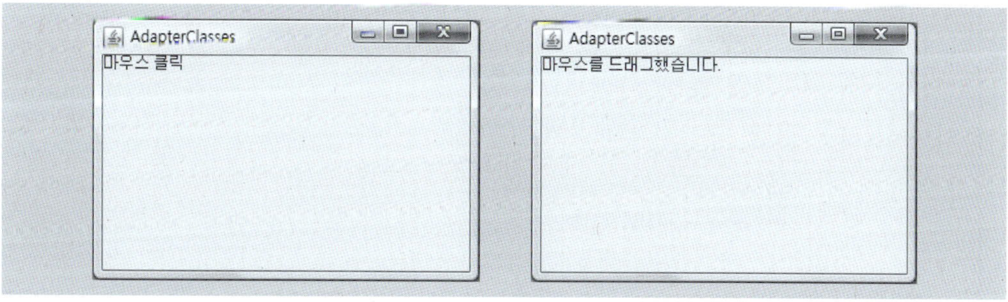

16.5 GUI 컴포넌트

여기서는 다양한 GUI 컴포넌트를 활용하는 프로그램 예를 살펴본다.

16.5.1 버튼

버튼은 JButton 형의 객체이다. 다음은 그 생성자의 일부이다.

```
JButton()
JButton(String label)
```

첫 번째 생성자는 레이블이 없는 버튼을 생성시킨다. 두 번째 생성자는 레이블이 label인 버튼을 생성시킨다.

버튼을 누르면 ActionEvent가 발생한다. 여러 가지 레이블이 붙은 버튼을 만든 후에, 사용자가 특정 버튼을 누르면, 어느 버튼이 눌러졌는가를 프로그램이 알기 위해서는 ActionEvent 형에서 제공하는 메소드 getActionCommand()를 사용한다.

예제 16.12 버튼 생성과 처리

```
import java.awt.*;
import java.awt.event.*;
import javax.swing.*;

class MySelectButton extends JPanel implements ActionListener{
      String msg=""

      public void actionPerformed(ActionEvent e) {
              String s = e.getActionCommand();
              if ( s.equals("국어") ) {
                   msg = "국어 선택"
                   this.repaint();
              } else if ( s.equals("영어") ) {
                   msg = "영어 선택"
                   this.repaint();
              } else if ( s.equals("수학") ){
                   msg = "수학 선택"
                   this.repaint();
              }
      }
```

```
        public void paintComponent(Graphics g) {
                super.paintComponent(g);
                g.drawString(msg, 0, 20);
        }
}

class MakeButton {
        public static void main(String[] args) {
                JFrame f = new JFrame("MakeButton");
                JPanel p = new JPanel();
                MySelectButton a = new MySelectButton();

                JButton kor = new JButton("국어");
                JButton eng = new JButton("영어");
                JButton math = new JButton("수학");

                p.add(kor);
                p.add(eng);
                p.add(math);

                kor.addActionListener(a);
                eng.addActionListener(a);
                math.addActionListener(a);

                f.add(p, BorderLayout.NORTH);
                f.add(a);

                f.setSize(300, 200);
                f.setVisible(true);
        }
}
```

실행결과

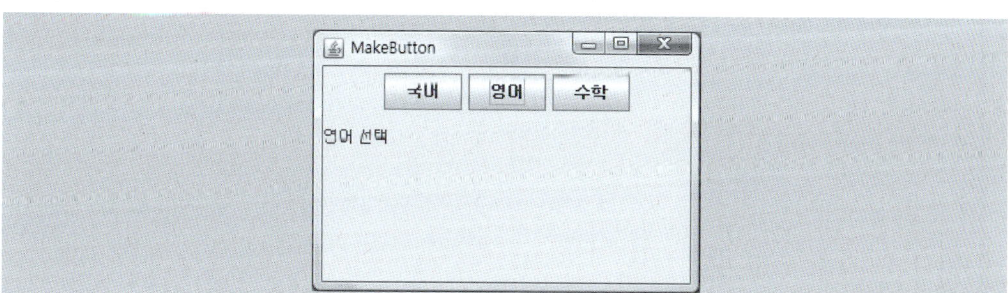

16.5.2 레이블

레이블은 JLabel형의 객체이다. 레이블은 제목이나 아이콘을 생성하는 컴포넌트이다. 생성자의 일부는 다음과 같다.

```
JLabel()
JLabel(String text)
```

16.5.3 체크박스

체크박스는 JCheckBox형의 객체이다. 체크박스는 토글(toggle, 선택/선택해제, on/off)되는 컴포넌트이다. 체크박스의 생성자의 일부는 다음과 같다.

```
JCheckBox()
JCheckBox(String text)
JCheckBox(String text, boolean onoff)
```

처음 생성자는 레이블이 없는 체크박스를, 두 번째 생성자는 label로 레이블이 붙은 체크박스를 만든다. 디폴트 상태는 체크박스가 체크 안된 상태이다. 세 번째 생성자는 체크박스가 만들어질 때 체크 된 상태, 혹은 안 된 상태로 지정하게 한다. 다음은 체크박스 처리를 위한 메소드들이다.

```
boolean isSelected(): 체크박스의 현재 상태를 읽어온다.
void setSelected(boolean onoff): 체크박스의 상태를 설정한다.
String getLabel(): 레이블을 읽어온다.
void setLabel(String): 레이블을 설정한다.
```

체크박스를 선택하면 ItemEvent가 발생한다. [표 16.3]에서 보는 것처럼, ItemListener 인터페이스에는 itemStateChanged()가 있다.

예제 16.13 체크박스 생성과 처리

```
import java.awt.*;
import java.awt.event.*;
import javax.swing.*;

class MyCheckbox extends JPanel implements ItemListener{
	String msg1="", msg2="", msg3=""
	JCheckBox ko, eng, math

	public MyCheckbox() {
```

```
            ko = new JCheckBox("국어");
            eng = new JCheckBox("영어");
            math = new JCheckBox("수학");

            add(ko);
            add(eng);
            add(math);

            ko.addItemListener(this);
            eng.addItemListener(this);
            math.addItemListener(this);
        }

        public void itemStateChanged(ItemEvent e) {
            if ( e.getSource() == ko ) {
                msg1 = ko.isSelected() ? "국어 선택" : ""
            }
            if ( e.getSource() == eng ) {
                msg2 = eng.isSelected() ? "영어 선택" : ""
            }
            if ( e.getSource() == math ) {
                msg3 = math.isSelected() ? "수학 선택" : ""
            }
            this.repaint();
        }

        public void paintComponent(Graphics g) {
            super.paintComponent(g);

            g.drawString(msg1, 10, 100);
            g.drawString(msg2, 10, 120);
            g.drawString(msg3, 10, 140);
        }
}

class MakeCheckbox {
        public static void main(String[] args) {
            JFrame f = new JFrame("MakeCheckbox");
            MyCheckbox a = new MyCheckbox();

            f.add(a);

            f.setSize(300, 200);
            f.setVisible(true);
        }
}
```

실행결과

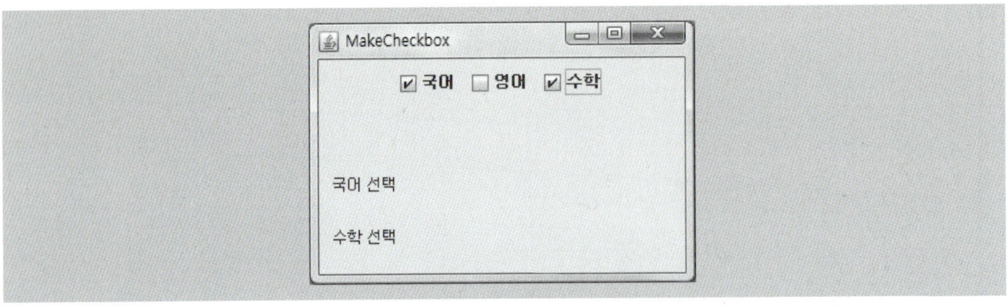

16.5.4 라디오 버튼

라디오 버튼은 JRadioButton 형의 객체이다. 라디오 버튼은 동시에 두 개 이상의 항목을 선택할 수 없다. (라디오에서 두 개 이상의 방송국을 동시에 선택할 수 없다) 그 생성자의 일부는 다음과 같다.

```
JRadioButton()
JRadioButton(String text)
JRadioButton(String text, boolean onoff)
```

처음 생성자는 레이블이 없는 라디오 버튼을, 두 번째 생성자는 text로 레이블이 붙은 라디오 버튼을 만든다. 디폴트 상태는 체크 안 된 상태이다. 세 번째 생성자는 라디오 버튼이 만들어질 때 체크된 상태, 혹은 안 된 상태로 지정하게 한다.

라디오 버턴은 여러 그룹으로 나뉠 필요가 있다. 예를 들어 국어, 영어, 수학과 같은 교과목 그룹이 있을 수 있고, 남, 여와 같은 성별 그룹으로 나눌 수 있다. 그룹을 만들기 위해서는 ButtonGroup 클래스를 사용한다.

라디오 버튼을 선택하면 JCheckBox와 마찬가지로 ItemEvent가 발생한다. 관련 메소드도 JCheckBox와 유사하다.

예제 16.14 라디오 버튼 생성과 처리

```
import java.awt.*;
import java.awt.event.*;
import javax.swing.*;

class MyRadio extends JPanel implements ItemListener{
      String msg=""
      JRadioButton ko, eng, math
      ButtonGroup group
      int x, y
```

```
        public MyRadio() {
                ko = new JRadioButton("국어", false);
                eng = new JRadioButton("영어", false);
                math = new JRadioButton("수학", false);

                add(ko);
                add(eng);
                add(math);

                group = new ButtonGroup();
                group.add(ko);
                group.add(eng);
                group.add(math);

                ko.addItemListener(this);
                eng.addItemListener(this);
                math.addItemListener(this);
        }

        public void paintComponent(Graphics g) {
                super.paintComponent(g);
                g.drawString(msg, 10, 100);
        }
}

class MakeRadio {
        public static void main(String[] args) {
                Frame f = new Frame("MakeRadioButton");
                MyRadio a = new MyRadio();

                f.add(a);

                f.setSize(300, 200);
                f.setVisible(true);
        }
}
```

실행결과

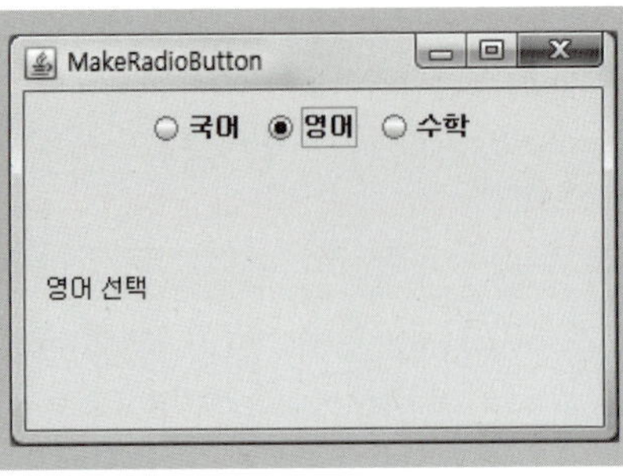

16.5.5 콤보박스

콤보박스는 클래스 JComboBox 형의 객체이다. 콤보박스는 드롭다운리스트(drop-down list)라고도 불린다. 리스트에서 오직 하나의 항목만 선택할 수 있다. 다음은 콤보박스 생성자의 일부이다.

```
JComboBox()
JComboBox(Object[] items)
```

다음은 관련 메소드의 일부이다

void addItem(Object item): 리스트에 항목을 추가한다.
int getItemCount(): 리스트에 있는 항목 개수를 리턴.
Object getSelectedItem(): 선택된 항목의 이름을 리턴.
int getSelectedIndex(): 선택된 항목의 순서번호를 리턴. 첫 번째 항목의 순서번호는 0이다.

예제 16.15 콤보박스의 생성과 처리

```
import java.awt.*;
import java.awt.event.*;
import javax.swing.*;


class MyComboBox extends JPanel implements ItemListener{
      String msg=""
      JComboBox item

      public MyComboBox() {
            String[] items = { "국어", "영어", "수학" };
            item = new JComboBox(items);
```

```
            add(item);
            item.addItemListener(this);

            msg = (String)item.getSelectedItem();
        }

        public void itemStateChanged(ItemEvent e) {
            if( e.getStateChange() == ItemEvent.SELECTED ) {
            // ItemEvent가 제공하는 메소드 int getStateChange()와 상수 사용
                msg = (String)item.getSelectedItem();
            }
            this.repaint();
        }

        public void paintComponent(Graphics g) {
            super.paintComponent(g);
            g.drawString(msg, 10, 100);
        }
}

class MakeComboBox {
        public static void main(String[] args) {
            JFrame f = new JFrame("MakeComboBox");
            MyComboBox a = new MyComboBox();
            f.add(a);
            f.setSize(300, 200);
            f.setVisible(true);
        }
}
```

실행결과

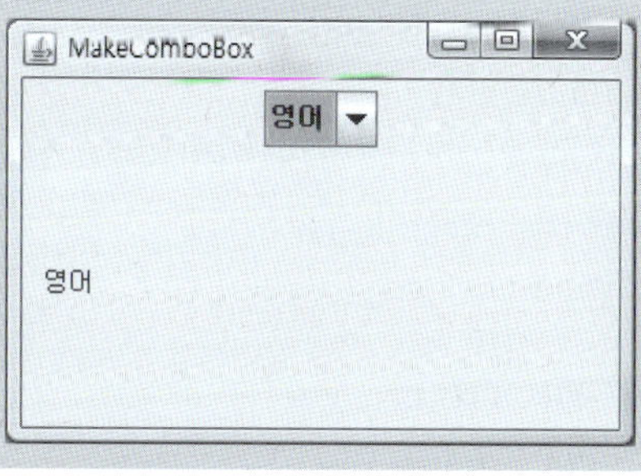

16.5.6 텍스트 영역

사용자가 여러 줄의 입력을 할 수 있는 영역을 말한다. 텍스트영역은 JTextArea형의 객체이다. 다음은 클래스 JTextArea의 생성자의 일부이다.

JTextArea()
JTextArea(String initString): initString을 초기 내용으로 하는 텍스트 영역을 만든다.
JTextArea(int rows, int columns): rows 개수의 줄과 한 줄에 columns 문자를 입력할 수 있는 영역을 생성한다.
JTextArea(String initString, int rows, int columns): rows 개수의 줄과 한 줄에 columns 문자를 입력할 수 있는 영역을 생성하되 initString을 초기 내용으로 하는 텍스트 영역을 만든다.

다음은 관련 메소드들이다.

String getText(): 텍스트 필드/영역에 있는 문자열을 리턴
void setText(String text): 텍스트 내용 text를 영역에 넣음
String getSelectedText(): 사용자가 영역을 선택한 문자열을 리턴
void append(String text): 텍스트 끝에 스트링 text를 추가
void insert(String text, int index): 문자열 text를 index 위치에 삽입

예제 16.16 텍스트 영역의 생성

```
import java.awt.*;
import javax.swing.*;

class MakeTextArea {
      public static void main(String[] args) {
            JFrame f = new JFrame("MakeTextArea");
            JPanel p = new JPanel();
            JTextArea area = new JTextArea(10, 20);

            p.add(area);
            String Contents = "Java\n" + "C++\n" + "PASCAL\n"
            area.setText(Contents);

            f.add(p);
            f.setSize(300, 250);
            f.setVisible(true);
      }
}
```

실행결과

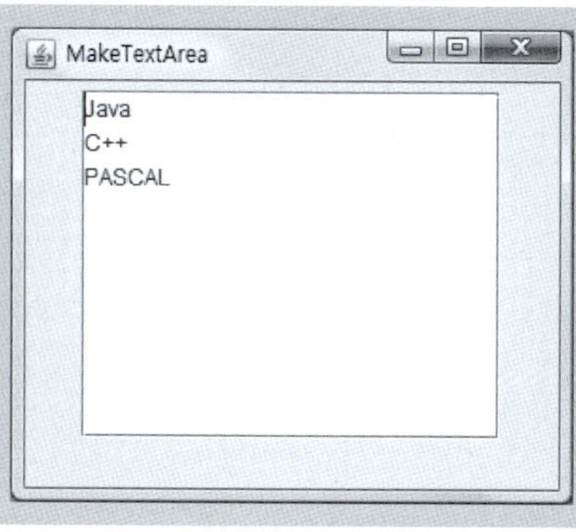

16.5.7 텍스트 필드와 패스워드 필드

사용자가 한 줄의 입력을 할 수 있는 컴포넌트이다. 다음은 클래스 JTextField의 생성자이다.

```
JTextField()
JTextField(int size): 글사 수 지정
JTextField(String initString): 텍스트필드 초기 값 지정
JTextField(String initString, int size)
```

텍스트 영역에서 보인 메소드를 지원한다.

클래스 JPasswordField는 패스워드 입력에 사용한다. 생성자는 JTextField의 경우와 비슷하다. 제공하는 메소드로는 getPassword, setEchoChar 등이 있다.

```
char[] getPassword()
voie setEchoChar(char c)
```

텍스트 필드와 패스워드 필드에서 사용자가 enter 키를 치면 ActionEvent가 발생한다.

예제 16.17 텍스트 필드의 생성과 처리

```
import java.awt.*;
import java.awt.event.*;
import javax.swing.*,

class MyTextField extends JPanel implements ActionListener{
        String s1, s2, msg="";
        JLabel nameLabel, passwdLabel, message;
        JTextField name;
        JPasswordField passwd;
```

제16장

```
    public MyTextField() {
        message = new JLabel("이름과 암호를 입력하시오.");
        nameLabel = new JLabel("이름 : ");
        passwdLabel = new JLabel("암호 : ");
        name = new JTextField(10);
        passwd = new JPasswordField(10);

        add(message);
        add(nameLabel);
        add(name);
        add(passwdLabel);
        add(passwd);

        name.addActionListener(this);
        passwd.addActionListener(this);
    }

    public void actionPerformed(ActionEvent e) {
        s1 = name.getText();
        s2 = new String(passwd.getPassword());
        msg = s1 + "," + s2
        repaint();
    }

    public void paintComponent(Graphics g) {
        super.paintComponent(g);
        g.drawString(msg, 10, 150);
    }
}

class MakeTextField {
    public static void main(String[] args) {
        JFrame f = new JFrame("MakeTextField");
        MyTextField a = new MyTextField();

        f.add(a);

        f.setSize(200, 200);
        f.setVisible(true);
    }
}
```

실행결과

16.6 컴포넌트 배치

앞에서 나온 각종 컴포넌트들을 많이 만들어야 할 때 컴포넌트 배치를 쉽게 해 주는 배치관리자가 있다. 배치관리자의 종류에는 FlowLayout, GridLayout, BorderLayout, 등이 있다. 프로그래머는 setLayout() 메소드를 이용해서 배치관리자를 설정함으로서 컴포넌트들을 배치한다. 여기서는 위의 배치관리자를 이용한 컴포넌트 배치에 관하여 알아본다.

16.6.1 FlowLayout

FlowLayout 형의 객체는 컴포넌트들을 왼쪽에서 오른쪽으로 차례대로 배치하는데 사용된다. 컴포넌트가 많아서 화면의 한 줄이 넘으면 다음 줄로 이동하여 배치한다. 배치관리자를 표시하지 않으면 FlowLayout에 의해서 배치된다. FlowLayout을 설정하는 방법은 아래와 같다.

`setLayout(new FlowLayout())`: 디폴트로 CENTER 정렬에 가로 세로 간격도 디폴트 값에 따른다.
`setLayout(new FlowLayout(FlowLayout.LEFT))`: 왼쪽 정렬
`setLayout(new FlowLayout(FlowLayout.CENTER))`: 중앙 정렬
`setLayout(new FlowLayout(FlowLayout.RIGHT))`: 오른쪽 정렬
`setLayout(new FlowLayout(FlowLayout.LEFT, 5, 10))`: 컴포넌트 사이의 간격을 가로 5, 세로 10 픽셀로 하여 왼쪽 정렬로 배치한다.

예제 16.18 Flowlayout의 활용

```
import java.awt.*;
import javax.swing.*;

class MakeFlowLayout {
	public static void main(String[] args) {
		JFrame f = new JFrame("MakeFlowLayout");
		JPanel p = new JPanel();

		JButton b1 = new JButton("Button1");
		JButton b2 = new JButton("Button2");
		JButton b3 = new JButton("Button3");
		JButton b4 = new JButton("Button4");
		JButton b5 = new JButton("Button5");
		JButton b6 = new JButton("Button6");
		JButton b7 = new JButton("Button7");

		p.setLayout(new FlowLayout(FlowLayout.LEFT, 20, 20));
		p.add(b1);
		p.add(b2);
		p.add(b3);
		p.add(b4);
		p.add(b5);
		p.add(b6);
		p.add(b7);

		f.add(p);

		f.setSize(400, 200);
		f.setVisible(true);
	}
}
```

실행결과

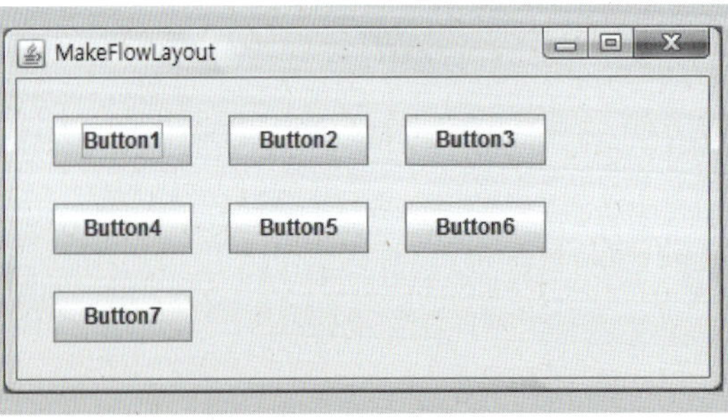

16.6.2 BorderLayout

컴포넌트를 동서남북 및 중앙으로 배치시키는 배치관리자이다. BorderLayout을 설정하는 방법과 관련 상수는 다음과 같다.

```
setLayout(new BorderLayout())
setLayout(new BorderLayout(5, 10)): 컴포넌트 사이의 간격을 지정한다.

BorderLayout.EAST : 동
BorderLayout.WEST : 서
BorderLayout.SOUTH : 남
BorderLayout.NORTH : 북
BorderLayout.CENTER : 중앙
```

컴포넌트를 화면에 추가할 때에는 add(컴포넌트 객체, 위치)를 사용한다.

예제 16.19 BorderLayout의 활용

```
import java.awt.*;
import javax.swing.*;

class MakeBorderLayout {
	public static void main(String[] args) {
		JFrame f = new JFrame("EventHandling");
		JPanel p = new JPanel();

		JButton b1 = new JButton("North");
		JButton b2 = new JButton("East");
		JButton b3 = new JButton("West");
		JButton b4 = new JButton("South");
		JTextArea t = new JTextArea();
		t.setText("Center");

		p.setLayout(new BorderLayout());
		p.add(b1, BorderLayout.NORTH);
		p.add(b2, BorderLayout.EAST);
		p.add(b3, BorderLayout.WEST);
		p.add(b4, BorderLayout.SOUTH);
		p.add(t, BorderLayout.CENTER);

		f.add(p);
```

```
                f.setSize(400, 200);
                f.setVisible(true);
        }
}
```

실행결과

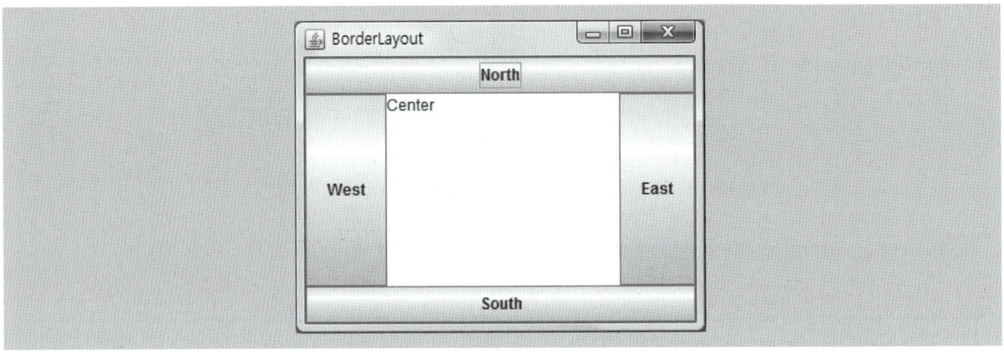

16.6.3 GridLayout

컴포넌트를 행렬 모양으로 배치할 때 사용된다. 따라서 배치관리자를 설정할 때 행과 열의 개수를 표시해야 한다.

```
setLayout(new GridLayout()): 하나의 열에 배치한다.
setLayout(new GridLayout(3, 4)): 3 x 4 배열 모양으로 배치한다.
setLayout(new GridLayout(3, 4, 5, 6)): 컴포넌트 사이의 간격을 가로 5, 세로 6으로 한 3 x 4
                                        배열 모양으로 배치한다.
```

만약 행이나 열이 0이면 임의의 개수의 행이나 열을 갖는다.

예제 16.20 GridLayout의 활용

```
import java.awt.*;
import javax.swing.*;

class MakeGridLayout {
        public static void main(String[] args) {
                JFrame f = new JFrame("EventHandling");
                JPanel p = new JPanel();

                JButton b1 = new JButton("Button1");
                JButton b2 = new JButton("Button2");
```

```
            JButton b3 = new JButton("Button3");
            JButton b4 = new JButton("Button4");
            JTextArea t = new JTextArea();
            t.setText("TextArea");
            p.setLayout(new GridLayout(3, 2, 2, 2));
            p.add(b1);
            p.add(b2);
            p.add(t);
            p.add(b3);
            p.add(b4);

            f.add(p);

            f.setSize(400, 200);
            f.setVisible(true);
      }
}
```

실행결과

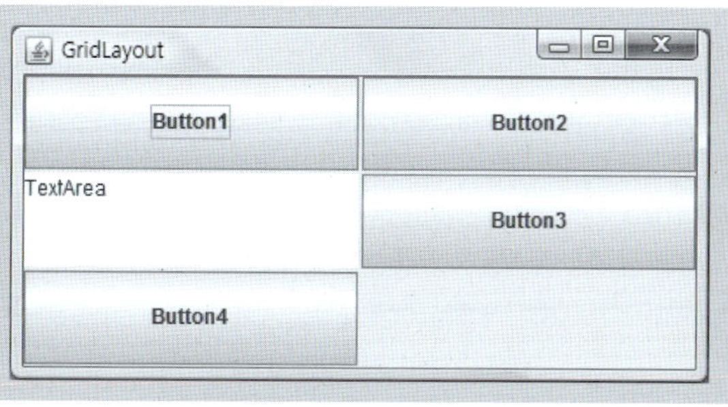

예제 16.21 간단한 계산기 프로그램

```
import java.awt.*;
import javax.swing.*;

import java.awt.event.*;

class AddSub {
  public static void main(String[] args) {
    JFrame frame = new JFrame("Mini calculator");
    Container pane = frame.getContentPane();

   JTextField number1 = new JTextField(20);
    JTextField number2 = new JTextField(20);
    JTextField result = new JTextField(20);
```

```
    JButton addButton = new JButton("Add");
    JButton subButton = new JButton("Subtract");

    pane.setLayout(new GridLayout(4, 2));

    pane.add(new JLabel("Enter a number"));
    pane.add(number1);
    pane.add(new JLabel("Enter a number"));
    pane.add(number2);
    pane.add(new JLabel("Result"));
    pane.add(result);
    pane.add(addButton);
    pane.add(subButton);

    Arith listener = new Arith(number1, number2, result);

    subButton.addActionListener(listener);
    addButton.addActionListener(listener);
    frame.pack(); //창 크기에 맞게 조정
    frame.setVisible(true);
  }
}

class Arith implements ActionListener {
  private JTextField num1, num2, output;

  Arith(JTextField first, JTextField second, JTextField result) { // 생성자
    num1 = first;
    num2 = second;
    output = result;
  }
  public void actionPerformed(ActionEvent e) {
    double n1, n2;
    n1 = Double.parseDouble(num1.getText().trim());
    n2 = Double.parseDouble(num2.getText().trim());
    if(e.getActionCommand().equals("Add"))
       output.setText(String.valueOf(n1 + n2));
    else
       output.setText(String.valueOf(n1 - n2));
  }
}
```

실행결과

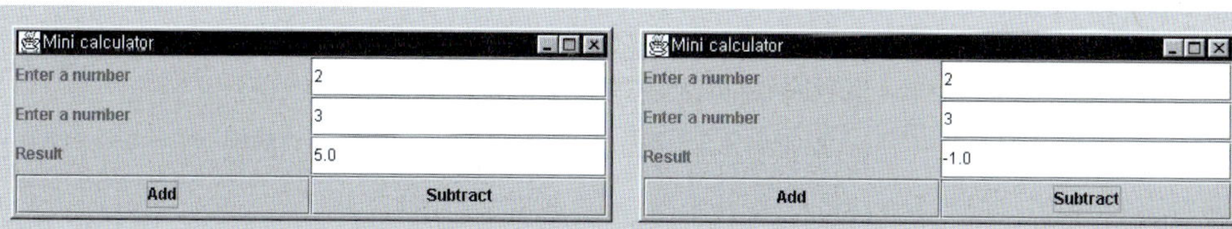

Add 버튼 클릭　　　　Subtract 버튼 클릭

16.7 JApplet

웹브라우저에서 실행되는 자바 프로그램을 자바 애플릿이라 한다. 여기서는 애플릿의 동작원리와 구조를 예제를 통해서 살펴본다.

스윙을 사용한 애플릿은 JApplet의 서브클래스이어야 한다. JApplet은 AWT의 Applet을 확장한 것이다. 스윙을 사용한 애플릿을 만들 때, 앞에서 보인 예제들과 거의 유사하게 작성된다. 단지, 앞에서 언급한 바와 같이 애플릿 자체도 프레임과 같은 최상위컨테이너이기 때문에, JFrame을 만들 필요가 없다. 즉 최상위컨테이너가 이미 만들어져 있는 셈이다. 그리고 애플릿은 setVisible 메소드 없이 자동으로 보여지기 때문에 이를 쓸 필요가 없고, 창의 크기도 미리 정해져 있어서 pack이나 setSize를 사용할 필요가 없다.

16.7.1 애플릿 기초

[예제 16.22]는 간단한 애플릿 프로그램이다.

예제 16.22 간단한 애플릿 예

```
import javax.swing.*;
import java.awt.*;

public class Hello extends JApplet {
      public void paint(Graphics g) {
            g.drawSring("Hello java", 50, 30);
      }
}
```

모든 애플릿은 JApplet 클래스의 서브클래스이다. 애플릿 클래스명인 Hello는 항상 public으로 선언되어야 하고 JApplet 클래스를 확장한 클래스이어야 한다.

```
public  class  Hello  extends  JApplet { ... }
```

위 [예제 16.22]에서 보는 바와 같이 자바 어플리케이션 프로그램과는 달리 애플릿에는 main 메소드가 없다. 애플릿의 실행은 main 메소드로 시작하는 것이 아니다. 애플릿이 실행되는 과정에 대한 논의는 다음절에서 살펴본다.

애플릿이 처음 실행되면 paint() 메소드(다음 절 참고)가 자동으로 실행된다. paint() 메소드는 Graphics 클래스 타입의 파라미터를 이용해서 화면에 그래픽 객체를 출력한다. System.out.println()은 윈도우 출력 메소드가 아니기 때문에 애플릿에서는 사용할 수 없다. 그 대신, 애플릿 출력을 위해서 AWT에서 제공하는 다양한 메소드를 사용한다. 위에서는 윈도우에 스트링을 출력하는 drawString() 메소드를 사용하였다. 이 메소드는 Graphics 클래스의 한 요소로서 그 일반적인 형식은 다음과 같다.

```
void drawSring(String str, int i, int j)
```

이 메소드는 (i, j)좌표에서부터 시작해서 스트링 str을 출력한다. 애플릿 윈도우에서 왼쪽 위 모서리의 좌표는 (0, 0)이다.

애플릿 프로그램은 〈applet〉 태그를 포함한 HTML 파일을 통해서 웹브라우저나 JDK에서 제공하는 appletviewer에 의해서 실행될 수 있다. 따라서 이 애플릿을 실행시키기 위해서는 다음의 HTML 파일을 만들어야 한다.

```
<applet code="Hello" width=200 height=100>
</applet>
```

여기서 code는 실행할 클래스 파일 "Hello"을 지정하는 속성인데, 이 파일의 위치는 HTML 문서가 있는 디렉토리 위치와 동일해야 한다. width와 height는 애플릿이 사용할 화면의 크기를 픽셀 단위로 나타낸 것이다. Hello는 'javac'로써 [예제 16.22]를 번역한 결과로서 생기는 파일명이다. 이 애플릿을 appletviewer로써 실행하는 명령은 아래와 같다.

실행명령

```
appletviewer Hello.html
```

실행결과

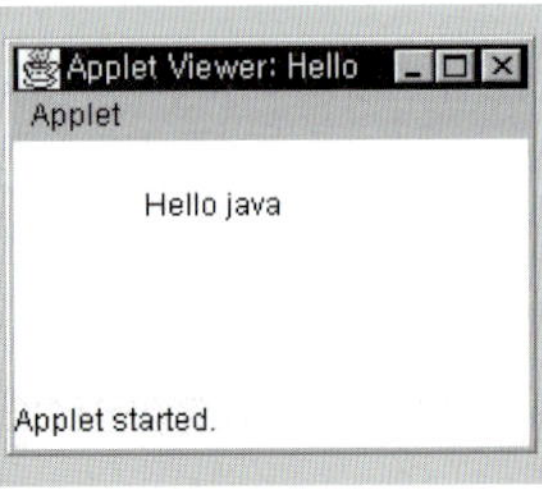

해설

200픽셀의 폭과 100픽셀의 높이를 가진 애플릿 윈도우에서 MyApplet 애플릿이 실행된다. 출력 결과는 X 좌표 50, Y 좌표 30인 위치에서부터 나타난다.

참고로, 위의 HTML 파일을 다음과 같이 애플릿 코드 안에 주석 문으로 넣을 수 있다.

```
import javax.swing.*;
import java.awt.*;

/*
<applet code="Hello" width="200" height="100">
</applet>
*/

public class Hello extends JApplet {
        public void paint(Graphics g) {
                g.drawSring("Hello java", 50, 30);
        }
}
```

이 경우, 다음과 같이 appletviewer를 실행시켜도 된다.

실행명령

```
appletviewer Hello.java
```

appletviewer는 Hello.java 파일에서 주석문 안에 <applet> 태그를 만나면 그 애플릿을 실행한다. 이는 프로그램 개발이 완료될 때까지 별도의 html 파일을 만들지 않아도 되기 때문에 프로그램 테스트를 더 간편하게 할 수 있다.

16.7.2 애플릿의 기본 구조

애플릿 클래스에는 아래와 같이 애플릿 실행에 필요한 많은 메소드들이 있다. 그 중에서 애플릿의 기본구조를 형성하는 몇 가지 메소드들을 소개하고 애플릿의 동작원리를 설명한다. 아래 메소드들은 애플릿 코드에 반드시 모두 포함시킬 필요는 없다. 프로그래머는 필요한 것만 오버로딩해서 사용하면 된다.

(1) init()

애플릿이 로드되어서 자동으로 호출되는 맨 처음 메소드이다. 보통 객체생성, 이미지나 폰트 등을 로드하고 변수 초기화 작업에 대한 코드가 들어간다. 애플릿 실행동안 오직 한 번만 실행되는 메소드이다.

(2) start()

init() 메소드 다음에 자동으로 호출되는 메소드이다. 또한 웹브라우저가 최소화상태에서 원래화면으로 돌아올 때, 혹은 다른 페이지로 이동했다가 다시 돌아올 때도 자동적으로 호출된다. 따라서 init()는 애플릿이 처음 로드될 때 오직 한번 만 실행되지만, start()는 애플릿을 포함하는 html 문서가 화면에 디스플레이 될 때마다 실행된다.

(3) stop()

다른 웹 페이지로 이동할 때, 혹은 웹브라우저 윈도우를 최소화 할 때 호출된다. 애플릿 실행이 일시 중지된 것일 뿐, 완전히 죽은 것은 아니다. 사용자가 의도적으로 stop()을 호출하지 않는 한 start()와 stop()은 서로 번갈아 가면서 실행된다.

(4) destroy()

애플릿을 메모리에서 완전히 제거해야 할 때, 예를 들어 웹브라우저의 실행을 종료시킬 때 호출된다. 애플릿 실행을 위하여 할당되었던 모든 시스템 자원이 반납된다.

한편, paint() 메소드도 애플릿의 핵심 메소드 중의 하나이다.(java.awt.Component 클래스가 제공함)

(5) paint(Graphics g)

화면에 애플릿의 출력을 그려야 할 상황이 발생하면 자동으로 호출된다. 예를 들어, 애플릿 실행이 처음 시작되었을 때, 애플릿화면이 다른 윈도우에 가려졌다가 다시 보여질 때, 애플릿 윈도우가 최소화되었다가 다시 화면 복귀할 때 자동으로 호출된다. paint() 메소드는 Graphics 클래스 타입의 파라미터를 이용해서 화면에 그래픽 객체를 출력한다. 이러한 메소드들이 애플릿에서 실행되는 과정은 [그림 16.2]와 같다.

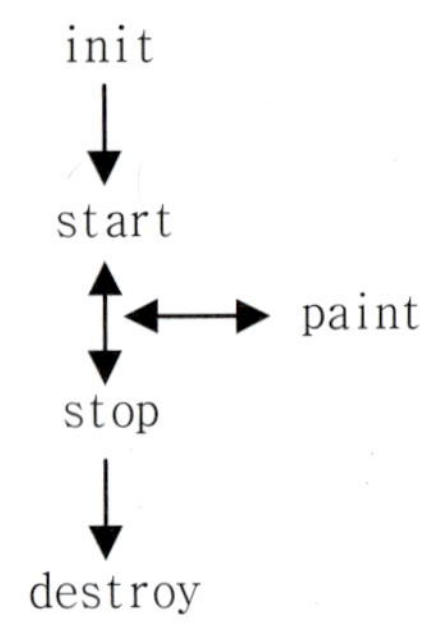

| 그림 16.2 | 애플릿의 실행과정

다음의 [예제 16.23]은 위의 실행과정을 보이기 위한 예이다.

예제 16.23 애플릿의 실행과정을 보이는 예

```
/* <applet code="ExecSeq" width="200" height="100">
</applet>
*/
import javax.swing.*;
import java.awt.*;
public class ExecSeq extends JApplet {
      int callInit = 0, callStart = 0, callStop = 0;
      String msg1, msg2, msg3;

      public void init() { callInit++; }
      public void start() { callStart++; }
      public void stop() { callStop++; }

      public void paint(Graphics g) {
              msg1="The number of init() call: " + callInit;
              msg2="The number of start() call: " + callStart;
              msg3="The number of stop() call: " + callStop;

              g.drawString(msg1, 20, 40);
              g.drawString(msg2, 20, 60);
              g.drawString(msg3, 20, 80);
      }
}
```

실행결과

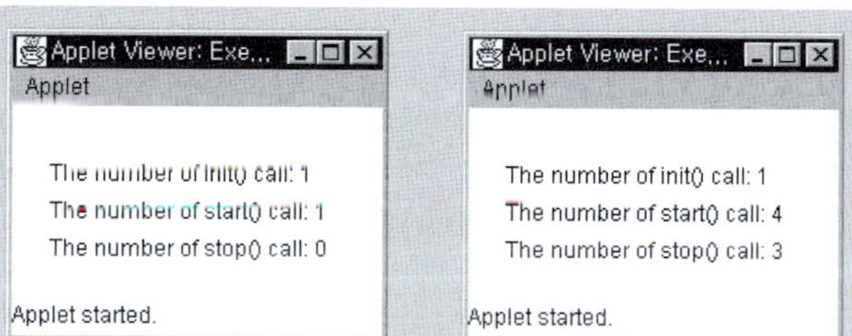

처음 실행　　　3번 최소화/최대화 이후

웹브라우저의 화면을 앞뒤로 이동시키면서 실습하면 위의 그림과 비슷한 결과를 얻을 수 있다.

(6) repaint()

paint()는 실행되는 시점이 정해져 있는 반면에, 프로그램의 임의의 지점에서 화면출력을 다시 해야 할 때 repaint()를 호출한다. 이것이 호출되면 update() 메소드를 통해서 paint()가 자동으로 호출된다.

16.7.3 HTML에서의 〈applet〉 태그

〈applet〉 태그는 HTML 파일에서 애플릿을 실행시키기 위하여 사용된다. 앞에서 우리는 〈applet〉 태그에 code, width, height 속성을 보았다. 이와 같이 〈applet〉 태그에는 다음과 같은 많은 속성을 가지고 있다.

```
<APPLET
       [CODEBASE=애플릿 코드가 있는 곳에 대한 URL]
       CODE=애플릿파일
       [ALT=교체텍스트]
       [NAME=애플릿 인스턴스 이름]
       WIDTH=픽셀수
       HEIGHT=픽셀수
       [ALIGN=정렬값]
       [VSPACE=픽셀수]
       [HSPACE=픽셀수]
>
[<PARAM NAME=애플릿파라미터명1 VALUE=값>]
[<PARAM NAME=애플릿파라미터명2 VALUE=값>]
...
</APPLET>
```

위에서 [...]는 생략 가능하다는 뜻이다. 따라서 속성 CODE, WIDTH, HEIGHT는 〈APPLET〉 태그 안에 반드시 존재하여야 한다.

- CODEBASE: CODE에서 표시된 애플릿 코드 파일을 찾을 때, 주어진 디렉토리 밑에서 찾는다는 뜻이다. 이때 디렉토리 위치는 URL로 주어진다. HTML 파일과 애플릿 파일이 다른 디렉토리에 있을 때 사용된다.
- CODE: 번역해서 실행시킬 애플릿 클래스 파일의 이름을 지정한다.
- ALT: 브라우저가 <APPLET> 태그는 인식하면서도 애플릿을 실행하지 못하는 상황일 때 출력할 메시지를 지정한다.
- NAME: 애플릿 인스턴스에 이름을 지정한다. 그 이름은 getApplet() 메소드를 통해서 얻을 수 있다. 이는 같은 페이지 상의 다른 애플릿 사이에 서로 대화할 때 사용된다.

- WIDTH, HEIGHT: 애플릿이 디스플레이 되는 화면의 가로, 세로 크기를 지정한다.
- ALIGN: 애플릿의 정렬 방식을 나타낸다. HTML의 <IMG> 태그와 비슷하게, left, right, top, middle, bottom, baseline 등이 있다.
- VSPACE, HSPACE: 애플릿의 상하, 좌우 여백을 지정한다.
- PARAM: 애플릿에게 전달할 매개변수를 지정한다. 그 사용법은 다음절에서 논한다.

16.7.4 HTML 파일에서 애플릿으로 매개변수 전달

HTML 파일에서 애플릿(client-side program)으로 매개변수를 전달할 수 있다. HTML 파일에서 전달된 매개변수를 애플릿에서 받기 위해서는 Applet 클래스에서 정의된 getParameter() 메소드를 사용한다.

```
String getParameter(String parmName)
```

예를 들어, HTML 파일에서 다음과 같은 태그가 있다고 가정하자.

```
<param name="SIZE" value="55">
```

이때 애플릿에서 매개변수 name의 값을 얻기 위해서, 애플릿에서는 다음의 코드를 작성한다.

```
String fontSize = getParameter("SIZE");
```

이 문장이 실행되면 객체 fontSize에는 SIZE의 값인 스트링 "55"가 할당된다. 여기서 "55"는 스트링이기 때문에, 이를 다른 형으로 변환하기 위해서는 적절한 변환 메소드를 사용해야 한다. Integer.parseInt() 메소드는 String형의 매개변수를 받아서 그것을 정수로 변환하는 메소드이다.

예제 16.24 HTML에서 애플릿으로 매개변수 전달 예

```
import javax.swing.*;
import java.awt.Graphics;

/*
<applet code="Param" width="300" height="80">
<param name="degree" value="20">
<param name="Message" value="안녕">
</applet>
*/
```

```
public class Param extends JApplet {
	String m1, m2;
	int size;

	public void start() {
		m1 = getParameter("Message");
		if (m1 == null)
			m1 = "No Message";

		m2 = getParameter("degree");
		if (m2 == null)
			size = 5;
		else
			size = Integer.parseInt(m2);
	}

	public void paint(Graphics g) {
		g.drawString("Message received: " + m1, 0, 15);
		g.drawString("Degree: " + size, 0, 40);
	}
}
```

실행결과

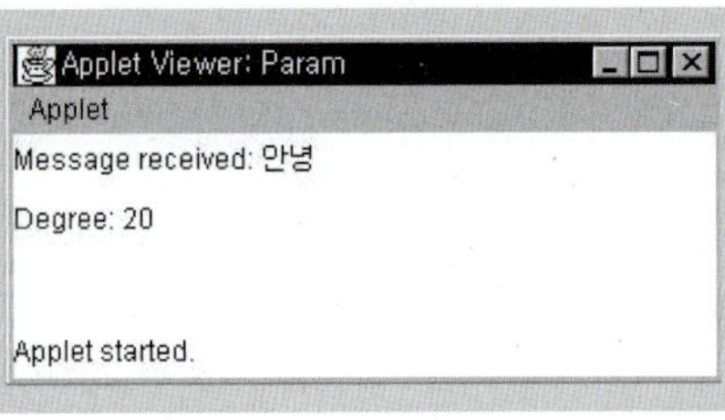

과제 |

※ 다음 각 과제에서 제시된 실행 예는 참고로 제시한 것이기 때문에 반드시 따를 필요는 없음

1 Graphics 클래스의 메소드들을 이용하여 컬러가 포함된 집 모양을 그리는 프로그램을 작성하라. 이때 적절한 글자도 포함시켜라.

[실행 예]

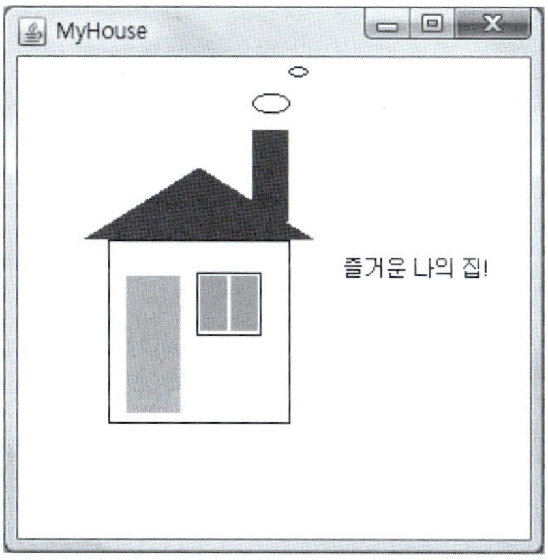

2 (1) Graphics 클래스의 메소드 fillOval()과 drawArc()를 이용하여 눈과 입을 그리되, 미소짓는 입과 일그러진 입을 각각 그리는 프로그램을 작성하라.

[실행 예]

(2) 두 개의 버튼 happy, unhappy를 만들고, 각 버튼을 누르면 해당 그림을 그리는 프로그램을 작성하라.

[실행 예]

3 선, 원, 타원, 사각형에 해당하는 버튼을 만들고, 각 버튼을 누르면 해당 그림을 그리는 프로그램을 작성하라.

[실행 예]

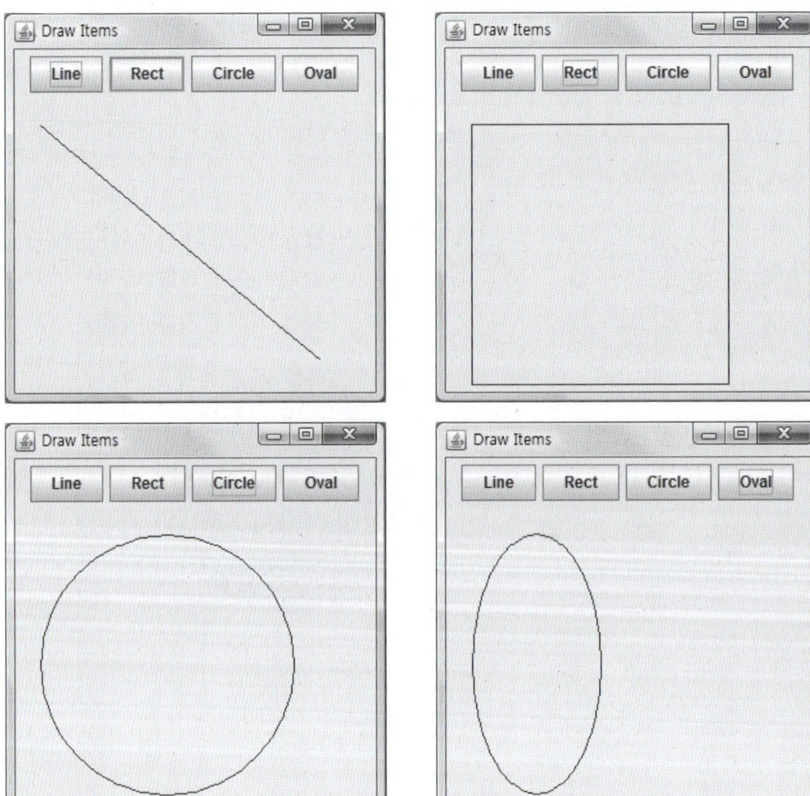

4 텍스트필드를 이용해서 이름, 주소 우편번호를 입력하게 하고, '다음' 버튼을 누르면 입력된 값을 임의의 방에 기억시키고, 다음 데이터를 입력하도록 한다. 모든 데이터의 입력이 완료되면, '완료' 버튼을 누르면 지금까지 입력한 정보를 출력하는 프로그램을 작성하라.

[실행 예]

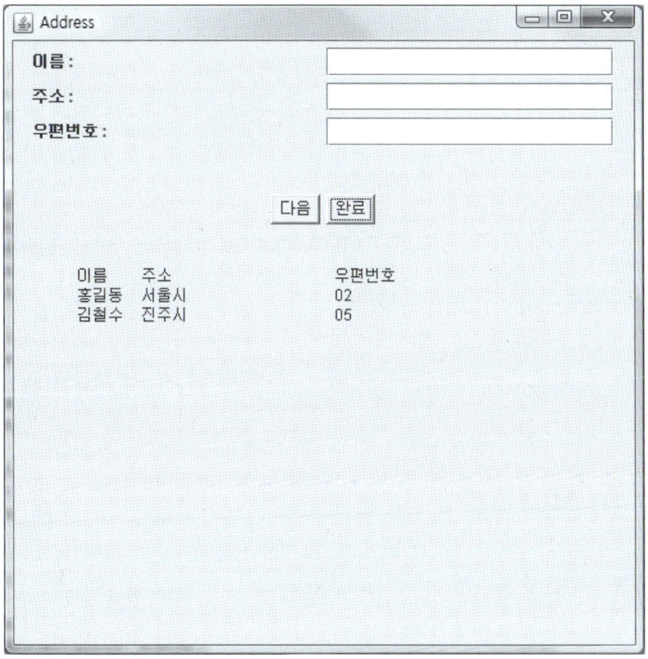

5 두 개의 텍스트필드를 만들어서 한 텍스트필드에 섭씨온도를 입력하면 다른 텍스트 필드에 화씨온도가 나오도록 하는 프로그램을 작성하라. 섭씨온도를 수정할 때마다 화씨온도도 자동으로 수정되어야 한다.

[실행 예]

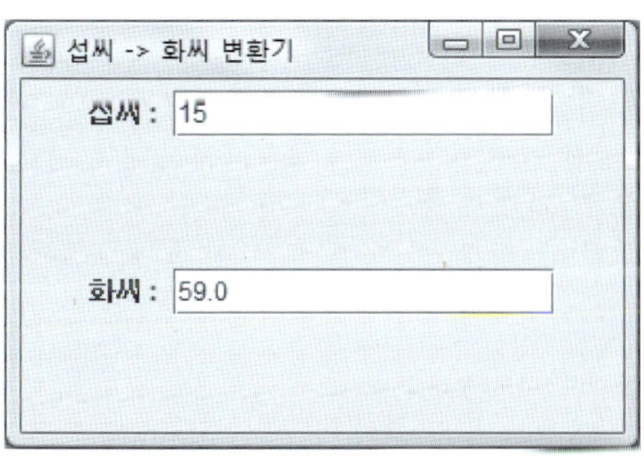

6 두 개의 텍스트 필드에 값을 입력하고, 덧셈, 곱셈, 뺄셈, 나눗셈을 하는 버튼을 누르면 그 결과 값이 세 번째 텍스트필드에 나타나게 하는 프로그램을 작성하라. 또한, '지움' 버튼을 누르면 텍스트필드의 값이 없어지도록 하라.

[실행 예]

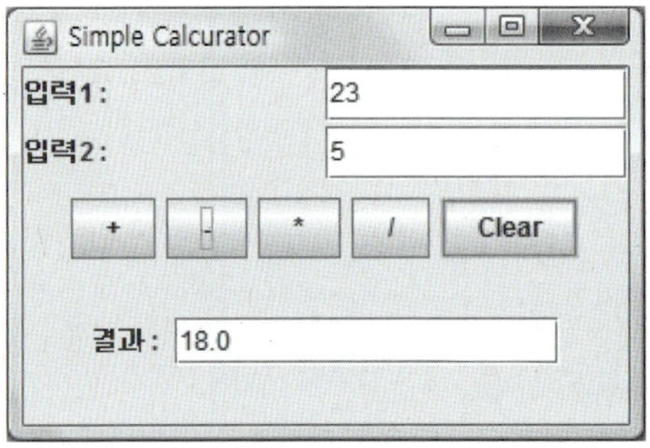

학습정리

1. 자바 스윙(Swing)은 AWT의 기능을 확장한 GUI 클래스 라이브러리의 집합이다.

2. 컨테이너(Container)에는 최상위 컨테이너, 중간 컨테이너, 최하위 컨테이너가 있다.

3. GUI 프로그래밍은 컴포넌트 클래스에서 제공하는 메소드를 활용하는 프로그래밍이다.

4. JFrame frame = new JFrame("Hello"); 문장은 최상위 컴포넌트인 프레임(창)을 생성하는 문장이다. 매개변수는 타이틀을 나타낸다.

5. JButton b1 = new JButton("OK");문장은 OK라고 레이블이 붙은 버튼 컴포넌트를 만드는 문장이다.

6. frame.add(b1); 문장은 버턴 컴포넌트 b1을 최상위 컨테이너인 프레임(창)에 붙이는 문장이다.

7. 이벤트 모델의 구성요소로는 이벤트를 발생시킬 수 있는 컴포넌트, 이벤트 클래스, 이벤트 listener 인터페이스, 어댑터 클래스가 있다.

8. 각 이벤트에는 대응되는 이벤트 클래스가 있다. 이를 이용하여 이벤트를 처리하는 코드를 작성할 수 있다.

9. 이벤트 모델를 구현하는 절차는 첫째, 필요시 컴포넌트를 생성하고 둘째, 컴포넌트에 대하여 발생되는 이벤트를 받을 수 있는 listener를 컴포넌트에 등록하며, 셋째, 등록된 listener 인터페이스에 속한 메소드를 구현한다.

10. 어댑터 클래스는 listener 인터페이스에 속한 모든 메소드를 내용 없이 빈 몸체로 구현해 둔 클래스이다. 이것을 이용하면 인터페이스 필요한 메소드만을 재정의(Overriding)해서 이벤트 처리기를 구현할 수 있어서 편리하다.

11. 버튼을 누르면 ActionEvent가 발생한다. ActionEvent 형에서 제공하는 메소드인 getActionCommand()는 버튼에 붙은 레이블을 반환한다.

12. 체크박스를 선택하면 ItemEvent 발생한다. ItemListener 인터페이스에는 itemStateChanged() 메소드가 선언되어 있다.

13 이처럼 특정 컴포넌트를 클릭하면 미리 약속된 이벤트가 발생되고, Action Event, ItemEvent 등과 같은 이벤트 클래스에 있는 다양한 메소드를 활용해서 이벤트를 처리하는 코드를 작성한다.

14 각 이벤트 클래스에서 제공하는 다양한 메소드를 알기 위해서는 자바 API 문서를 참고하는 것이 좋다.

15 배치관리자는 컴포넌트 배치를 쉽게 해 주는 클래스들을 말한다.

16 자바 애플릿은 웹브라우저에서 실행되는 자바 프로그램을 말하는데, JApplet의 서브클래스이어야 한다.

17 애플릿을 실행시키기 위한 HTML 파일 내용의 예는 다음과 같다.

```
<applet code="Hello" width=200 height=100>
</applet>
```

여기서 code는 실행할 클래스 파일 "Hello"을 지정하는 속성이고, width와 height는 애플릿이 사용할 화면의 크기를 픽셀 단위로 나타낸 것이다.

18 애플릿이 실행되는 과정은, 먼저 init() 메소드가 한 번 실행되고, 이후에 start(), stop(), paint() 메소드가 미리 약속된 상황에서 자동으로 실행된다.

19 미리 약속된 상황이 아닌 임의의 지점에서 화면출력을 다시 해야 할 때에는 paint() 메소드를 직접 호출하는 것이 아니라, repaint() 메소드를 호출해야 한다.

20 HTML의 〈applet〉 태그 내의 〈param〉 태그를 사용해서 HTML 문서에서 제공하는 파라미터를 애플릿 프로그램에게 전달할 수 있다. 애플릿 프로그램은 getPara meter() 메소드를 활용해서 HTML문서에서 제공된 매개변수를 전달 받는다.

찾아보기

저자 소개

배종민

- 1980년 서울대학교 수학교육학과 이학사
- 1983년 서울대학교 계산통계학과 이학석사
- 1995년 서울대학교 계산통계학과 이학박사
- 1982년~1984년 한국전자통신연구원 연구원
- 1984년~현재 경상대학교 컴퓨터과학과 교수
- 1997년~1998년 미국 버지니아텍 방문교수
- 2012년 미국 텍사스주립대 엘파소캠퍼스 방문교수

JAVA OK - 프로그래밍 기초

발 행 일 • 2014년 8월 25일

저 자 • 배 종 민
발 행 자 • 최 봉 조
발 행 처 • 진샘미디어
주 소 • 서울시 은평구 연서로 5길 28 부호아파트 102동 상가5호
전 화 • 02)353-4421 / FAX 02)353-4431
홈페이지 • www.jinsaem.co.kr

신고번호 • 제311-2005-000025호
ISBN • 979-11-85504-14-8 93560

정가 23,000원